本书获湖北省社会科学基金一般项目"企业集团智力资本绩效创造路径研究——基于武汉东湖高新区的实地调研"（2013077）、中央高校基本科研业务费专项资金项目（CSY15015）和湖北省普通高等学校人文社会科学重点研究基地"高校风险预警防控研究中心"的资助。

智力资本绩效创造路径研究

创造路径研究

A Path of Intellectual Capital on Performance Creation

Embedding transfer mechanism

高 娟 ◇ 著

嵌入转移机制

中国社会科学出版社

图书在版编目（CIP）数据

智力资本绩效创造路径研究：嵌入转移机制/高娟著 . —北京：中国社会科学出版社，2016.1

ISBN 978 - 7 - 5161 - 8078 - 5

Ⅰ.①智…　Ⅱ.①高…　Ⅲ.①智力资本—关系—企业绩效—研究　Ⅳ.①F272.5

中国版本图书馆 CIP 数据核字（2016）第 084279 号

出 版 人	赵剑英
出版策划	卢小生
责任编辑	戴玉龙
责任校对	周晓东
责任印制	王　超

出　　　版	中国社会科学出版社
社　　　址	北京鼓楼西大街甲 158 号
邮　　　编	100720
网　　　址	http：//www.csspw.cn
发 行 部	010 - 84083685
门 市 部	010 - 84029450
经　　　销	新华书店及其他书店

印　　　刷	北京明恒达印务有限公司
装　　　订	廊坊市广阳区广增装订厂
版　　　次	2016 年 1 月第 1 版
印　　　次	2016 年 1 月第 1 次印刷

开　　　本	710×1000　1/16
印　　　张	16.25
插　　　页	2
字　　　数	275 千字
定　　　价	59.00 元

摘　　要

　　人类从农业经济时代，跨越工业经济时代，迈向知识经济时代，在其发展历程中，社会经济环境发生了重大变革。"现代管理学之父"彼得·德鲁克（Peter F. Drucker, 1993）曾明确指出，企业经营最重要的生产要素将不再是资金、土地或劳动力等有形资产，而是知识。在知识经济时代，知识被认为是创造企业竞争优势的重要资产（Quinn, 1992；Sveiby, 1997；Teece, 1998），而知识累积和转换的核心便是智力资本。根据摩根士丹利世界指数（Morgan Stanley's World Index）调查数据显示，全球各企业在世界股票市场的平均值是账面价值的两倍（Edvinsson and Malone, 1997）。这样的差距表明，企业重要的隐藏价值"智力资本"被忽略了。智力资本之所以重要，在于其对企业绩效有重大的影响，许多文献肯定了无形资产或智力资本为驱动与创造企业价值的动因，对企业绩效具有正效应（Edvinsson and Malone, 1997；Stewart, 1997；Sullivan, 2000）。因此，智力资本的创造、累积、运用与管理将成为提升企业绩效和促进企业可持续发展的基础和关键。

　　国家"十二五"规划明确提出了"发展拥有国际知名品牌和核心竞争力的大中型企业"的具体目标。统计数据显示，2011 年，中国 500 强企业实现营业收入达 3265824137 万元，比 2010 年增长 18.30%，2012 年，中国大企业集团营业收入增长速度较快，前 1000 强企业营业收入增长率达到 29.40%。由此可见，在国家经济发展中，企业集团的地位举足轻重。而在知识经济迅速发展和金融危机的巨大冲击下，开发、培育和管理智力资本，促进智力资本绩效创造是增强企业集团核心竞争力、实现企业集团可持续发展的重要力量来源之一。胡锦涛同志在中共十八大报告中指出，"要坚持走中国特色自主创新道路，以全球视野谋划和推动创新，提高原始创新、集成创新和引进消化吸收再创新能力，更加注重协同创新。"面对日趋复杂的国际与国内环境，考虑企业集团的协同效应，对企业集团智力资本绩效创造路径进行研究，解析转移机制在智力资本绩效创造中的作用，探讨大型企业可持续竞争优势培育之路，对建设创新型国家和形成国家可持续竞争优势将具有重大的理论与现实意义。

本书在回顾以往智力资本研究成果的基础上，交叉融合了管理学、经济学、统计学、法学等多学科知识，综合运用规范研究与实证研究、定性研究与定量研究相结合的多种研究方法，实现理论与实践的有机协调，旨在结合转移机制，研究企业集团智力资本绩效创造的路径，分析企业集团内部某一成员企业智力资本对其他成员企业经营绩效的影响路径，对企业集团智力资本运用与管理问题进行初步探讨。本书的主要研究内容包括：

第一，对企业集团智力资本绩效创造的理论基础进行梳理，构建企业集团智力资本绩效创造的逻辑内涵框架体系。本书从资源基础理论构建了静态智力资本的逻辑内涵，从动态能力理论构建了动态运用智力资本的逻辑内涵，从交易成本理论构建了企业集团智力资本内部转移的逻辑内涵，从自组织理论构建了企业集团整体智力资本绩效创造的逻辑内涵。

第二，对企业集团智力资本绩效创造的作用机理进行理论分析，形成了企业集团智力资本绩效创造的自组织过程框架。本书梳理了智力资本定义与结构，界定了智力资本的概念，并基于自组织理论进行分析，认为企业集团作为国家经济发展的重要推动力，其智力资本系统具有自组织性，企业集团应当借助自组织能力，创造、运用和管理智力资本，促进智力资本绩效创造的自组织产生与运行，实现智力资本的创造、转移和转化，推动企业集团不断向更高层次有序演化。

第三，对企业集团智力资本绩效创造的路径演化进行逻辑推理，理清了企业集团智力资本绩效创造的逻辑脉络。本书阐述了企业智力资本的客观测量模式和主观测评模式，对企业集团智力资本转移机制的两个维度，即转移方转移意愿与能力和接收方吸收意愿与能力的作用效应进行了理论分析，由此，本书将企业集团内部智力资本绩效创造路径分为直接路径"转移方智力资本—接收方经营绩效"和间接路径"转移方智力资本—转移机制—接收方经营绩效"两条基本路径。

第四，以母子公司为例，对企业集团智力资本绩效创造的现状进行实地调研，测评了母公司智力资本、母子公司间智力资本转移机制和子公司经营绩效。本书通过实地调研武汉东湖高新区，并重点访谈其中两家企业集团，对企业集团智力资本、转移机制和经营绩效的实务状况进行了初步了解，以此为基础，设计了母公司智力资本、母子公司间智力资本转移机制和子公司经营绩效的调查问卷，分别对其进行了测评。

第五，以母子公司为例，对企业集团智力资本绩效创造路径进行实证检验，验证了母公司智力资本对子公司经营绩效的影响路径。本书基于问卷调查数据，采用结构方程模型对母公司智力资本对子公司经营绩效的影响路径进行实证检验，结果表明，母公司人力资本、结构资本和关系资本之间具有正向交互作用，且对子公司经营绩效均具有显著正向影响，然而，母公司智力资本各维度对子公司经营绩效并不具有直接效应，却通过母公司转移意愿与能力和子公司吸收意愿与能力间接作用于子公司经营绩效。

第六，基于理论分析和实证检验，构建了适应中国企业集团智力资本转移的机制。本书认为，企业集团内部智力资本转移和转移机制的建立体现了转移主体双方博弈的过程。企业集团应当在权衡市场、层级和社区网络三大跨组织边界知识共享机制的基础上，以智力资本创造为前提、以智力资本转移为手段、以智力资本转化为目的，通过企业集团在微观层面的管理策略和政府在宏观层面的法律法规引导与政策协调，构建企业集团智力资本的转移机制。

本书的主要贡献在于：第一，将自组织理论与企业集团智力资本绩效创造有效串联，丰富了智力资本绩效创造的理论研究。第二，综合应用逻辑推理、实地调研、问卷调查和统计分析等方法，从理论和实务两方面分析论证了企业集团成员企业智力资本对经营绩效的交叉影响，拓宽了智力资本研究范畴。第三，在实地调研企业集团智力资本转移情况的基础上，将转移机制纳入企业集团智力资本绩效创造的研究中，验证了转移机制在企业集团智力资本绩效创造路径中的作用，构建了适应中国企业集团智力资本转移的机制，为企业集团整体资源配置、协同创新和智力资本的有效管理与运用提供了参考。

关键词：智力资本；绩效；转移机制；企业集团；自组织

Abstract

In the course of human beings from agricultural economic era, across industrial economic era towards the era of knowledge economy, socio – economic environment has undergone significant changes. Peter F. Drucker (1993) who is Known as "the father of modern management" has made it clear that the most important factors of production for business will no longer be tangible assets such as capital, land or labour, but knowledge. In the knowledge economy, knowledge is becoming an important asset responsible for creating a competitive advantage (Quinn, 1992; Sveiby, 1997; Teece, 1998). According to Morgan Stanley's World Index, the average stock price is twice of the book value of enterprises worldwide (Edvinsson and Malone, 1997). This gap shows that enterprise's important hidden value "intellectual capital" is ignored. Intellectual capital is important because it has a significant impact on firm performance. Many literatures have affirmed that intangible assets or intellectual capital is the drive of firm value creation, and has a positive effect on firm performance (Edvinsson and Malone, 1997; Stewart, 1997; Sullivan, 2000, et al.). Therefore, the creation, accumulation, use and management of intellectual capital will become the basis and key for improving firm performance and promoting sustainable development of enterprises.

The national "Twelfth Five – Year" Plan has explicitly put forward the specific objectives about the development of large and medium – sized enterprises with international well – known brand and core competence. According to statistics, in 2011, the operating revenue of China's top 500 companies amounted to 32658241370000 yuan, up by 18.30% than in 2010. In 2012, the operating revenue of China's top enterprise group have grown fastly, the revenue of top 500 companies grew 29.40%. It can be seen that, in the development of national economy, the enterprise group plays a decisive role. However, facing the rapid development of knowledge economy and the huge impact of financial crisis, the development and management of intellectual capital, thereby promoting intellectual capital on performance creation, is one of the important sources of power to enhance core competence and achieve the sustainable development of enterprise group. In the report to the Eighteenth National Congress of the Communist Party of China, Hu Jintao pointed out that, "We should follow a path of making innovation with Chinese features and take steps to promote innovation to catch up with global advances. We should increase our capacity for making original innovation and integrate innovation and for making further innovation on the basis of absorbing advances in overseas science and technology, and place greater emphasis on making innovation through collaboration." In an increasingly complex international and domestic environment, taking into account the synergy of enterprise group, to reasearch the path of enterprise group's intellectual capital on performance creation, resolve the role of transfer mechanism in the intellectual capital creating performance, and discuss the way to foster sustainable competitive advantage will be of great theoretical and practical significance in building an innovative country and creating national sustainable competitive advantage.

Based on a review of previous research about intellectual capital, syncretizing multidisciplinary knowledge of management, economics, statistics, law, and other knowledge, and applying multiple research methods of normative and empirical research, qualitative and quantitative research to achieve an organic coordination of theory and practice, this book researchs the path of enterprise group's intellectual capital on performance creation combined transfer mechanism, analyzes the path of the influence of intellectual capital from a member on business performance of another member in enterprise group, and discusses the utilization and management of intellectual capital in enterprise group. The main contents of this book include the following several points.

Firstly, this book builds a logical connotative framework system of enterprise group's intellectual capital on performance creation by reviewing the theoretical basis. It constructs the logical connotation of static intellectual capital from resource – based view, the logical connotation of dynamic leverage intellectual capital from dynamic capability theory, the logical connotation of transfer intellectual capital in enterprise group from transaction cost theory, and the logical connotation of intellectual capital on performance creation in the entire enterprise group from self – organizing theory.

Secondly, this book forms a framework of self – organizing process about enterprise group's intellectual capital on performance creation by analyzing its mechanism of action in theory. It reviews the definition and structure of intellectual capital, and defines the concept of intellectual capital. On the basis of self – organizing theory, it believes that, intellectual capital system in enterprise group as an important driving force of the country's economic development has the self – organization nature, enterprise group should draw on its self – organizing ability to create, leverage and manage its intellectual capital, thus contributing to promote self – organizing of intellectual capital on performance creation, achieve the creation, transfer and transformation of intellectual capital, and stimulate orderly evolution of enterprise group to a higher level.

Thirdly, this book clarifies a logical path of enterprise group's intellectual capital on performance creation through logical reasoning of its path of evolution. It describes the objective measurement mode and subjective evaluation mode of intellectual capital, and analyzes an effect of two dimensions of transfer mechanism, i. e. transfer willingness and capacity and absorptive willingness and capacity. After a theoretical analysis, it proposes two basic paths of enterprise group's intellectual capital on performance creation, including a direct path from intellectual capital to business performance and an indirect path from intellectual capital to transfer mechanism, to business performance.

Fourthly, with parent and subsidiary as example, this book evaluates intellectual capital from parent, transfer mechanism between parent and subsidiary, and subsidiary performance. In this book, field research is employed for analyzing current situation of enterprise group's intellectual capital on performance creation. Through field research of Wuhan East Lake High – tech Zone and the interviews focusing on two companies, this book has a preliminary understanding of the practical status of intellectual capital, transfer mechanism and business performance, on the basis of those, it designs a questionnaire to test intellectual capital from parent, transfer mechanism between parent and subsidiary, and subsidiary performance.

Fifthly, with parent and subsidiary as example, this book tests the path of enterprise group's intellectual capital on performance creation, verifies the influence of intellectual capital from parent on subsidiary performance. Based on questionnaire data from enterprise group, it tests the influence of intellectual capital from parent on subsidiary performance using structural equation modeling. The research indicates that positive interaction effects are established between human capital, structural capital and relational capital from parent, and they have a significant positive effect on subsidiary performance. However, the three dimensions of intellectual capital from parent aren't significantly direct associated with subsidiary performance, the effect of intellectual capital from parent on subsidiary performance is completely mediated by both transfer willingness and capacity from parent and absorptive willingness and capacity from subsidiary.

Finally, based on theoretical analysis and empirical test, this book builds a mechanism to adjust enterprise group to transfer their intellectual capital. It believes that internal transfer and the establishment of transfer mechanism of enterprise group reflect a game process between transfer sides, appropriate transfer mechanism can be established to promote an optimal choice of evolutionary stable strategy both main game sides. Enterprise group should weigh three major mechanisms through which knowledge is shared across organizational borders: the market, hierarchy, and community/networks. It should build transfer mechanism of intellectual capital in enterprise group based on the premise of intellectual capital creation, intellectual capital transfer as a means, and aimed at intellectual capital transformation through management policies of enterprise group at the micro level and laws and regulations guide and policy coordination of government at the macro level.

This book has several contributions below: Firstly, associating self - organizing theory with intellectual capital on performance creation in enterprise group, it enriches the theoretical research of intellectual capital on performance creation. Secondly, using a combination of logical reasoning, field research, questionnaire, and statistical analysis, it analyzes a cross – impact of intellectual capital from the members of enterprise group on business performance both from theory and practice, and broadens the scope of intellectual capital research. Lastly, based on field research of transfer intellectual capital in enterprise group, including transfer mechanism in the research of enterprise group's intellectual capital on performance creation, it verifies the role of transfer mechanism in a path of intellectual capital on performance creation in enterprise group, builds a mechanism to adjust enterprise group to transfer their intellectual capital, and provides a reference for the overall resource allocation of enterprise group, collaborative innovation and effective management and leverage of intellectual capital.

Key words: Intellectual capital; Performance; Transfer mechanism; Enterprise group; Self – organizing

目 录

导　论

　　"现代管理学之父"彼得·德鲁克曾率先阐释了"知识经济"，提出知识将会取代土地、劳动力或资本等传统生产要素，成为企业最重要的生产要素。在知识经济时代，无形资产作为"软资产"在生产函数中的比重日益提高，并逐渐成为导致企业环境产生剧烈变化的重要因素之一。①当今社会财富与经济的增长主要是受无形资产的驱动（Lev，2001）。企业价值来源亦由传统的有形资产，转变为以智力资本为主体的无形资产。随着社会经济的发展，依照传统会计理论所编制的财务报表已无法反映企业的真实价值。资料显示，组织市场价值与账面价值之间的差异呈逐渐扩大趋势，在1978—1998年，按传统会计计算的组织账面价值对于市场价值的解释力已由过去的95%降低至28%（Boulton et al.，2000）。故而，将反映企业隐性价值的"智力资本"纳入会计研究领域，探寻智力资本绩效创造的路径，以实现对智力资本的会计反映、控制与评价，既是新经济时代管理学研究的核心主轴之一，又是会计理论研究的拓展方向之一。

　　智力资本是能够使一个企业、组织和国家富有的最有价值的资产（Stewart，1991），同时，智力资本及其内部转移对我国企业实现规模化和协同化经营具有重要意义。伴随知识经济的发展，智力资本将严重影响企业集团能否随知识经济的发展而扩展。面对激烈竞争的市场环境，以企业集团而言，集团内的母公司或某一子公司创造的智力资本是否只对其自身绩效产生影响，是否会影响其他子公司的绩效？企业集团智力资本的内部绩效创造是以何种路径实现的？如何通过转移机制更大限度地发挥企业集团各成员企业间智力资本的内部绩效创造？这一系列问题的解决，将有助

---

　　① Lev，B.，Zarowin，P.，"The Boundaries of Financial Reporting and How to Extend Them"，*Journal of Accounting Research*，Vol. 37，No. 2，1999，p. 356.

于促进我国企业集团的整体持续发展，培育真正具有国际竞争力的大型企业。

一　研究背景与意义

（一）研究背景

人类进入 21 世纪，竞争日趋激烈，技术的迅猛发展和产品生命周期的缩短，大幅改变了当今大多数企业的竞争环境（Reed and Defillippi，1990；Grant，1996）。随着全球经济环境的转变，以往与企业竞争战略攸关的有形资产，已逐渐被员工技能、创新研发和知识累积等无形资产所取代，成为企业最重要的战略资源。无形资产不仅是 21 世纪的"入场券"，还是 21 世纪的竞争利器。[①] 知识型产品与服务的快速发展使得知识在企业竞争优势上扮演着越来越重要的角色，知识被认为是创造企业竞争优势的重要资产（Quinn，1992；Doz，1996；Sveiby，1997；Teece，1998），而知识累积和转换的核心便是智力资本。Dzinkowski（2000）根据统计资料，发现企业对有形资产的投资从 50% 缓慢降低至 10%，但对智力资本的投资却从 50% 提升至 90%。种种迹象表明，新经济的发展越来越依赖企业内在的无形资产，智力资本（Intellectual Capital，IC）也成为企业价值创造和可持续发展的关键性与稀缺性资源。从企业资源配置的角度而言，企业如何从一般性的竞争力转化为持续的核心竞争力，关键是如何对智力资本进行有效的开发、管理与运用。因此，智力资本的创造、累积、运用与管理将成为企业可持续发展的基础和关键。

企业是一个国家经济发展的重要主体，而企业集团则是一个国家经济发展的脊梁。企业集团作为现代企业组织形式，于 19 世纪末 20 世纪初产生于欧美发达工业国家。20 世纪以后，国外企业集团迅速发展，大型国际企业集团在世界经济中逐渐占据举足轻重的地位。改革开放以后，我国亦形成了一批企业集团，并自 20 世纪 90 年代以后，在我国迅速发展。培育和发展大型企业集团是我国经济发展的主要目标之一。经过多年发展，我国企业集团已迅速成长为国民经济的中坚力量。中国行业企业信息发布中心发布的相关信息显示，截至 2008 年年底，我国企业集团总计 2971 家，拥有成员企业 33135 家，公司治理结构日渐完善，但经济效益受全球

---

① 蔡吉祥：《无形资产学》，海天出版社 1999 年版，第 1 页。

金融危机影响而有所下滑。① 全球金融危机的爆发与蔓延使我国企业集团的发展面临严峻的挑战，在后危机时代，为迎接这一挑战，适应经济形势和经济环境的不断发展变化，我国企业集团应不断调整发展模式，创造、运用和管理智力资本，提升企业集团整体核心竞争力，促进企业集团可持续发展。

胡锦涛同志在中共十八大报告中指出："要坚持走中国特色自主创新道路，以全球视野谋划和推动创新，提高原始创新、集成创新和引进消化吸收再创新能力，更加注重协同创新。"② 由此可见，在企业发展中，创新固然重要，协同创新同样重要。当前，我国企业集团在发展过程中依然存在一个较为突出的问题，即在一定程度上并未完全重视企业集团内部母子公司之间或各个子公司之间的协同合作，从而影响了企业集团的整体绩效。尽管大量的实证研究表明，智力资本对企业绩效具有重要影响（Bontis et al. , 2000；Riahi - Belkaoui, 2003；Firer and Williams, 2003；Chen et al. , 2005；Khani et al. , 2011；李嘉明和黎富兵，2004；蒋琰和茅宁，2008；原毅军等，2009；卢馨和黄顺，2009）。然而，资源的有限性和交易成本的制约性，使得企业集团内部智力资本的转移与智力资本的创造同等重要。为此，顺应知识经济的发展需求，考虑企业集团的协同效应，对企业集团内部智力资本的绩效创造路径进行研究，并探讨智力资本转移机制在企业集团成员企业智力资本对其他成员企业经营绩效影响路径中的作用，将是一个兼具理论性与现实性的研究课题。

（二）研究意义

面对日趋复杂的国际与国内环境，对企业集团智力资本绩效创造路径进行研究，解析内部转移机制在企业集团智力资本绩效创造中的作用，探讨大型企业可持续竞争优势培育之路，对建设创新型国家，形成国家可持续竞争优势将具有重大的理论与现实意义。

1. 理论意义

智力资本一直是理论界和实务界所重点关注的话题之一。学术界虽对这一问题进行了大量研究，也形成了许多有用的研究成果，但研究点多面

---

① 此处数据来自国家统计局下属中国行业企业信息发布中心所发布的《2008 年度中国大企业集团信息发布报告》。

② 参见胡锦涛同志在中国共产党第十八次全国代表大会上的报告《坚定不移沿着中国特色社会主义道路前进，为全面建成小康社会而奋斗》。

广，并未有统一结论。本书将智力资本研究纳入会计理论研究领域，以自组织理论为导向，拓宽了智力资本理论研究的视角，丰富了企业智力资本理论研究的相关内容。

第一，通过梳理智力资本的理论研究成果，有助于正确界定企业智力资本理论研究边界，促进会计理论的发展。自 15 世纪簿记理论产生以来①，会计理论发展至今已超过 500 年，伴随经济环境的发展变化，以传统会计理论指导的财务报表却过度重视企业有形面的披露，忽略了对企业绩效创造具有重大贡献的无形面（即智力资本）的反映。本书的理论探索为实现智力资本的会计反映、控制和评价奠定了基础，有利于对智力资本的会计反映和评价，促进新经济环境下会计理论的发展。

第二，通过将自组织理论与智力资本绩效创造有机结合，提供更广泛的智力资本书的理论视角，为后续研究奠定理论平台。从自组织理论研究企业集团内部成员企业之间的智力资本对经营绩效的影响，探讨企业集团内部智力资本绩效创造的作用机理，为企业智力资本研究的进一步发展提供了一个更宽阔的理论视角。

第三，通过对企业集团智力资本绩效创造路径进行系统理论分析，有助于正确理解企业集团成员企业间智力资本与经营绩效的内在逻辑关系。当前以企业集团为整体对智力资本作用机制的分析极其稀少。本书从企业集团整体视角系统分析智力资本的绩效创造，便于理解智力资本对企业绩效的贡献，为将智力资本纳入会计理论体系提供了理论支撑。

2. 现实意义

顺应国家"十二五"规划关于"发展拥有国际知名品牌和核心竞争力的大中型企业"的具体目标，本书将对企业微观层面的战略规划和国家宏观层面的政策制定具有一定的实践指导意义。

（1）在微观层面上，为企业集团战略规划提供经验支持。将理论研究成果应用于实践，本书既为制定企业和行业发展战略规划提供了经验指导，又为实现"十二五"规划中关于"发展现代产业体系，提高产业核心竞争力"的具体发展目标奠定了现实基础。

第一，有助于促进企业更大限度地发挥智力资本的绩效创造功能，在

---

① 此处簿记理论的产生主要指比较公认的复式簿记的产生，即 1494 年卢卡·帕乔利（Luca Pacioli）在《算术、几何、比及比例概要》（即《数学大全》）中对复式簿记的介绍。

企业集团这一有机整体中，充分发挥整体的资源配置功效。通过分析当前企业集团内部智力资本绩效创造的直接与间接路径，将有助于全面探索集团内某一成员企业经营绩效的影响因素。将母子公司既作为某一个体，又作为企业集团整体的一部分，探讨企业内部智力资本管理与运营的经验，便于有效发挥企业集团整体的资源配置功效。

第二，有助于构建适应中国企业集团的智力资本转移机制，为企业智力资本的有效运用提供技术支持，为产业经营管理提供经验借鉴。尽管智力资本是企业绩效来源的关键要素，但是，只有少数企业拥有足够能力自行创造所需的智力资本（Leonard – Barton，1995），大多数的企业需要借助外界的知识和智力资本。如何快速而有效地获取外部智力资本，便成为企业可持续竞争优势的重要课题（Crossan and Inkpen，1994；Richter and Vettel，1995；Lambe and Spekman，1997；Phan and Peridis，2000）。本书在对智力资本绩效创造进行理论与实证分析的基础上，探讨如何构建适应中国企业集团的智力资本内部转移机制，为企业集团内部分享传递智力资本，最大限度地经营和管理智力资本，获取企业集团可持续竞争优势，提供有效的经验指导与技术支持。

（2）在宏观层面上，为国家政策与规范的制定提供现实依据。企业的发展是国家经济发展的巨大推动力。只有企业做大做强，才能"长命百岁"，才能"经久不衰"，才能促进经济发展，进而维持国家可持续竞争优势。因此，无论是"扩内需"和"促发展"的大政策，还是行业振兴规划、政府宏观经济政策或制度规范，都应当有助于企业做大做强，促进企业真正实现"走出去"。本书对企业集团成员企业间智力资本绩效创造效应进行经验分析，一方面，为企业会计准则制定中重视智力资本这一企业隐性价值提供了实务支撑，有利于促进将智力资本的反映与控制纳入会计准则体系；另一方面，为国家宏观政策的制定提供了现实依据，有利于促进大型企业集团和国际化跨国公司的培育，促进我国企业更快更好地占据国际市场，形成与保持国家可持续竞争优势，加速经济增长，进一步提升国际地位。

总而言之，本书对我国企业竞争优势培育及国家经济发展不仅具有重大的理论意义，更具有重大的现实意义。一方面，它在丰富企业智力资本理论研究方面具有一定的学术价值；另一方面，它对我国宏观经济政策的制定及企业发展战略的规划均具有一定的应用前景。

二　研究动态与评析

理论上，智力资本（Intellectual Capital，IC）最早是西尼尔（Senior）于 1836 年作为人力资本的同义词使用的。而经济学家约翰·肯尼思·加尔布雷思（John Kenneth Galbraith）于 1969 年首次明确提出了"智力资本"这个概念，并对其进行了发展。① 此后，国内外对智力资本相关问题展开了一系列的研究。

（一）国内外研究动态

早期对智力资本的研究主要集中于定义、结构的界定和智力资本计量模式的探讨，随着研究的深入，如何更有效地发挥智力资本的作用机制备受学术界和实务界的关注。进入 20 世纪末期之后，对智力资本影响效应的研究逐渐成为研究热点，尤以实证研究为主。综观当前已有研究文献，国内外对智力资本绩效创造的研究已基本形成了以下三种观点。

1. 主效应观点：智力资本显著影响组织绩效

主效应观点是当前智力资本作用效应研究的主流，它直接分析智力资本对组织绩效的影响。主效应观点认为，智力资本能够独立于其他因素，促进组织绩效的创造与提升。研究表明，智力资本对组织盈利能力、生产能力、市场价值、竞争优势和创新能力等财务和非财务绩效均可能产生显著影响。主效应研究主要从智力资本整体影响效应、结构维度要素影响效应和结构维度交互影响效应三个视角展开。

（1）智力资本整体影响效应。从整体智力资本视角的研究，一般将智力资本作为一个整体单独或与物质资本比较分析其对组织绩效的影响，并未具体分析智力资本单项结构维度的影响效应。研究结果基本证实，智力资本对组织绩效具有积极正效应，但对组织绩效不同层面的影响程度却有所差异。

Riahi - Belkaoui（2003）基于资源基础和利益相关者观点，选取《财富》1991 年评选的"最国际化"的 100 家美国制造和服务公司中的 81 家

---

① 埃德文森和沙利文（1996）、埃德文森（1998）和罗斯等（1998）均指出，最早提出智力资本概念的是经济学家约翰·肯尼思·加尔布雷思。而马尔（2005）等认为，智力资本是西尼尔（Senior）于 1836 年首次使用的。具体参见 Senior，N. W.，*An Outline of the Science of Political Economy*，Logman，London，1836. In Marr，B.，*Perspectives on Intellectual Capital*：*Multidisciplinary Insight into Management*，*Measurement and Reporting*，Amsterdam：Elsevier Butterworth Heinemann，2005，pp. 213 – 226。

为样本进行检验，说明智力资本对美国跨国公司的财务绩效具有积极显著的正向作用，是跨国公司持续超额利润的主要源泉。Mavridis（2004，2005）对日本和希腊两国银行业的检验结果表明，银行业物质资本与智力资本对其绩效均具有显著的正效应，且智力资本对绩效的影响比物质资本的影响更大。Tan 等（2007）利用来自新加坡交易所上市的 150 家公司的数据进行分行业分群检验，结果表明，IC 与公司绩效正相关，公司的 IC 增长率与公司绩效（未来绩效）呈正相关。而 Zéghal 和 Maaloul（2010）对高科技、传统和服务业三组产业的 300 家英国公司的检验结果显示，公司的 IC 对经济、财务绩效产生积极的影响，但 IC 和股市绩效之间的关联只对高新技术产业是显著的。同时，资本运用保持了对财务绩效和股市绩效的主要决定性，尽管它对经济绩效产生负面影响。Rossi 和 Celenza（2012）对意大利的经验研究证实，智力增值系数（VAIC）与 ROE 之间具有直接关系。我国学者刘超和原毅军（2008）运用分位数回归模型检验了中国 2005 年 98 家 IT 上市公司智力资本与企业绩效的关系，结果表明，智力资本对企业绩效具有积极正效应，且随企业绩效的不断提高，其贡献度逐渐增大。

（2）智力资本结构维度要素影响效应。关于智力资本结构要素对组织绩效影响的研究，并未形成统一结论。大多数学者的研究强调，智力资本的某一维度或多个维度对组织绩效不同层面具有不同程度的影响。

第一，智力资本各维度对组织绩效均产生积极效应。虽然对智力资本结构维度划分不一，但部分学者的研究却支持智力资本的每一结构维度均对组织绩效具有积极效应。如 Peña（2002）的研究指出，企业家人力资本、组织资本及关系资本是企业重要的无形资产，与新创企业的风险绩效之间存在显著的正相关关系。朱瑜等（2007）认为人力资本、结构资本和关系资本都对组织绩效具有促进效应。Chen 等（2005）、Tovstiga 和 Tulugurova（2007）及 Khani 等（2011）认为，智力资本（人力和结构资本）与组织绩效相关，是驱动企业绩效的最主要的因素。Wang（2008）对美国标准普尔 500 指数公开上市公司的研究结果显示，智力资本即人力资本、结构资本、关系资本和流程资本均与公司市场价值具有显著关系。

第二，智力资本各维度对组织绩效产生不同效应。一些学者的研究则表明，智力资本各个维度对组织绩效产生不同效应。其一，结构资本对组织绩效具有积极正效应，但人力资本却并未发挥积极效应。Firer 和 Williams（2003）以南非四个智力资本密集行业中的 75 家公开上市公司为样本进行检验。结果表明，物质资本对企业市场价值具有积极正向影响，结构资本对企业盈利能力具有适度正向促进效应，而人力资本却并没有发挥积极的促进作用，与企业生产率呈现显著负相关关系。Khalique 等（2011）对巴基斯坦电气和电子中小企业的研究显示，顾客资本和结构资本对组织绩效有显著影响，而人力资本对组织绩效不具有显著影响。Chu 等（2011）的研究也强调了结构资本对组织绩效的作用。其二，人力资本在组织绩效中发挥关键作用。Kamath（2008）采用与 Firer 和 Williams（2003）类似的方法对印度药物和制药行业排名前 25 家公司的研究却表明，人力资本对研究期间企业的盈利能力和生产率有重大影响。Choudhury（2010）认为人是一个组织最重要的资产。我国学者傅传锐（2007）指出，物质资本和人力资本均对企业综合绩效具有积极显著效应，但这种效应却分别表现为随业绩提高的逐步增强和减弱，而结构资本却只对具有较好综合绩效的公司绩效具有显著正效应。此外，也有研究结果证实，人力资本和结构资本对组织绩效均产生正效应，而关系资本却具有负效应（原毅军等，2009）。或者，人力资本和结构资本均对组织绩效具有负效应，而创新资本却具有积极正效应（Chang and Hsieh，2011）。

第三，智力资本各维度对组织绩效并未产生较大效应。部分学者的研究认为，相对于物质资本，智力资本各个要素对组织绩效并未发挥较大效应。Muhammad 和 Ismail（2009）对马来西亚金融部门 18 家公司的检验结果发现，智力资本整体与盈利能力和 ROA 具有显著正向关系，人力资本和结构资本则与公司绩效没有显著关系。同时证实马来西亚金融业市场价值更多的是物质资本创造的，而不是智力资本。Chan（2009）对香港联交所恒生指数成分股的研究显示，没有确凿的证据支持 IC 和所调查香港样本公司的四个财务绩效指标之间具有明确关联，充其量只是 IC 和盈利能力之间具有适度关联。物质资本在提高市场估值、生产力和盈利能力方面依然占主导地位。Maditinos 等（2011）的研究证明，在希腊的商业环境中，仅仅人力资本系数与研究使用的三个财务绩效指标之一的 ROE 之间的关系得以证实，说明希腊企业更信任物质资本的作用。我国学者李嘉明和黎富兵（2004）对我国计算机上市公司的实证检验结果显示，物质资本与企业绩效间呈显著正相关关系，人力资本与企业绩效虽呈正相关，但统计结果并不十分显著，而结构资本则对企业绩效具有负面效应。万希（2006）对中国2003年50家运营绩效最佳公司中的41家样本上市公司进行实证检验，结果表明，物质资本对企业绩效具有显著正效应，而人力资本和结构资本虽也对企业绩效具有正效应，但在统计结果上却不十分显著。

（3）智力资本结构维度交互影响效应。从结构维度交互影响效应的研究，结果表明，智力资本的结构维度之间具有交互作用，单项要素可能直接影响组织绩效，也可能通过其他结构要素间接作用于组织绩效，或者通过多个结构维度的共同作用影响组织绩效。但由于对智力资本结构划分和测度方法等的不一致，对智力资本结构维度交互作用机制的研究并未形成一致结论。

第一，智力资本其他维度以结构资本维度为中介间接影响组织绩效。邦提斯等（Bontis et al.，2000）对马来西亚服务业和非服务业的比较研究结果显示，无论行业，人力资本均是重要的，它对结构资本的影响在非服务业中比在服务业中影响更大；顾客资本均对结构资本具有显著影响；结构资本的发展与企业绩效均具有正相关关系，结构资本对企业绩效具有积极正效应。而Maditinos等（2010）采用与邦提斯类似的方法对雅典证券交易所上市公司的研究表明，在服务和非服务行业，人力资本非常重要且对顾客资本有正效应；顾客资本在服务行业对结构资本有影响；不管行业类型，创新资本对结构资本似乎有一个积极的关系；在两个行业类型中，尤其是在非服务行业，结构资本对企业绩效都具有积极效应。而我国学者卢馨和黄顺（2009）比较检验制造业、信息技术业及房地产业的结果表明，人力资本只有结合结构资本才能发挥效益，三个行业的实证结果均证实结构资本与企业绩效具有负相关关系。

第二，人力资本维度以智力资本其他维度为中介间接影响组织绩效。Wang和Chang（2005）的研究证实，除人力资本以外，智力资本要素直接影响中国台湾IT企业绩效。人力资本通过另外三个要素——创新资本、流程资本和顾客资本间接影响绩效，人力资本影响创新资本和流程资本，创新资本影响流程资本，进而影响顾客资本。Cohen和Kaimenakis（2007）检验希腊知识密集服务业的中小企业发现，只有人力资本与组织资本以及人力资本与顾客资本之间具有直接相互关系。Kamukama等（2010）的研究表明，在乌干达，小额信贷机构的人力资本对绩效的影响程度部分依赖结构资本或关系资本，但关系资本和结构资本之间却没有建立显著的交互作用。蒋琰和茅宁（2007，2008）认为，财务资本与智力资本的耦合作用创造了企业价值，而智力资本要素之间存在相互影响和相互转化关系。人力资本不能直接实现企业绩效创造，需以结构资本和关系资本为中介才能发挥其绩效创造作用。

此外，也有部分学者的研究反映了智力资本结构要素之间的其他交互作用，但他们却都提出了顾客资本（或关系资本）维度在智力资本结构维度对组织绩效影响中的中介效应。Cheng 等（2010）对美国医疗保健行业的研究表明，IC 显著影响公司业绩，创新资本和流程资本通过顾客资本和人力资本间接影响绩效。而我国学者陈劲等（2004）对浙江高科技企业的研究发现，人力资本显著影响结构资本与客户资本，较显著影响创新资本，结构资本显著影响创新资本与客户资本，创新资本较显著影响客户资本，而客户资本与企业绩效具有最直接的联系，这四要素整合后的智力资本与企业绩效具有更强的正相关性。

2. 间接效应观点：智力资本通过中介因素间接影响组织绩效

间接效应观点通过引入中介因素来分析智力资本对组织绩效的影响。间接效应观点认为，智力资本对组织绩效具有间接效应，它与企业绩效之间可能并非直接关系，而是间接关系，即智力资本通过对智力资本以外的其他中介变量的影响以间接影响组织绩效。在智力资本对组织绩效影响的间接效应分析中，中介变量的引入发挥了关键作用。

（1）知识管理的中介效应。伯特（Burt，1997）通过研究证实，知识交流平台的构建有助于企业与信息所有者交换分享信息，识别与获取对企业最有价值的信息，它在智力资本对企业绩效的提升中发挥着重要作用。马尔等（Marr et al.，2004）认为，知识共享机制促进了企业显性知识与隐性知识之间的相互转化，有助于组织对知识的消化吸收能力的提高，便于企业绩效的提高。故而，知识共享机制在智力资本对绩效的贡献中发挥了显著的中介作用。林筠和何婕（2011）指出，组织资本和关系资本通过内部隐性知识转移对渐进式技术创新形成间接效应，人力资本和关系资本通过外部隐性知识转移对根本性技术创新产生间接作用。

（2）组织能力的中介效应。组织的经营能力、学习能力、吸收能力和动态能力等组织能力在智力资本绩效贡献中发挥着中介作用。梅诺等（Menor etal，2007）在对美国制造业的横截面调查数据的实证研究中发现，经营能力在经营型智力资本对经营绩效的影响中发挥中介作用，其中产品创新发挥完全中介作用，而流程灵活性通过产品创新发挥部分中介作用，影响企业市场绩效和财务绩效。阎海峰等（2009）对与在华跨国公司存在互动关系的国内企业的研究表明，吸收能力在智力资本和技术创新之间发挥完全中介作用，而在智力资本和管理创新之间发挥部分中介作用。而智力资本所驱动的动态能力是企业长期超额利润获取和持续竞争优势创造的关键要素（洪茹燕、吴晓波，2006）。黄培伦等（2010）认为，人力资本、结构资本与关系资本影响企业形成动态能力，并进而影响企业可持续竞争优势。Hsu 和 Wang（2012）采用贝叶斯回归对 242 家高科技企业 2001—2008 年的总体数据进行检验的结果显示，动态能力在结构资本对业绩的影响中发挥完全中介作用，而在人力资本和关系资本对业绩的影响中发挥部分中介作用。许红胜和王晓曼（2010）在对电力、蒸汽和热水生产与供应产业 56 家公司的检验中发现，人力资本、结构资本与关系资本会通过企业能力的中介作用对企业财务绩效形成间接效应。武博和闫帅（2011）对 120 家知识型企业的分析结果显示，组织学习能力在人力资本和创新资本对知识创新绩效的影响中发挥部分中介作用，而在结构资本和关系资本对知识创新绩效的影响中发挥完全中介作用。

（3）知识产权的中介效应。博伦等（Bollen et al.，2005）将德国制药行业智力资本价值和知识产权与公司绩效进行实证链接指出，人力资本、结构资本和关系资本对知识产权有重要影响，因此知识产权作为中介直接影响公司绩效。智力资本作为一个整体，应当包括知识产权，知识产权应当是智力资本的一部分。

（4）竞争优势的中介效应。Kamukama 等（2011）指出，竞争优势是智力资本与财务绩效之间关联的一个显著的中介变量，在乌干达的小额信贷机构智力资本与财务绩效之间发挥部分中介作用，改善了两者之间的关系。

此外，我国学者张宗益和韩海东（2010）还从员工激励、外部利益相关者需求的满足和智力资本三维协同方面提出了智力资本转化为组织绩效的路径。徐爱萍（2010）也提出了类似的转化路径。

3. 调节效应观点：智力资本对组织绩效的影响受调节因素的干扰

调节效应观点认为，智力资本对组织绩效的作用效应受到调节因素的干扰，智力资本对组织绩效的影响程度或方向具有差异性，还应当考虑智力资本以外的调节变量对其的影响。为管理和提取智力资本中的价值，组织必须了解其运营的内外部情境（Sullivan，2006）。因此，在研究智力资本与组织绩效之间的关系时，学者们尝试考虑组织内外部情境要素在其中的调节效应。

（1）创新战略的调节效应。Kuczmarski（1996）的研究认为，创新战略对智力资本和组织绩效的关系发挥调节作用，组织创新战略水平的高低将影响智力资本对组织绩效的作用。林妙雀和郦芃羽（2004）的研究表明，创新策略的采用，带动智力资本对组织绩效影响的交互作用。实行技术创新战略有利于人力资本和关系资本丰富的组织财务绩效和组织效能的提升，而善用管理创新战略有助于人力资本和结构资本丰富的组织财务绩效的提升，以及具有丰富关系资本的组织绩效的增加。

（2）生命周期的调节效应。曹裕等（2010）认为，不同生命周期阶段，智力资本各要素对企业绩效的影响具有差异性，物质资本与人力资本在不同阶段对企业绩效都具有显著正效应，结构资本只有在成长期才对企业绩效具有显著积极效应，而在成熟期和衰退期对企业绩效均不具有显著影响，甚至具有负面效应。

（3）冗余资源的调节效应。李冬伟和李建良（2010）以高科技上市公司为分析对象，验证了冗余资源在智力资本价值创造中具有明显的调节效应。其中，可利用冗余资源对人力资本和企业隐藏价值之间的关系具有显著正向调节作用，潜在冗余资源对人力资本、创新资本与企业价值之间的关系具有正向调节作用。

（4）行业特性的调节效应。里德等（Reed et al.，2006）探索了行业环境在美国同一地理区域的个人和商业银行智力资本要素对财务绩效的影响，研究认为，行业经营环境会影响智力资本三要素与财务绩效之间的关系。Tan等（2007）对新加坡交易所上市的150家公司的分析表明，智力资本对公司绩效的贡献依行业不同。Zerenler等（2008）在对土耳其汽车供应商行业的研究中发现，智力资本三要素对创新绩效具有显著正效应，且增长率越高的行业，人力资本、结构资本和客户资本与创新绩效之间具有更强的正相关关系。Muhammad和Ismail（2009）发现，相对于保险公司和证券经纪公司，银行业更依赖智力资本。我国学者卢馨和黄顺（2009）对制造业、信息技术业及房地产业的比较分析表明，不同行业智力资本驱动企业绩效存在差异性。而陈晓红等（2010）的研究也显示，物质资本、人力资本和结构资本对企业绩效的影响在竞争性与非竞争性行业存在差异。

（5）外部环境的调节效应。Juma 和 McGee（2006）的研究结果表明，智力资本和新创企业绩效之间的关系受环境动态、丰富度和复杂性的影响。Tovstiga 和 Tulugurova（2009）比较了俄罗斯、德国、丹麦和美国四个地区公司的智力资本和外部环境因素对企业竞争力的影响的重要性，结果显示，在四个地区中，相对于外部因素，智力资本都是企业竞争力的最关键的驱动因素。李冬伟和汪克夷（2009）认为，环境要素在智力资本和高科技企业绩效的关系中发挥显著调节效应，环境适宜性对人力资本绩效创造具有显著反向调节效应，对创新资本和流程资本绩效创造具有正向调节效应，环境动荡性对流程资本和企业绩效间的关系具有反向调节效应。

（二）国内外研究现状评析

综观当前研究动态，迄今为止，国内外对智力资本作用机制的研究已取得了一定进展，研究范围日益广泛，基本体现出从单一行业研究扩展至多行业比较研究、从组织智力资本研究扩展至区域和国家智力资本研究以及从单项绩效影响研究扩展至多重绩效影响研究的特点。然而，总体而言，国内外对智力资本影响效应的研究仍有待深入，尤其是在我国，对智力资本绩效创造的作用机制尚未有深入分析，实证研究亦较为缺乏，且并未形成较为统一的结论。

1. 研究范围和领域的局限性

虽然迄今对智力资本作用机制的研究范围已经逐步扩展至不同行业或多个行业的分析，研究领域亦逐步从组织扩展至区域或国家智力资本的研究。但我国在这些范围和领域的研究依然存在较大局限性，行业间的比较分析以及对区域或国家智力资本作用机制的研究都还只是初步探讨，并未对不同行业间智力资本的差异及其对组织绩效贡献的差异进行深入的理论与实证分析。此外，当前的研究基本都是分析某一组织智力资本对自身绩效的影响，却从未将企业集团作为一个整体，从整体资源配置与利用的角度分析企业集团母子公司之间智力资本绩效创造的作用机制。

2. 研究所依据理论基础的单一性

目前对智力资本作用机制的研究大多数是基于资源基础理论的研究（Bontis，2000；Riahi - Belkaoui，2003），这些理论主要体现了静态智力资本的观点，无法为组织动态运用和管理智力资本提供理论依据，更无法促进企业集团智力资本利用与管理。虽然目前部分研究已考虑智力资本维度之间的内在联系及其绩效创造，但仅以资源基础理论为基础的分析，并未将智力资本要素在组织之中的应用与转化联系起来，无法深入探究智力资本绩效创造的路径。而将动态能力理论、交易成本理论和自组织理论引入智力资本研究，便于从整体上研究智力资本的动态运用和企业集团成员企业间的智力资本绩效创造与智力资本转移问题。

3. 智力资本作用机制理论分析的薄弱性

理论上，许多学者均认为智力资本是组织创造财富和形成竞争优势的主要来源（Stewart，1994；Edvisson and Malone，1997；Ross et al.，1997），这虽从逻辑推理上反映了智力资本的功能效应，但智力资本作用机制的研究尚欠缺较为全面系统的理论分析。迄今为止，大量经验分析用于智力资本对绩效影响的研究，尤其是国外学者对其进行了大量实证检验，但研究结论却并不统一。而对智力资本作用机制理论分析的不足是导致对此认识不一致的主要因素之一。对智力资本的理论研究多集中于概念和结构等基本理论的探讨，但对智力资本绩效创造的过程和作用机理却鲜少进行较深入的理论探讨。

4. 智力资本作用机制实证研究的不均衡性

现有文献对智力资本作用机制的实证研究呈不均衡状态，学者们的研究结论呈现多样性，尚未达成一致意见。智力资本作用机制实证研究的不均衡性反映出当前研究中的一些不足之处。其一，缺乏对智力资本要素的全面衡量。虽然当前许多研究都对智力资本结构要素的影响效应进行了检验，但往往在研究中将不易衡量的组织资本和关系资本的分析排除在外。其二，缺乏对智力资本交互作用的系统分析。国外对智力资本交互作用的研究在近几年来呈增长趋势，但以我国文化制度背景系统检验智力资本交互作用的研究还较为缺乏。其三，缺乏大样本的研究。现有研究多以小样本研究为主，仅有部分研究样本量超过 100 家，大部分研究样本量都较少。其四，缺乏对智力资本绩效创造路径的完整分析。当前研究较少对智力资本影响路径进行全面完整的实证检验，因而对智力资本作用机制到底是直接效应、间接效应还是调节效应，学者们至今仍然莫衷一是。

综上所述，明确智力资本的定义和结构，拓展智力资本研究的理论基础，结合我国国情及具体行业或企业环境，尤其是将企业集团作为一个整体，从自组织理论深入分析智力资本绩效创造的作用机理，构建智力资本绩效创造的理论框架，探讨智力资本绩效创造的路径，更全面和深入地揭示企业集团内部智力资本绩效创造的动态关系将是未来研究的方向之一。

三　研究思路与内容

知识经济的兴起，影响了世界文明的发展，也改变了产业发展的方向。顺应时代发展趋势，世界各国均在不断提升国家信息技术与科技进步水平，以加速知识与智力的创造与传播，借以提升企业和产业核心竞争力，塑造国家可持续竞争优势。

（一）研究思路

本书以企业集团智力资本的绩效创造路径为研究对象，在梳理智力资本基本理论的基础上，从自组织理论探寻企业集团智力资本绩效创造的作用机理，以企业集团成员企业间的智力资本内部绩效创造为切入点，循着"转移方智力资本—接收方经营绩效"和"转移方智力资本—转移机制—接收方经营绩效"两条路径，重点分析企业集团内部转移方智力资本对接收方经营绩效的影响路径，并采用经验分析对母公司智力资本影响子公司经营绩效的路径进行了实证检验，进一步验证了转移机制在企业集团智力资本绩效创造中的作用效应，为企业集团智力资本绩效创造提供了经验依据。最后，在经验研究的基础上，探讨如何构建适应中国企业集团的智力资本转移机制，以更有效地发挥企业集团智力资本内部资源配置和绩效创造的功能，培育具有核心竞争力和国际竞争优势的大型企业集团。本书研究的技术路线图如图1所示。

（二）研究内容

在逻辑结构上，本书除导论和结语部分以外，其余部分主要分为理论分析、实证检验和政策建议三个部分。理论分析部分是以相关理论为基础对企业集团内部智力资本创造绩效的自组织过程以及集团内部成员企业智力资本影响其他成员企业经营绩效的具体路径进行逻辑推理；实证检验部分是基于理论分析，以母子公司为例，对企业集团母公司智力资本对子公司经营绩效的影响路径进行实证检验，并验证转移机制在其中的作用；而政策建议部分则是基于理论分析与实证检验的结论，分析如何构建适应中国企业集团智力资本转移的机制。本书的研究内容由如下几个部分构成：

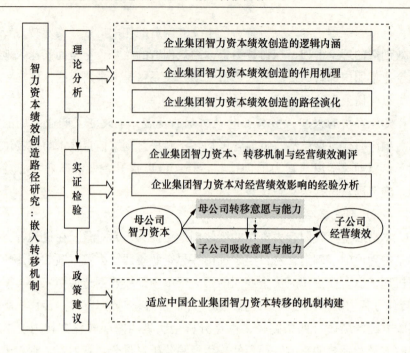

图1　研究技术路线

导论部分论证本书的选题背景与意义，回顾以往智力资本研究的基本成果，为本书的研究提供理论借鉴，在此基础上形成本书的研究思路和内容，论述本书的研究目的及所采用的研究方法。

第一章重点阐述企业集团智力资本绩效创造的理论基础与逻辑内涵，资源基础理论为静态智力资本构建了逻辑内涵，动态能力理论为动态运用智力资本构建了逻辑内涵，交易成本理论为企业集团智力资本内部转移构建了逻辑内涵，而自组织理论为企业集团整体智力资本绩效创造和内部资源配置构建了逻辑内涵。

第二章重点从自组织理论对企业集团智力资本绩效创造的作用机理进行理论分析。首先，对企业集团智力资本进行理论考察，介绍企业集团的概念与形式，梳理智力资本的定义与结构，对本书中企业集团的边界和智力资本的概念进行界定；其次，从企业集团的自组织本质和自组织能力阐释企业集团自组织的必然性和可能性，分析企业集团自组织的动力；再次，从自组织的条件、动力、演化途径、形式、复杂性和外部环境方面对企业集团智力资本绩效创造的自组织性进行详细分解；最后，从理论上分析企业集团智力资本绩效创造的自组织过程。

第三章旨在梳理企业集团成员企业间智力资本对经营绩效影响的逻辑脉络。首先，对企业智力资本的衡量与评价进行归纳总结，并分别探讨客观测量模式和主观测评模式，为以下部分的理论与实证分析提供理论前提；其次，探寻智力资本转移机制在企业集团智力资本绩效创造中的作用效应，对智力资本转移基本理论、企业集团智力资本转移路径、过程和影响因素进行了探讨，并对转移机制的评价进行了详尽论述与分析；最后，在对智力资本及其转移机制评价的基础上，阐述企业集团智力资本绩效创造的基本路径。

第四章主要以母公司对子公司的转移为例，首先通过实地调研对企业集团智力资本、转移机制和经营绩效的实务状况进行了解，再以此为基础采用问卷调查方法，重点对母公司智力资本、母子公司间智力资本转移机制和子公司经营绩效进行测评，为后续对企业集团智力资本绩效创造路径的经验分析提供数据基础。

第五章根据问卷调查所获取的相关数据，对母公司智力资本影响子公司经营绩效的路径进行经验分析。一方面，采用结构方程模型对母公司智力资本影响子公司经营绩效的路径进行分析；另一方面，对母子公司间转移机制在母公司智力资本对子公司经营绩效作用中的调节效应进行实证检验。

第六章在前述理论研究的基础上，对企业集团智力资本转移进行演化博弈分析，论述智力资本转移的三大机制，并分析中国企业集团智力资本转移机制的建立原则和对策。

结语是对全书的概括与总结，主要归纳全书的研究结论，并指明全书的主要创新和不足之处，同时指出未来可能的研究方向。

四　研究目的与方法

（一）研究目的

在对国内外智力资本基本理论研究成果分析的基础上，本书旨在结合转移机制研究企业集团智力资本绩效创造的路径，分析企业集团内部某一成员企业智力资本对其他成员企业经营绩效的影响路径，对企业集团智力资本运用与管理问题进行初步探讨。本书主要实现以下具体目的：

一是梳理企业集团智力资本绩效创造的理论基础，以期探寻企业集团智力资本绩效创造过程的逻辑内涵，构建其逻辑内涵的框架体系。

二是从自组织理论探讨企业集团智力资本绩效创造的作用机理，形成企业集团智力资本绩效创造的自组织过程框架。

三是结合转移机制对企业集团智力资本的绩效创造路径进行逻辑推理，并以母子公司为例，对企业集团母公司智力资本对子公司经营绩效的影响路径进行实证检验，从理论与实践两方面解析企业集团智力资本绩效创造的路径演化。

四是在理论分析和实证检验的基础上，构建适应中国企业集团的智力资本转移机制，为企业集团智力资本管理和整体资源配置提供理论和实践指导。

（二）研究方法

本书交叉融合了管理学、经济学、统计学、法学等多学科知识，在研究过程中综合运用多种研究方法进行跨学科综合研究，将规范研究与实证研究、定性研究与定量研究相结合，实现理论与实践的有机协调。在理论分析部分，本书主要采用文献分析法和逻辑推理法进行理论探索，构建相应的理论体系，在此基础上，采用实证研究方法以母子公司为例对企业集团智力资本的绩效创造路径进行探讨。

一是文献分析法。文献分析法是通过收集、鉴别和整理文献，系统分析与研究现有相关文献以获取信息，形成科学认识的分析方法。通过文献分析法可以理清现有文献的研究方向、内容等，再根据分析判断，形成相应的研究主题。本导论和第二章对智力资本概念和第三章中对智力资本测量的研究均采用了文献分析法，通过对以往智力资本研究文献的回顾，形成了本书的研究思路与内容，总结了企业智力资本的基本理论。

二是逻辑推理法。逻辑推理法主要是运用归纳、演绎和溯因等方式实现从前提形成结论的论证方法。在吸收以往研究成果的基础上，本书第一章采用逻辑推理法对智力资本绩效创造的逻辑内涵进行了阐述，第二章和第三章采用逻辑演绎推理方法分别对企业集团智力资本绩效创造的作用机理和路径演化进行探索。而在第六章中，则根据实证研究结论对企业集团智力资本转移机制的构建进行了理论探索。

三是实地调研法。实地调研法是一种实地参与的调查研究方法，主要通过深入研究对象的生活环境，以现场观察、实地访谈等方式获取研究所需要的第一手资料和原始数据。本书第四章通过选取部分企业集团进行实地调研，理清了我国企业集团母公司智力资本、母子公司间智力资本转移机制及子公司经营绩效的基本情况，并以此为基础设计相应问卷。

四是问卷调查法。问卷调查法是调查者以统一设计的书面问卷或调查表，分发或邮寄至被调查者填答以了解相关问题的意见和看法，间接收集研究资料的一种调查研究方法。问卷调查法经常以量表形式对被调查者的情况进行测试，而李克特（Likert）量表是当前调查研究中使用最为广泛的量表，它常使用于问卷中。在第四章中，本书通过编制问卷或量表，采用问卷调查法对母公司智力资本、母子公司间智力资本转移机制和子公司经营绩效进行测评。

五是统计分析法。统计分析法是运用数学方法，建立相应的数学模型，通过对所获取研究对象的资料数据进行数理统计分析，揭示事物之间的相互关系，形成定量研究结论的一种研究方法。在第五章中，根据测评结果，本书采用相关分析、回归分析和结构方程模型等统计分析方法进行路径分析和交互作用分析，对母公司智力资本对子公司经营绩效的作用效应进行实证检验。

第一章 企业集团智力资本绩效
创造的逻辑内涵

在信息科技发展迅速和产业环境复杂多变的今天，伴随竞争模式的转移和改变，智力在社会发展中的贡献远远超过其他生产要素，以智力和知识为基础的经济体系，必将成为主导未来经济发展的主流。智力资本思想一直蕴含于经济增长理论研究之中，经济增长理论的完善为智力资本研究提供了理论渊源。智力资本是企业价值递增和绩效创造的源泉，是企业持续竞争优势的重要来源。本书主要从资源基础理论、动态能力理论、交易成本理论和自组织理论探寻了企业集团智力资本绩效创造过程的逻辑内涵，为其奠定了理论基础。

第一节 静态智力资本内涵：资源基础理论

资源基础理论（Resource - Based View，RBV）是企业能力理论的发展起点。企业能力理论源于对企业持续竞争优势根源的思考，它将对企业持续竞争优势来源的关注焦点从企业外部转至企业内部，以企业内生增长论为理论渊源，发展形成了"资源基础论"、"核心能力论"、"动态能力论"和"知识基础论"等理论。①

一 资源基础理论的起源与形成

资源基础理论是以亚当·斯密（Adam Smith）的企业内部分工理论

---

① 王国顺等：《企业理论：能力理论》，中国经济出版社 2006 年版，第 8—9 页。书中指出，"企业能力理论以企业内在成长论为理论渊源，以沃纳菲尔特（Wernerfelt，1984）的资源基础论为发展起点，经过普拉哈拉德和哈默尔（Prahalad ahd Hamel，1990）、利昂纳德 - 巴顿（Leonard - Barton，1992）核心能力理论研究的推动，以 Teece 等（1997，2000）的动态能力理论研究为正式形成标志，随后出现了新的理论发展——企业知识基础论。"

和马歇尔（Alfred Marshall）的分工理论为理论渊源，在彭罗斯（Edith Penrose）的企业成长论的基础上，经过沃纳菲尔特（Birger Wernerfelt）和巴尼（Jay B. Barney）等的研究而形成和发展起来的。

资源基础论思想最早可上溯至亚当·斯密（1776）的分工理论。斯密在《国富论》中指出，劳动分工促使劳动生产率的极大提高，"其原因主要有三：其一，劳动者因专攻一职，其操作的熟练程度和技巧都获得了提高；其二，精细的分工节省工人转换工种所浪费的时间；其三，大量方便和适用的机械的发明，节省了大量的劳动力。"① 可见，劳动分工实质上是使生产流程被日益分解和简化，有利于技术水平与生产效率的不断提高，在此过程中，企业内部将不断形成各种生产的可能性知识，进而促进企业经济增长。斯密的劳动分工论从企业内部阐释了企业成长的过程。

马歇尔（1938）发展了斯密的分工理论，进一步研究了企业内部、企业之间和产业之间的"差异化分工"。他认为，专业化分工导致企业内部协调问题的出现，进而促使新的内部专门职能的产生。伴随企业成长，企业中的一项职能工作可能分解为多个新的次级职能单元，进而形成一系列不同的专门知识和技能，而这又需产生新的内部专门职能来协调整合原有的和新的专业职能。如此，企业生产与协调能力将会在企业内部获得持续成长，企业内部知识不断积累，推动企业的不断进化。同时，一个行业是由一系列的异质企业组成的，单一企业的成长和衰退是经常性的，但某一行业则可以经受长期波动而平稳发展。

彭罗斯（1959）在《企业成长理论》一书中提出了基于资源的企业内生成长论，为资源基础理论的形成与发展奠定了基础。她将企业理解为"一系列生产资源的集合体"。这些生产资源包括土地等有形资源以及管理团队、企业家才能和企业生产技巧等资源，不同企业之间所控制的生产资源存在差异，造成了企业的异质性。她特别强调管理团队的作用，认为管理团队主要通过管理体系，运用生产资源促使企业有效率地实现生产。同时，她还提出了"成长经济"，认为"任何规模的企业都存在成长经济，因此，任何规模企业的成长都是充分利用企业资源与经济资源的结果。"②

---

① ［英］亚当·斯密：《国富论》，戴光年编译，武汉大学出版社2010年版，第5页。
② ［英］伊迪丝·彭罗斯：《企业成长理论》，赵晓译，上海人民出版社2007年版，第293页。

1984 年，沃纳菲尔特发表了《企业资源基础论》一文，正式提出了资源基础观点，意味着资源基础理论的诞生。他强调从资源观看待企业，首次以"资源"来判断企业的优势和劣势。他认为，企业拥有不同的有形与无形资源，这些资源的异质性、黏着性和稀缺性对企业获取竞争优势具有重要意义。企业要创造和掌握资源的优势，在管理上强化资源的运用以产生最大的效能。企业长期累积的资源能力将促使竞争者无法模仿或取得，故而，企业所拥有的资源是企业持续竞争优势的基础。巴尼（1986，1991）进一步发展了资源基础论，他认为，战略要素市场存在不完全竞争，在此情况下，企业有可能在不完全竞争的战略要素市场上以低成本获取战略资源和实现战略，从而获得超常规的绩效。他还指出产生竞争优势的企业资源必须具备价值性、稀缺性、难以模仿性和无法替代性的特征。而迪瑞克斯和库尔（Dierickx and Cool，1989）则在批评巴尼的基础上，提出只有通过连续性投资才能积累企业有效竞争所需要的资产存量，即关键资源是通过内生发展而来，而不能以公开市场交易获取。此后，经过许多学者对此的不断探讨，初步构建了资源基础理论的理论框架。

二　资源基础理论的主要内容

资源基础理论的基本思想是将企业视为资源的集合体，在企业资源具有异质性和不完全流动性理论假设下，以企业拥有的有形和无形资源所具有的异质性来解释企业竞争优势的差异化。概括而言，资源基础理论包括以下主要观点：

（一）企业是资源的集合体

资源基础论强调企业是资源的集合体。资源是生产过程中的输入物，是最基本的分析单元（Grant，1991）。企业资源是企业赖以生存与发展的基础。传统经济学观点认为，企业资源主要是有形资源，如实物资本、货币资本，而资源基础论中对资源的定义更为宽泛，它认为企业资源包括企业所控制的、用以制定与实施企业战略的所有资产、能力、企业性质、组织流程、信息和知识等，它们是提高企业效率与效能的基础（Barney，1991）。资源基础论不仅对企业有形资源和无形资源进行了全面认识，还对无形资源的具体内容（人力资本资源和组织资本资源）及其重要性进行了详细分析。

（二）特殊的异质资源是企业竞争优势之源

资源基础论认为，企业是异质的，这源于企业资源的异质性，而资源的异质性则是企业之间获利差异的重要原因。企业所拥有的有形与无形资源中并非所有资源都是企业持续竞争优势创造的来源，有些资源的性质可能会阻碍企业战略的制定与实施，有些资源或许会降低企业效率和效能，而有些则可能没有任何影响。一个企业要获取竞争优势，就必须具备与现有或潜在竞争对手存在异质性的资源。换言之，企业的竞争优势源于企业所拥有或支配的异质资源。这些资源必须具备有价值的、稀缺的、不能完全仿制的、无法替代的以及以低于价值的价格所取得的五个条件。

（三）资源的不可模仿性保证企业竞争优势的持续性

企业的异质资源形成了经济租，此种情况下，受经济利益的驱动，其他企业会模仿优势企业，从而导致企业趋同，经济租消散，竞争优势消失。资源基础论认为，由于存在一定阻碍因素，企业资源具有不可模仿性，这将促使企业竞争优势具有持续性。这些阻碍因素可能包括：其一，因果模糊性。环境的不确定性与经济活动的复杂性使得企业拥有的资源与企业持续竞争优势之间的因果关系模糊，导致劣势企业无法确定所需模仿的资源。其二，路径依赖性。企业获取资源的能力取决于独特时空条件，当这一资源的竞争优势显现之时，已然时过境迁，其他企业将再难获取这一资源或优势。其三，社会复杂性。形成企业竞争优势的资源可能是具有社会复杂性的资源，如企业管理人员人际关系、企业文化等，这极大地限制了其他企业的模仿能力。其四，模仿成本。企业模仿行为需要耗费大量资金成本和时间成本，若模仿产生的收益无法抵消其成本，则企业将不会选择模仿行为。

资源基础理论强调企业内部异质资源是企业竞争优势和绩效的主要动因，将企业竞争优势由外生论转向内生论。[①] 但资源基础论没有严格界定资源和能力，也未考虑动态环境下，资源转换和资源配置对企业竞争优势的影响。

三　资源基础理论与智力资本

资源基础理论强调组织内部的异质资源是组织竞争优势的来源。智力资本概念源自资源基础观点，强调组织内部资源是塑造组织持久竞争优势的来源（Bontis，1999），而组织的竞争优势进而驱动卓越的组织绩效。

---

　① 20世纪80年代初期，以迈克尔·波特（Michael E. Porter）为代表的产业组织理论学派处于主流地位，他们倡导企业竞争优势主要源于企业所处的外部市场结构和市场机会，即竞争优势外生论。

智力资本内涵思想与企业资源论中所提及的内部资源的内涵基本相同（Herremans and Isaac, 2004）。资源基础理论认为，资源包括有形资本资源、人力资本资源和组织资本资源，而资源禀赋中最关键的因素不是财务资本或实物资产等有形资源，而是有价值的、稀缺的、不能完全仿制的、无法替代的无形资源（Barney, 1991）。无形的技能、经验、能力、专业知识，其竞争优势的持久性远远优于有形资源，原因在于员工解决问题的能力绝非短期即可培养成功的。因此，无形的智力资本在知识经济时代是企业经营成功的关键因素与筹码。例如，员工经验与能力、专利、商标、著作权、知识、网络关系、组织文化、产品或服务的信誉、与供货商和顾客的关系等。这些无形的战略资源是企业所拥有的异质资源，也是企业获取竞争优势的来源。资源基础论的研究者基本上将企业特殊资源指向企业的知识与能力，强调企业竞争优势来源于拥有、保护和利用特殊战略资源，因此，特别重视资源尤其是战略资源的累积与维持，强调根据企业资源和能力制定战略以赢取竞争优势，实现良好绩效。智力资本概念正体现了资源基础论中所强调的异质资源。智力资本观点通过寻求最优方法提取和配置现有资源的最大价值，提供了资源和价值之间的桥梁（Chatzkel, 2002）。

第二节　动态智力资本运用内涵：动态能力理论

以提斯等（Teece et al. , 1997, 2000）为代表的动态能力理论（Dynamic Capability Theory, DCT），是在经过普拉哈拉德和哈默尔（Prahalad and Hamel, 1990）、巴顿（Leonard – Barton, 1992）核心能力理论研究的推动下，企业能力理论正式形成的标志。[①]

一　动态能力理论的产生

资源基础论的产生促使对企业竞争优势来源的解释经历了由外至内的演变。20 世纪 90 年代，在资源基础理论框架基础上，以普拉哈拉德和哈默尔为代表的核心能力理论学派兴起，并逐渐成为指导企业竞争优势建立的重要理论。核心能力学派认为企业核心能力是企业竞争优势的基础。然

---

① 王国顺等：《企业理论：能力理论》，中国经济出版社 2006 年版，第 8 页。

而，在动态复杂和不确定性的环境中，技术创新加剧，经济全球化与市场国际化，顾客需求多样化，竞争优势将表现出越来越低的可保持性，唯有不断创新，企业才能持续成功。此种动态环境下，企业某一时点的核心能力将可能转化为核心刚性而成为阻碍企业成长发展的障碍和包袱。

尽管资源基础理论和核心能力理论近年来依然广泛运用，但它们面临着来自企业外部竞争环境变化的最大挑战。当环境不确定性与个人决策有限理性对企业运行与发展的影响效应愈加明显时，企业原有能力的稀缺性会伴随时间推移与环境变化而逐渐消失（Robertson，1996）。在技术日新月异和顾客需求多变的超竞争环境下，市场竞争环境的变动越来越快，竞争优势的创造与毁灭将快速运行，任何竞争者所能保持原有竞争优势的时间将急剧缩短（D'Aveni，1994）。此种情况下，仅仅依赖资源和能力很难保持企业持续竞争优势的获取，企业竞争优势获取的模式将从获取持续竞争优势转为持续获取暂时竞争优势。因此，企业必须将能力置于环境中分析以制定战略（Barney，1991），迅速适应外部环境，及时对内部资源配置进行调整。在此背景下，基于资源理论和核心能力理论的动态能力理论应运而生并快速发展。

1990 年，提斯（Teece）、皮萨罗（Pisano）和肖恩（Shuen）在《公司能力、资源和战略概念》中首次提出了动态能力概念和理论，并经过提斯和皮萨罗（1994）的《静态规则和动态能力》及提斯、皮萨罗和肖恩（1997）的《动态能力和战略管理》获得不断发展和完善。[1] 提斯等（1997）在《战略管理杂志》上所发表的《动态能力和战略管理》一文对动态能力理论具有里程碑式的意义。它从"外部环境—组织能力"层面对动态环境下的企业持续竞争优势源泉问题进行了分析，并形成了一个动态能力的分析框架。在提斯等对动态能力进行研究的同时或基础之上，还有许多学者（如 Dosi，1997；Eisenhardt and Martin，2000；David and Michael，2001；Subba and Narasimha，2001；Zahra and George，2002；Winter，2003；Catherine and Pervaiz，2007 等）对动态能力进行了进一步研究，但基本集中于概念性的探讨。动态能力理论探寻了在动态环境中企业保持竞争优势的源泉。这一概念的提出，要求企业关注能力的动态性和适应性，有效应对经营环境的变化，从而将能力的培养发展为连续的动态

---

① 王国顺等：《企业理论：能力理论》，中国经济出版社 2006 年版，第 69 页。

过程，对认识企业持续竞争优势源泉具有重要意义。

二　动态能力理论的主要内容

动态能力理论的基本思想是在动态环境中，为顺应外界环境变化，满足顾客需求多变，企业应当通过对内部和外部资源和能力的持续整合、构建和重新配置以形成竞争优势的弹性能力。它以动态能力解释企业持续竞争优势的源泉，阐释了组织如何创造价值和绩效的过程，强调不仅仅将企业视为资源的集合体，更应关注企业累积与扩散资源的能力以及对累积过程产生影响的作用力。

（一）动态能力的内涵与特征

动态能力是改变能力的能力，是组织经过长期积累所形成的学习、适应、变化和变革的能力。"动态"是企业适应外界经营环境的变化而不断更新企业的能力；"能力"是企业整合、构建和再配置内部和外部资源和能力的能力，以适应快速变化的环境（Teece et al.，1997）。由此可见，动态能力涉及资源和能力等要素，它强调组织能力存在于组织流程中，企业竞争优势形成于企业内部运作流程，应关注核心资源的组织流程。

动态能力主要具有三个方面的特征：其一，开拓性。动态能力虽与核心能力的特征具有相似之处，但其更倾向于强调创新上的开拓性动力，即只有具有"创造性毁灭"的动态能力才能为企业获取持续竞争优势。其二，开放性。动态能力是整合企业内部和外部资源与能力的产物。吸收性知识在企业内部和外部资源和能力之间发挥桥梁作用。因此，与强调能力与资源内部化积累的资源基础论与核心能力理论不同，动态能力论强调从企业外部吸收资源与能力的特殊能力的构建。其三，复杂性与难以复制性。动态能力建立于企业流程中，而企业流程是复杂的。同时，流程的紧密联系性使得企业能力系统表现出不同层次上的一致性，企业内某部分流程的改变必然导致其他部分流程的改变，这一情况将使动态能力的复制非常困难。

（二）动态能力的形成机理

动态能力存在于企业组织与管理过程中，由企业资产状况和发展路径决定其形成。组织与管理过程、位置和发展路径构成了动态能力的分析框架（Teece et al.，1997）。其一，组织与管理过程。该过程包括协调和整合、学习以及重构和转变三个内容，以此识别企业如何行动、识别其惯例、当前行为和学习模式。其二，位置。"位置"是指企业特定的资产，这些资产包括难以交易的知识资产及其补充性资产、声誉资产和关系资产，具体分为技术资产、互补资产、财务资产、声誉资产、结构资产、制度资产、市场资产和组织边界。企业战略态势由学习流程、内部和外部流程的协调性、激励以及企业特定资产共同决定。通过企业在产业与上下游关系中的位置可以识别企业的战略性资产，以及顾客关系和供应商关系。其三，发展路径。企业发展具有路径依赖性，包括路径依赖和技术机会。路径依赖表示企业以往的投资与惯例将影响未来的行为路径选择，而技术机会是基础科学的传播、普及和新科技突破速度的函数。通过企业的发展路径可以识别其可能的战略选择以及未来的机会。

（三）动态能力理论的基本观点

针对动态能力的研究，目前已形成以下三个基本观点：

第一，动态能力理论强调短期竞争优势。在动态复杂环境中，任何竞争优势都将是短暂的，企业只有不断地进行能力的开发和创新，才能持续地获取短暂的竞争优势。

第二，动态能力理论强调快速创新与实时反应。企业竞争优势在于，面向未来调整现状，有效地快速创新。通过动力机制、学习机制和匹配机制分别为创新提供原动力、来源和方向。动态能力既注重资源与能力的内部积累，也强调构建从外部获取资源和能力的特殊能力。

第三，动态能力强调资源与能力是企业获取竞争优势的必要条件，而非充分条件。它强调企业利用资源获取竞争优势的能力，资源本身无法提供超额报酬，但若将其合理应用于恰当的组织流程中，则其能为企业创造超额报酬。

三　动态能力理论与智力资本运用

动态能力理论认为，企业仅仅拥有资源和能力并不足以形成竞争优势，资源存量只是部分地解释了竞争优势的产生，只有通过持续地整合和重置这些资源的能力才能维持企业战略优势。动态能力反映了企业在动态环境中利用资源获取竞争优势的能力，智力资本作为企业无形的战略资源，只有将其应用于组织流程中，培育独特能力以满足顾客日趋多变的需求，才能为企业创造超额报酬。只有充分发挥智力资本的绩效创造作用，才能使智力资本发挥竞争优势源泉的作用，即智力资本的绩效创造与价值实现过程是一个动态的过程。在动态环境中，竞争优势的维持是短暂的，企业需要不断地开发和创新能力。智力资本的创造与积累也是动态的，它可以通过内部开发形成内部积累，也可以通过吸收能力和学习机制等的培育从外部获取资源并进行有效整合，通过企业在产业与上下游关系中的位置识别企业的战略性资产以及顾客关系和供应商关系，实现企业智力资本的创造与累积。资源基础理论从静态角度为智力资本是企业内在战略资源提供了理论依据，但并未解释资源投入如何创造绩效和转化为价值的过程。动态能力理论运用动态而非静态思维为智力资本在动态环境中的运用与管理奠定了理论基础，为智力资本要素的绩效创造过程和内在价值贡献机理的研究提供了理论支撑。

第三节　企业集团智力资本转移内涵：交易成本理论

交易成本理论（Transaction Cost Theory），亦称交易费用理论，它是采用比较制度分析方法，以交易成本为分析基础，对经济组织性质以及企业和市场关系问题进行研究的一门科学。它打破了以虚假假设为基础的新古典经济学所建立的完美经济体系，开辟了经济学研究的新领域，属于新制度经济学的基本理论。

一　交易成本理论的产生与发展

交易成本理论思想起源于诺贝尔经济学奖获得者科斯（Ronald H. Coase，1937）对新古典经济学假设的质疑。新古典经济学中，市场是组织分工和资源配置的唯一重要机制，以供给和需求决定商品价格和数量的市场信息是完全公开的，由于市场运作可以在价格机制引导下自动实现资源的优化配置，经济运行是在没有摩擦和无须成本的状态下进行的，即交易成本被抽象假设为零。1937 年，科斯在其经典论文《企业的性质》中反思了新古典经济学的前提假设，最先将交易成本概念引入经济学分析，首次提出了交易成本的基本思想。科斯指出，市场和企业是协调生产和资源配置的两种替代方法和机制，市场上的价格变化会引导生产，故所谓协调是经过市场上一系列不同交易来完成价格功能，而在企业内部，由于市场交易功能消失，企业本身的协调将取代市场交易而引导生产。同时，生产分工后的协调若是通过市场价格机制运作则会导致成本发生，当市场交易成本过高时，生产分工后的协调应转向组织内部管理方式运作，才能取代复杂市场中的交易。因此，交易成本决定了企业的存在，企业的不同组织形式最终是为了实现节约交易成本的目的。

科斯关于交易成本的基本思想对经济学研究具有开拓性的贡献，然而，科斯的思想曾经长期被理论界所忽视。直至20世纪70年代以后，交易成本理论才引起经济学界的广泛重视，许多学者在借鉴科斯思想的基础上，从不同视角采用不同研究方法进行了广泛深入研究，形成了大量的创新研究成果，交易成本理论才得以逐步发展完善并趋向成熟。威廉姆森（Williamson，1975，1985）延续科斯的思想，融合经济学、组织理论和交易契约法等观点，对交易成本理论进行了系统研究，发展形成了一套完整的交易成本经济组织理论架构。他提出了资产专用性理论，将企业视为连续生产过程之间非完全契约所导致的纵向一体化实体，指出人性因素（有限理性和投机主义）、环境因素以及资产特殊性、交易频率和不确定性等交易标的假设都是组织失灵和交易成本产生的原因。威廉姆森以交易成本差异为特点的经济组织抽象理论是对科斯交易成本理论的一次重大突破。阿尔钦和德姆塞茨（Alchian and Demsetz，1972）的团队生产理论也从另一个角度发展了科斯理论，并为以后的企业家激励机制提供了理论依据。[①] 他们以团队生产中对劳动监督的困难性来分析交易成本的存在影响了团队效率。张五常（1983，2001）在改进科斯理论的基础上指出，企业并非市场的替代，它与市场只是两种形式的契约安排。而杨小凯等（1991，1999）则从劳动和中间产品交易视角区分企业与市场，建立了一个企业一般均衡契约模型。

自科斯首次提出交易成本思想以后，经过威廉姆森、克莱因（Klein）、阿尔钦、德姆塞茨、张五常和杨小凯等经济学家和学界对交易成本理论的丰富和完善，形成了较为完善的交易成本理论体系。该理论对经济理论具有巨大的创新意义，也成为现代产权理论和契约理论等形成的思想来源。

二　交易成本理论的主要内容

交易成本理论的基本思路是以交易成本节约为中心，将交易作为分析单位，对不同交易差异的特征因素进行探寻，对交易成本产生的原因进行阐释，对何种交易应以何种体制组织协调进行分析。

---

① 王国顺等：《企业理论：契约理论》，中国经济出版社2006年版，第81页。

（一）交易成本的内涵与性质

科斯在《企业的性质》中并未明确使用"交易成本"术语，而是提出"利用价格机制的代价"。在其后的著作中，他将交易成本确定为"由发现相对价格及相应的谈判和签订契约的费用，即通过市场进行物品或服务交易所发生的费用"，包括寻找信息的搜寻成本、讨价还价的协议成本、订立和执行合同的执行成本等。而阿罗（Arrow，1969）则首次明确使用了"交易成本"这个术语①，他将交易成本定义为"经济制度的运行成本"。威廉姆森（1985）依循阿罗"经济制度的运行成本"的交易成本定义，根据交易活动的前后顺序将交易成本分为事前和事后交易成本。事前交易成本是签订契约之前发生的成本，包括签约成本、谈判成本和保障契约履行成本等，而事后交易成本是签订契约以后发生的成本，包括事后适应不良的不适应性成本、讨价还价成本、建构和营运成本以及约束成本等。巴泽尔（Barzel，1997）从产权视角定义交易成本为"权利的获得、保护与转让所需的费用"，即界定与保护产权的成本。德姆塞茨（1999）定义交易成本为"所有权权利交换的成本"。而张五常（1992）定义了"最广泛意义上"的交易成本，将其视为"在鲁滨逊·克鲁索经济中不可能存在的所有费用，包括一切不可能存在于无产权、无交易和无任何一种经济组织的鲁滨逊·克鲁索经济中的，所有与物质生产过程不直接相关的成本"。② 张五常认为，定义最宽泛的交易成本是有必要的，由此，可将交易成本视为一系列制度成本。

（二）交易成本理论的基本假设

科斯赋予交易以稀缺性，为交易成本产生原因的分析提供了基础。威廉姆森在系统架构交易成本理论时，从现实视角对新古典经济学的基本假设进行了修正，提出了交易成本经济理论的人性因素和环境因素的基本假设，以及三项关于交易标的的假设，阐释了交易成本增长的原因。

1. 关于人性因素的两个基本假设是有限理性和机会主义假设

新古典经济学假定人类本性是追求利益最大化并具备"不受限制的理性"，这种假设却不符合客观现实。在交易中，由于受到身心、认知、

---

① 肯尼斯·阿罗认为，市场失灵并非绝对的，最好能考虑一个更广泛的范畴——交易成本范畴，交易成本通常妨碍了（在特殊情况下则阻止了）市场的形成。

② 张五常："经济组织与交易成本"词条，载伊特韦尔、米尔盖特、纽曼《新帕尔格雷夫经济学大辞典》第2卷，经济科学出版社1992年版，第58页。

智力、信息、情绪和自身能力等的限制，参与交易的人们在追求利益最大化时将产生限制性约束，对问题进行说明、分析、判断和决策时不能达到真正的完全客观合理，而只能"受到限制的理性思考"，获取有限信息，形成满意而非最优的决策。此外，有部分人的本性不仅是追求利益最大化，而且是狡诈的利益利己主义。因此，在某些交易中，参与交易的双方为追求自身利益可能采取欺诈手段，增加了彼此之间的不信任和怀疑，导致交易过程中的监督成本增加和经济效率下降。

2. 关于交易成本产生的环境因素的基本假设包括不确定性与复杂性、少数交易、信息不对称性和交易气氛

不确定性和复杂性是指交易环境中充满不可预期性及各种变化，促使交易双方在契约订立中的议价成本的增加。少数交易是指市场上的交易对手较少，使得市场被少数交易对手把持，市场竞争不充分，促使交易方的机会主义倾向出现。信息不对称是由于交易双方拥有不同程度的信息，或对信息的理解程度存在差异，导致拥有更多有利信息的交易方更易获利并产生机会主义倾向，而后进企业将付出更多成本。交易气氛是指交易双方之间若互不信任且相互对立，则无法创造满意的交易关系，使得交易过于重视形式而增加交易成本和交易困难。

3. 交易成本产生的交易因素源于交易本身的特征即交易的资产专用性、交易不确定性和交易频率三项交易标的假设

交易本身的特征对交易成本的高低产生影响，并共同决定了交易治理的结构安排。交易资产的专用性是在不牺牲资产的生产价值的基础上，某项持久性资产能够重置于其他替代性用途或被替代使用者转换使用的程度，它是交易成本区分的最重要属性。交易不确定性是交易中发生各种风险的概率，它来源于机会主义引起的故意掩盖、误导或歪曲信息而导致的行为不确定性。交易不确定性的增长将导致监督或议价等交易成本的增加。交易频率是交易在时间序列中的状况的体现，交易频率的提升将促使企业交易活动的内部化以节省交易成本。

（三）交易成本理论的基本结论

经过众多经济学家的研究，交易成本理论体系基本形成了间接定价理论、资产专用性理论和团队生产理论等基本理论，并得出了以下基本结论：

第一，企业与市场是可以相互替代但却并不相同的两种价格机制，企

业可以替代市场实现交易。企业与市场都具有对资源配置的调节功能。

第二，企业替代市场实现交易有可能降低市场的交易成本，市场交易成本的存在促使了企业的存在。

第三，企业在"内化"市场交易时将产生额外的管理费用。若增加的管理费用与节省的市场交易成本具有相当数量，则企业边界将趋于平衡而不再扩大。

科斯的交易成本思想揭示了交易成本的普遍存在，但并未对交易成本的成因进行深入研究，而威廉姆森虽建立了交易成本理论的基本假设，对市场交易成本上升的原因进行了分析，却并未解答交易成本产生的原因。总体而言，交易成本理论主要是对市场交易与企业内部交易进行了区分，市场交易双方没有一致的利益，但拥有平等的地位；而企业内部交易双方拥有较为一致的利益，但却没有平等的地位。同时，市场交易比企业内部交易更易产生机会主义倾向。

三 交易成本理论与智力资本转移

交易成本理论强调经济活动中的交易过程总是伴随着一定的成本，包括签约成本、谈判成本和保障契约履行成本等事前成本，以及事后的不适应性成本、讨价还价成本、建构和营运成本以及约束成本等事后成本（Williamson，1985）。企业内外部分别存在着两种相互替代的资源配置机制。在企业外部，市场交易协调价格以配置资源，而在企业内部，企业内部协调代替市场交易来配置资源。智力资本转移是成本与收益进行博弈的过程，交易成本理论从一定程度上阐释了企业集团内部智力资本转移的逻辑内涵。传统经济学观点中，市场是实现交易的最佳方式，市场的价格信号功能有助于经济组织寻找最合适的资源。而交易成本理论指出，市场交易的信息搜寻成本和谈判成本等交易成本过高，这使得具有无形特征的智力资本在企业外部市场中的交易和转移相对更困难。智力资本作为组织竞争优势来源的异质资源，其特殊性决定了智力资本的外部转移必然会产生高额的交易成本。因此，通过市场交易实现智力资本的累积和整合不具备现实性，而企业集团内部交易代替市场交易将可能降低交易成本，这为企业集团内部智力资本转移创造了基础条件。企业集团作为内部化组织形式，内部成员企业间更易建立信任关系和共同文化，易于相互掌握他方的实际状况，获取更完全有效的信息，缓解信息不对称现象，弥补市场交易机制的不足。同时，通过建立内部转移机制有助于集团内部达到低成本高收益的智力资本转移，克服市场失灵，实现整体资源配置，从而促进企业集团整体智力资本的有效累积和提升。

第四节　企业集团智力资本绩效创造内涵：自组织理论

自组织意识起源甚早，源远流长，但作为科学却于 20 世纪 60 年代以后诞生。德国理论物理学家哈肯（H. Haken）最早提出了自组织理论中的"自组织"概念，并比较清晰地对"自组织"与"组织"① 概念在日常生活中的差别进行了比较。自组织与他组织②对应，他组织是指一个系统依靠外部指令形成组织。自组织则是指无须外部特定指令，系统依据相互默契的规则，各尽其责相互协调以自动形成有序结构。

一　自组织理论的形成

从 20 世纪 20 年代开始，美籍奥地利理论生物学家贝塔朗菲（L. V. Bertalanffy）就曾多次发表论文对一般系统论思想进行阐述。他提出了生物学中的机体论，强调将生物界视为一个以系统形式存在的有机整体，并以此为基础创立了一般系统论。之后，系统现象和相关理论研究逐步深入发展。20 世纪 60 年代，人们的普遍思维模式基本受到系统论、信息论和控制论等有关系统的理论的影响。自然科学前沿出现了一大批系统科学的新学说，如普利高津（I. Prigogine, 1969）创立的耗散结构论（Dissipative Structure Theory）、哈肯创立的协同学（Synergetics）、托姆（René Thom, 1970）创立的突变论（Catastrophe Theory）、艾根（M. Eigen, 1971）创立的超循环论（Hypercycle Theory），以及混沌（Chaos Theory）和分形（Fractal Theory）等理论分支。这些新兴的学科理论分支的研究对象和侧重点尽管不同，但它们都是对非线性复杂系统或非线性复杂自组织形成与发展过程的研究。其中，耗散结构理论解决自组织形成的条件问题，协同学理论解决自组织的动力学问题，突变理论解决自组织的路径问

---

① 哈肯将"组织"视为与"自组织"对立的概念，实质上将"组织"等同于"他组织"的含义。

② 一些学者认为，"被组织"术语比"他组织"术语更适宜，如吴彤（2001）等，本书对此不作区分，统一使用"他组织"术语。

题，超循环理论解决自组织的结合形式问题，而分形理论和混沌理论分别从空间序和时间序视角解决自组织的复杂性问题。它们共同构成了自组织理论群，是对贝塔朗菲的一般系统论的新发展。

二　自组织理论的主要内容

自组织理论是研究自组织系统形成与发展机制问题的一种系统理论，即在一定外部条件下，系统如何自发形成协调的整体运动，自动从无序走向有序，从低级有序走向高级有序。它是由耗散结构理论、协同学理论、突变理论、超循环理论、分形理论和混沌理论等众多理论分支构成的理论群。

（一）耗散结构理论

耗散结构理论是由比利时布鲁塞尔学派代表人物普利高津教授创立的。他在将物理学和热力学研究从平衡态或近平衡态区推进至远离平衡态的非线性区时发现，一个处于开放状态的系统，在到达远离平衡态的非线性区时，一旦系统的某一参量变化达到一定阈值，系统通过涨落可能发生突变，即非平衡相变，使其由原来的混沌无序状态过渡到一种空间、时间或功能上的新的有序状态。而系统需要通过不断地与外界进行物质、能量与信息交换，保持这一有序状态的稳定性。这种在远离平衡的非线性区产生有序结构，并通过能量耗散以维持稳定性，浮现在热力学分支不稳定性之上的有序结构即为耗散结构。耗散结构理论是非平衡系统下的自组织理论，探讨的是系统在何种条件下可以从混乱无序走向稳定有序，并形成新的、稳定的和充满内部活力的结构。它在研究一个体系从无序自主自发地演化为有序结构的规律和过程方面具有重要意义。

（二）协同学理论

协同学理论是构成自组织理论体系的主要部分。耗散结构理论回答了新的有序结构自发形成的条件，但对如何形成却只是初步探索。与耗散结构理论几乎同时诞生的协同学理论对这一问题进行了更深入的研究。协同学理论是西德物理学家哈肯教授于 20 世纪 70 年代创立的一门跨学科理论。它起源于哈肯对于激光的研究，是自组织方法论中的动力学方法论。协同学研究系统具有从无序走向有序的规律和特征，它是一门关于系统中的子系统如何相互协作和作用，形成空间、时间或功能结构上的新的有序状态的横断科学。相较耗散结构理论，它进一步指出，系统由无序转变为有序的关键不在于热力学的平衡或不平衡，也不在于远离平衡态的程度，而是在于一定条件下系统中诸多子系统之间的相互合作与协调所产生的协同效应。

（三）突变理论

突变论是法国数学家托姆所提出的一种拓扑数学理论。该理论为自然界与现实世界中的突变现象提供了数学工具和框架，被普利高津和协同学研究者们认为是耗散结构理论及协同理论的数学工具与基础。突变论研究了为何有些事物是不变的，有些事物发展是渐变的，而有些事物发展则是突变的。它在研究复杂问题和过程方面具有特殊的意义，自诞生以来已在物理、化学、医学、生态学、地质学及社会科学等方面广泛应用。托姆认为突变有普通意义的突变与突变论意义的突变两种概念。普通意义的突变是系统遭到破坏且不可逆转地让位于另一系统。突变论意义的突变没有使系统消灭，它是系统"生存的手段"，由此可见，突变是系统跃迁至新状态的催化剂。突变论研究的并非离散作用所导致的突变现象，它所研究的是连续原因引起的不连续现象，不连续原因所引起的不连续现象则并非托姆突变论的研究对象。

（四）超循环理论

协同学是对物理界的自组织现象进行研究，并进而将其推广至生物和社会领域的研究。而超循环理论则是直接着手于生物领域以研究非平衡系统的自组织问题，它是一种关于生物演化的自组织理论。超循环理论由诺贝尔化学奖获得者德国科学家艾根所创立。该理论认为，在生命起源与发展的化学进化和生物进化阶段之间，必然存在一个分子的自组织过程，利用这一过程，非生命物质借助复杂超循环形式实现向生命物质转化的飞跃。这一进化过渡阶段的提出，弥补了化学进化和生物进化之间的空白。超循环是自然界普遍存在的演化形式。生物系统、自然系统和社会系统等所有系统都需要依赖超循环结构而发展进步。所谓超循环，从字面理解，即为循环之上的循环，它是较高等级的循环，是由多个循环相互结合构成的复杂循环，通过竞争和协同，实现从无序到有序，从低级到高级的演化。超循环既是形式上的循环系统的整合，又是功能性的综合。超循环具备非线性作用和自复制、自进化和自适应功能。它促使系统之间的结合更加紧密，促进能力的聚集并被多次利用和充分利用，从而使系统越来越远离平衡态，表现出越来越强的非线性特征。

（五）分形理论

分形理论是美籍法国数学家曼德布罗特（B. B. Mandelbrot）所创立。他于1975年自创了一个英文单词"fractal"（译为"分形"），用以描述那些不规则的、破碎形状的、分数的对象。分形即是某种不规则的、破碎的且其部分与整体又具有某种形式下的相似性、维数不一定为整数的几何体或演化形态，它为描述混沌形态的复杂性事物和过程提供了一种新语言。随着科学技术的蓬勃发展，以复杂性问题为研究对象的分形理论随之产生并广受瞩目。分形理论的理论基础源于分形几何，它主要研究自然界和非线性系统中存在的不规则和不光滑的几何图形。分形学者们创造了与传统数学及其他科学完全不同的方法，利用这些方法了解以往被认为是"病态"或"非正常"的复杂性图样，并以这些方法和简单规则形成复杂性样式，以计算机模拟形成复杂的分形图样。分形理论作为对复杂性进行探索的重要工具，提供了认识复杂性、非线性及系统演化空间图景的重要思考方法和途径，是非线性科学中的主要分支之一，并在物理学、生物学、经济学和自然科学等众多领域中广泛应用。

（六）混沌理论

混沌理论是以气象学家洛伦兹（E. N. Lorenz）为代表的科学家们所创立，这一理论冲击了严格确定性和线性决定论。最早创立混沌理论的著名气象学家洛伦兹在研究天气预报中的大气流动问题时发现，大气的流动具有不可预测性以及对初始条件的敏感依赖性，他以混沌来描述这种现象，认为混沌是随机发生的但实质上其行为是由精确法则所决定的一种过程，而混沌系统则是对初始条件的内在变化具有敏感依赖性的系统，对外来变化的敏感性则并不代表混沌。混沌理论一方面揭示了自然界和社会领域客观存在着无法避免的混沌，另一方面通过对混沌动力学的研究也促进了人们对混沌现象的了解。该理论仍然支持决定论，通过将原属于随机性和偶然性的领域纳入决定论的范畴，实质上扩充了决定论的观点，但是这并未伴随可预测性的扩大，它反对机械的长期可预见性观点。当然，混沌学并非排除预测，而只是排除长期预测和永久预测。混沌理论是预测混沌、认识和控制混沌的方法和工具，它将决定论和可预测性分离也是对认识论与方法论的一个非常重要的贡献。

三 自组织理论与企业集团智力资本绩效创造

自组织理论对整个世界中的自组织现象进行了深入探讨和揭示，在本质上，它是一种新的世界观和方法论。自组织现象普遍存在于自然界和人类社会生活中。企业集团的发展可能同时受到自组织、他组织和外部环境机制的影响，但从时间发展的角度而言，它作为自组织系统，具有自组织特征，通过自组织能力的培育和自组织机制的构建，有助于促进企业集团智力资本绩效创造的自组织演化。因此，企业集团智力资本绩效创造过程实质上表现的是企业集团的自组织过程。①

　　无论是企业能力理论（资源基础理论和动态能力理论等）、交易成本理论还是自组织理论，单一的企业理论都无法全面解释企业集团智力资本绩效创造过程的现实情况。将这些理论有机结合，相互补充，有助于为企业集团智力资本绩效创造过程奠定理论基础，构建其逻辑内涵的框架体系（见图1-1）。

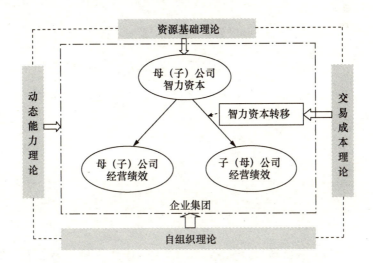

图1-1　企业集团智力资本绩效创造的逻辑内涵框架

　　如图1-1所示，企业集团内部成员企业（如母公司）的智力资本不仅可能对自身经营绩效产生影响，而且可能借助内部智力资本转移对其他成员企业（如子公司）的经营绩效产生影响。在企业集团智力资本绩效创造过程中，资源基础理论为成员企业静态智力资本奠定了理论基础，动态能力理论为成员企业动态智力资本运用奠定了理论基础，交易成本理论

---

① 具体分析详见第二章。

为企业集团内部智力资本转移奠定了理论基础，而自组织理论为企业集团内部智力资本绩效创造过程奠定了理论基础，本书融合这四个理论构建了企业集团智力资本绩效创造的逻辑内涵框架图。

第二章　企业集团智力资本绩效
创造的作用机理

　　"智力资本"（Intellectual Capital，IC）概念自约翰·加尔布雷思首次明确提出之后，随着管理学大师彼得·德鲁克的推广及知识经济的盛行，如今已成为一个新兴的热门话题。许多学者和专家均大力倡导"智力资本"的重要性，认为在新经济时代，企业竞争的制胜关键已由传统的有形资产，转变为以智力资本为主体的无形资产。故而，对智力资本绩效创造的作用机理进行研究，有助于探索企业新的管理思维和新经济时代的关键成功要素。

第一节　企业集团智力资本的理论考察

一　企业集团边界的界定

　　19 世纪末 20 世纪初，在资本主义发展过程中，企业集团在欧美等发达工业国家应运而生。如德国出现的卡特尔（Cartel）、欧洲一些国家出现的辛迪加（Syndicate）以及美国出现的托拉斯（Trust）等，虽并非现代意义上的企业集团，但却是企业集团的早期雏形。20 世纪 20 年代，德国的康采恩（Konzern）则是现代意义上的企业集团的最早形式。[①] 然而，"企业集团"（Enterprise Group）这一名词却于 20 世纪 50 年代在日本首先使用，最初特指三菱、三和、三井、住友、芙蓉（富士）和第一劝业银行六大集团，后来则扩展至丰田、松下、东芝等大型工业集团。

---

　　① 曲晓辉、傅元略等：《企业集团财务与会计问题研究》，中国财政经济出版社 2007 年版，第 2 页。

企业集团在不同国家和地区有不同名称，例如，美国的利益集团或财团、韩国的财阀等，而其所具有的表现形式也有所差异。日本的企业集团是由母、子公司及下包企业共同构成的，可以划分为由子公司和关联企业所组成的核心企业、包含有资本与人事关系的供应企业的企业系列和没有资本关系却与集团紧密联系的下包企业三个层次。韩国的企业集团以家族式企业集团为典型形式，它是在家族或个人资产的不断扩充或投资基础上形成的，以家族或个人所有并控制，具有浓厚家族色彩和高度集权特点。新加坡的企业集团主要是以政府控制国有资产而形成的国有企业集团为主，当然也存在许多家族或个人投资形成的私有企业集团。美国虽然使用企业集团一词的频率不高，但母子关系却普遍存在，且由母公司、多个子公司与关联企业构成的企业联合体也同样存在。德国的企业集团，一般称为康采恩，亦是由母子公司和关联企业等组成的企业联合体。

我国沿用了日本"企业集团"的名称。对企业集团的定义，我国官方最早关于企业集团设立的国家规范性文件《国家体改委、国家经委关于组建和发展企业集团的几点意见》（1987 年）中的定义是："企业集团是适应社会主义有计划商品经济和社会化大生产的客观需要而出现的一种具有多层次组织结构的经济组织。它的核心层是自主经营、独立核算、自负盈亏、照章纳税、能够承担经济责任、具有法人资格的经济实体。"而国家工商行政管理局颁布的《企业集团登记管理暂行规定》（1998 年）中的定义则是"企业集团是指以资本为主要联结纽带的母子公司为主体，以集团章程为共同行为规范的母公司、子公司、参股公司及其他成员企业或机构共同组成的具有一定规模的企业法人联合体。"尽管理论和实务界对企业集团的边界尚未形成定论，但一般认为，企业集团通过资本和契约两个不同联结纽带形成。资本纽带是企业集团最基本的联结纽带，是企业集团稳定发展的基础，而契约纽带联结的企业集团内部关系则相对松散。依据这两个联结纽带，企业集团是金字塔式的多层次的组织结构，包括核心层（母公司）、紧密层（子公司）、半紧密层（参股企业）与松散层（关联企业）。其中，核心层和紧密层是企业集团的必备层次。以此为基础，依照企业集团内部成员间关系的紧密程度，企业集团形成广义和狭义两类。广义企业集团由上述几个层次共同构成，而狭义的企业集团仅指具有实质控制关系的企业构成的企业联合体。[①]

本书研究的企业集团问题，如未特别说明，主要侧重于对狭义企业集团的研究，即研究对象主要涉及企业集团母子公司之间的研究。企业集团不具有法人资格，以母子公司为主体，成员企业均具有法人资格。其中，母公司是企业集团中的核心企业，在我国也称为集团公司，而子公司则包括全资子公司和控股子公司（含绝对控股和相对控股）。

二　智力资本概念的界定

尽管"智力资本"这一名词目前已被广泛使用，但在相关文献上关于其定义与构成仍然莫衷一是。这主要源于此话题的研究涉及经济学、管理学、会计学和法学等众多学科，而研究学者们也相应跨越不同领域，导致不同研究领域在智力资本研究中形成了侧重与分歧。

（一）智力资本的定义

1969年，美国经济学家加尔布雷思最早明确提出了"智力资本"这一概念，由此拉开了智力资本研究的序幕。他认为智力资本不仅仅是知识与纯粹的智力，而且是脑力运用的行为，其在本质上不只是纯知识性的静态无形资产，更是组织有效地利用知识的动态过程以及实现组织目标的方法与手段。由此，将智力资本从人力资本中剥离出来，将其从人力资本的个体层面上升到组织层面，但他并没有给予智力资本系统完整的定义。经过40余年的探索，关于智力资本的定义，从不同视角对其进行理解，基本形成了以下几种有代表性的观点。

1. 人力资本观

这种观点将智力资本等同于人力资本，或作为人力资本升华的高级人力资本。其代表人物主要有戴维·尤里奇（Dave Ulrich）和谭劲松等。美国密歇根大学教授戴维·尤里奇（1998）赋予智力资本的定义是，智力资本来自于员工能力和对组织的承诺，即"智力资本＝能力×承诺"。谭劲松等（1999，2001）认为，智力资本由人力资本发展和升华而来，是人力资本的高级形式。

2. 无形资产观

这种观点从无形资产视角来理解智力资本，将智力资本作为无形资产

[①]　国内大多数研究仅将核心层和紧密层视为企业集团的边界，但也有部分研究将核心层和紧密层视为企业集团的内边界，而将核心层、紧密层、半紧密层和松散层视为企业集团的外边界。

的总和①。其代表人物是安妮·布鲁金（Annie Brooking）和斯维比（Sveiby）等。英国伦敦技术经纪人公司的创始人兼总经理安妮·布鲁金（1996）定义智力资本为使公司顺利运行的全部无形资产的总称，并以公式表示为"企业 = 有形资产 + 智力资本"。斯维比（1997）指出，智力资本是基于相对无限的知识的一种企业无形资产，即为企业核心竞争力。

3. 竞争优势观

这种观点多从战略管理出发，将智力资本视为组织竞争优势的来源。其代表人物是斯图尔特（Stewart，1991，1994）、埃德文森和马隆（Edvinsson and Malone，1997）等。美国学者斯图尔特最早对智力资本的内涵与内容进行了系统界定，指出智力资本是每个员工和团队能为组织带来竞争优势的一切知识和能力的加总。而埃德文森和马隆（1997）认为，智力资本是组织所掌握的促使其享有市场竞争优势的知识、实践经验、组织技术、专业技能和顾客关系等。

4. 价值创造观

这种观点多从知识管理或价值链的角度，将智力资本作为创造价值和获取超额利润的知识或能力等资源。其代表人物有斯图尔特（Stewart，1997）和鲁斯等（Roos et al.，1997，1998）。斯图尔特在 1997 年的《智力资本：组织的新财富》一书中，定义智力资本是能够用以创造财富的一种知识、信息、知识产权与经验等的智力材料。而鲁斯等认为，智力资本是公司所有成员所拥有知识的总和，以及这些知识在经过转换之后的实体形式，换言之，它是可以为公司创造价值但却看不见的任何资源。

5. 会计计量观

这种观点主要从会计反映和价值计量的视角出发，以资产、负债和权益观点看待智力资本，或者以价值差额对其进行定义。其代表人物是埃德文森和沙利文（Edvinsson and Sullivan，1996）、傅元略和余绪缨等。埃德文森和沙利文（1996）定义智力资本为一种可以转换为价值的知识，在数字上表示为企业市场价值和账面价值间的差额，它是一种负债，而非资产，就像股东权益（Edvinsson et al.，1992）。而傅元略（2002）和余绪

---

① 此处的无形资产不同于会计上所规范的狭义无形资产，泛指广义的无形资产。

缨（2004）等则将智力资本纳入会计上的权益范畴。主要的智力资本定义的详细表述如表 2－1 所示。

表 2－1　　　　　　　　　　　　智力资本定义表

观　点	代表人物	时间（年）	对智力资本的定义
人力资本观	尤里奇	1998	智力资本＝能力×承诺
	谭劲松等	1999、2001	智力资本由人力资本发展和升华而来，是人力资本的高级形式
无形资产观	哈德森	1993	智力资本是包括基因遗传、教育、经验和对生活或工作态度的四种无形资产的联结表象，且通过相关组织环境（文化、制度）的配合，可为公司形成竞争优势
	布鲁金等	1996	智力资本为使公司顺利运行的全部无形资产的总称
	斯维比（Sveiby）	1997	智力资本是基于相对无限的知识的一种企业无形资产，即为企业核心竞争力
	阿戈尔（Agor）	1997	智力资本是技能、知识与信息等无形的资产
	马索拉斯（Masoulas）	1998	智力资本是无形资产的结合，它通过利用如员工的经验、技术、态度和信息等无形资产，为组织提供附加价值，并致力于实现卓越的目标
	奈特（Knight）	1999	智力资本是无形资产或者因使用人的"智力"所组成的元素和"创新"而增加的财富
	冈瑟和拜尔（Guenther and Beyer）	2003	智力资本代表公司所有无形资产的总和，而无形资产指公司的非物质资源和非财务资源
竞争优势观	斯图尔特（Stewart）	1991、1994	智力资本是每个员工和团队能为组织形成竞争优势的所有知识和能力的加总
	麦克康纳（MacDonald）	1991	智力资本是存在于组织中，可创造差异化优势的知识
	埃德文森和马隆（Edvinsson and Malone）	1997	智力资本是组织所掌握的促使其享有市场竞争优势的知识、实践经验、组织技术、专业技能和顾客关系等
	Subramaniam 和 Youndt	2005	智力资本是可为公司带来竞争优势的所有知识的总和
	里德等	2006	智力资本是可以创造或保持竞争优势的具备无形特征的基本能力

续表

观　点	代表人物	时间（年）	对智力资本的定义
价值创造观	卡普兰和诺顿（Kaplan and Norton）	1993、1996	智力资本是公司投资于顾客和供货商以及科技、创新和员工流程以创造未来价值的价值累积
	克莱因和普鲁萨克（Klein and Prusak）	1994	智力资本为封装的有用知识，是一种被形式化、被获取以及运用来生产更高价值资产的智力材料
	斯图尔特	1997	智力资本是能够用以创造财富的如知识、经验、知识产权与信息等的一种智力材料
	鲁斯等	1997、1998	智力资本是公司所有成员所拥有知识的总和，以及这些知识在经过转换之后的实体形式，换言之，它是可以为公司创造价值但却看不见的任何资源
	林恩（Lynn）	1998	智力资本是对组织内部化知识经过系统化处理后转变为实现公司价值创造的知识
	Nahapiet 和 Ghoshal	1998	如组织、智力社区或专业实践等社会集体的知识和认知能力
	佩蒂和格思里 Petty and Guthrie	1999	智力资本的本质是一种企业运营动态过程的产物，它与知识管理关系密切
	利夫（Lev）	2001	智力资本是创造企业价值的主要因素，其重点即是能够缔造未来价值的成长
	Marr 和 Schiuma	2001	智力资本是属于组织的且能通过增加利益相关者的价值显著地提高企业竞争地位的知识资产的集合
	袁庆宏	2003	智力资本是潜在的一种创造价值的能力
	原毅军、柏丹	2009	智力资本是能够用来创造财富的一切智慧、能力与经验的总和
会计计量观	埃德文森和沙利文	1996	智力资本为一种可以转换为价值的知识。在数字上表示为企业市场价值和账面价值间的差额
	Dzinknowski	2000	智力资本可视为资本的总存量或是组织拥有的知识本位权益
	Iswati 和 Anshori	2007	采用五年期市场价值平均值与五年期账面价值平均值的差值代表智力资本，亦即智力资本是市场价值减去账面价值的差值
	傅元略	2002	智力资本对应于智力资产，属于会计上的所有者权益
	邱国栋、朱宇	2003	智力资本不仅是公司无形资产的总和，更是一个由无形资产和无形负债共同组成的动态系统

续表

观　点	代表人物	时间（年）	对智力资本的定义
会计 计量观	余绪缨	2004	智力资本从总体上是能使价值增值的价值，从数量上是对应于依存一定载体存在的各种智力资产总价值的。其在资产负债表上表现为智力资产总价值的"产权"
	朱学义	2004	智力资本是以知识为基础，智能和开拓创新为特征，为组织带来竞争优势和巨大财富的资本。从会计学角度可定义为以人的智力为产权要素确认及反映的资本

（二）智力资本的结构

当前，关于智力资本结构的研究大多是多要素或多维度研究范式。其中，比较具有代表性的智力资本结构观点主要有二维结构论、三维结构论、四维结构论和五维结构论等。

1. 二维结构论

此种观点将智力资本划分为两个维度，认为其由两个要素构成。其代表人物有埃德文森和马隆、鲁斯（Roos，1998）等。埃德文森和马隆（1997）以斯堪迪亚（Skandia AFS）的市场价值架构，将公司的市场价值分为财务资本和智力资本，其中，智力资本可分为人力资本和结构资本两类，结构资本又可分为顾客资本和组织资本，而组织资本可再细分为创新资本和流程资本。鲁斯（1998）将组织的智力资本以是否会"思考"的观点分成人力资本和结构资本两大类。人力资本具有本身会思考的本质，包括能力、态度和智力反应力；相对的，结构资本则是不会思考的，包括关系资本、组织资本及更新与发展资本。

2. 三维结构论

此种观点认为智力资本由三个要素构成，将其划分为三个维度。其代表人物是斯图尔特、斯维比、邦提斯（Bontis）和林恩（Lynn）等。斯图尔特（1997）提出智力资本的"H—S—C"结构，即人力资本、结构资本与顾客资本。斯维比（1997）将智力资本划分为员工能力、内部结构与外部结构三个部分，此处实质上是对结构资本进行了内部与外部的划分，其中，内部结构是员工的知识与技能在企业内部进行传递的支撑，而外部结构是组织智力资本最大化的保证。邦提斯（1998）和林恩（1998）则将智力资本分为人力资本、结构（组织）资本和关系（顾客）资本。

3. 四维结构论

此种观点将智力资本划分为四个层次，由四个要素构成。其代表人物是安妮·布鲁金、范·布伦（Van Buren）等。布鲁金等（1996，1998）将企业组织的智力资本分为市场资产、人力中心资产、知识产权资产和基础设施资产四大类。而范·布伦（1999）等将智力资本分为人力资本、流程资本、创新资本和顾客资本四类。陈劲等（2004）则将智力资本分类为人力资本、结构资本、创新资本和顾客资本。

4. 五维结构论

此种观点将智力资本划分为五个维度，由五个组成要素构成。其代表人物是布斯（Booth）和布埃诺（Bueno）等。布斯（1998）将智力资本分为人力资产、市场资产、知识资产、基础建设资产、财产权五维，而布埃诺等（2003）的智力资本模型则在人力、结构和关系资本分类基础上将其细分为人力资本、组织资本、技术资本、经营资本和社会资本五个维度。

除上述几种主要观点之外，一些学者（如 Andriessen，2001；Marr，2005；Andreou 等，2007）对智力资本的结构提出了其他不同观点。尽管不同学者表述的具体结构要素不尽相同，但他们基本上均认为智力资本是由人力资本和由智力资本所派生的相关软资产综合组成（傅元略，2000，2002）。一般而言，此领域的大部分学者将智力资本区分为三个主要维度，即人力资本、组织（或结构）资本与顾客（或关系）资本。[①] 智力资本结构的主要观点如表 2 - 2 所示。

（三）对智力资本概念的再界定

对智力资本结构的认识与其定义的理解具有本质上的关联性。智力资本的定义是智力资本概念的内涵，而智力资本的结构则形成了智力资本概念的外延。

---

① 佩蒂和格思里（2000）根据近百篇文献的分析显示，诸学者专家的共识是将智力资本分成三部分，即人力资本、结构资本和顾客资本。而布伦南和康奈尔（Brennan and Connell，2000）比较过去学者提出的智力资本报告模式，发现这些模式皆将智力资本分为三大类，即人力、顾客关系和组织资本。

表 2 - 2　　　　　　　　　　　智力资本结构表

主要观点	代表人物	智力资本的结构要素
二维 结构论	埃德文森和马隆（1997）、 罗斯（1998）、若亚（2000）	人力资本、结构资本
	Sullivan、（2000）	人力资本、智力资产
	Marr 和 Schiuma（2001）	利益相关者资源、结构性资源
	芮明杰和郭玉林（2002）、 余绪缨（2004）	隐性智力资本、显性智力资本
三维 结构论	Saint - Onge（1996）、Stewart（1997）、 Lynn（1998）、Bontis（1998）、 Johnson（1999）、Dzinkowski（2000）	人力资本、结构（组织）资本、顾客 （关系）资本
	斯维比（1997）	员工能力、内部结构、外部结构
	Abeysekera，2005	人力资本、内部资本、外部资本
	Youndt et al.（2004）、Subramaniam 和 Youndt（2005）、Kang 和 Snell（2009）	人力资本、组织资本、社会资本
	朱学义（2004）	知识资本、智能资本、拓创资本
四维 结构论	布鲁金等（1996）	市场资产、人力中心资产、知识产权资 产、基础设施资产
	Nahapiet 和 Ghoshal（1998）	个人显性知识、个人隐性知识、社会显 性知识、社会隐性知识
	布伦（1999）、冈瑟和 拜尔（2003）、陈劲等（2004）、 Wang 等（2005）	人力资本、结构或流程资本、创新资 本、顾客资本
	Ismail（2005）	人力资本、结构资本、精神资本、关系资本
	Choong（2008）	人力资本、结构资本、知识产权资本、 顾客资本
五维 结构论	布斯（1998）	人力资产、市场资产、知识资产、基础 建设资产、财产权
	布埃诺等（2003）	人力资本、组织资本、技术资本、经营 资本、社会资本
	范徵（2000）	人力资本、组织资本、技术资本、市场 资本、社会资本
	傅元略（2002）	知识产权资产、人才资源资产、品牌信 誉和顾客网络资产、信息系统资产、管 理方法和管理制度

1. 对智力资本定义的界定

从上述智力资本的定义可知，智力资本的不同定义并非是相互矛盾的，往往具有交叉融合性，只是对智力资本定义表述的侧重点存在差异。许多学者实质上是支持上述多种观点的融合（如斯图尔特、斯维比、埃德文森、余绪缨和朱学义等），这主要是由于智力资本属性具有多面性，因此需要从不同视角进行全面解读。

智力资本由"智力"和"资本"两个词组成，因此，需要从"智力"和"资本"综合理解这一概念。智力首先属于心理学范畴的概念，即能力与智能。而在经济管理学领域，人们从劳动价值论视角解读劳动者智力的经济含义，认为智力是劳动者认识事物及运用知识得以创造性地解决问题的全部能力的总和，它以创造性为本质特征，是在体力劳动和脑力劳动基础上发展而来的，反映了人类特有的高级形态的能力。这些描述均是从个体层面对智力的理解，而智力资本引入资本概念，使智力从个体范畴拓展至组织范畴。在政治经济学中，马克思定义资本是能够带来剩余价值的价值；会计学中的资本是指资本金，即投资者的投入资金；而西方经济学中，资本被广义解释为一种生产经营的要素或资源。智力资本中的资本概念类似于西方经济学中的概念，即资本是资产的价值化形态，它是创造财富的能力，不是物，而是掩盖在物之下的一种社会关系，即现代经济学中的契约关系。传统经济学理论中，仅仅物质资本才是资本。伴随经济的发展，舒尔茨（Schultz，1960）第一次将资本概念推广至人力资本的研究，而智力资本理论又将资本概念进一步拓展至对智力资本的理解。

智力资本的含义绝非智力与资本的简单加总，而是两者的有效融合。结合国内外智力资本的定义，本书认为，智力资本是以智力为基础的一种无形的资本，它是组织能够通过掌控、利用和施加影响，为组织创造财富、实现价值增值、获取竞争优势，以知识为载体，以能力为实质的动态的无形资源。它并非完全意义的无形资产，却是无形资产形成的基础，只有运用智力资本以获取生产经营中的经济效益方能使其转化为无形资产。

2. 对智力资本结构的界定

对智力资本的构成要素，本书吸收斯图尔特（Stewart，1997）、林恩（Lynn，1998）和邦提斯（Bontis，1998）等的三维结构论，采用目前大多数学者所支持的观点，将智力资本分为人力资本、结构资本和关系资本三个维度。

（1）人力资本。人力资本是智力资本最基础的要素，反映组织中个人解决问题的能力。斯图尔特（1997）、埃德文森和马隆（1997）及鲁斯等（1997）都认为，人力资本应包括公司所有员工与管理者的知识、能力、技术和经验等。尤里奇（1998）认为，人力资本是指企业内所有成员所具备的知识、技术、能力、经验与承诺的总和。综合上述观点，本书认为人力资本是以人为基础的一项资本，它包括组织全体员工所拥有的知识、经验与能力等以及组织对员工的后续投资和整体吸引力等专用性人力资本。人力资本可在不同组织间流动，组织只是收纳人力资本，却并未真正拥有人力资本（Becker，1964）。

（2）结构资本。结构资本是组织内部解决问题和创造价值的整体系统、流程和文化等（Joia，2000）。它包括技术系统、结构、数据库、专利、商标、程序、政策等，以及其他一切将人力资本具体化和权力化的组织化能力，属于员工下班后仍然留在公司带不走的无形资产（Edvinsson and Malone，1997；Stewart，2001）。本书认为，这些要素具体包括整体流程、信息技术运用、信息系统架构、组织结构设计、组织文化、更新开发资本和知识产权管理等。

（3）关系资本。若亚（Joia，2000）指出，关系资本是组织对外关系的建立、维护与开发。约翰逊（Johnson，1999）认为，关系资本应当包括社会利害关系人、顾客和供货商关系，一个企业能否持久获利和经营成功的关键在于企业与这些外部机构之间的互动关系。以上述观点为基础，本书认为，关系资本是组织所拥有的外部关系及蕴藏在其中的各种无形资本，包括顾客关系资本、供应商关系资本以及与合作伙伴、专家或研究机构、政府部门、投资者和债权人等直接或间接利益相关者之间的关系资本。

智力资本的三个维度交互作用、循环互动，共同影响组织绩效，提升组织价值，实现组织成功。人力资本是组织的最大资源，员工通过工作将其智力贡献给组织以提升组织价值，丰厚的人力资源不仅对人力资本的累积有重要影响，而且对创造更有效的组织结构与管理流程有重要影响。丰厚的人力资源也可能为组织缔造顾客关系乃至于政府、团体和其他利益相关者的关系，使组织获取更多合作机会，创造更多价值，累积组织内部更多结构资本，促使人力资本的进一步提升与调整。因此，人力资本是结构资本的基础，人力资本促进了结构资本的建立和关系资本的缔造，而结构资本越好，人力资本的实施也将越好。同时，人力资本与结构资本的组合对顾客或利益相关者关系也会产生正面效应。而组织的关系资本越丰厚，又可以促进组织吸引更多人才，创造更丰厚的人力资本，形成更有效的运作流程与管理结构。在多变的市场环境中，组织唯有依赖这三者的动态平衡、良性循环和有效互动，才能蓄积永续经营的竞争力，保持组织的可持续发展。

第二节　企业集团自组织的动力分析

企业集团是市场经济发展的产物，是适应剧烈的市场竞争条件而形成和发展起来的一体化组织。知识经济时代，面对高度不确定性竞争，企业集团这一自组织系统中的智力资本作为成长的驱动力，借助企业集团自组织能力的培育与发展，促进企业绩效提升和价值增长，实现企业集团的可持续发展。

一　企业集团自组织的可能动力：自组织本质

企业集团在本质上是一个自组织系统。所谓自组织系统是指无须外界特定指令即能与环境相互作用以自行组织、自行创生和自行演化，自发、自主实现从无序迈向有序，从而形成有结构的系统。企业集团的自组织本质决定了企业集团实现自组织的可能性。

以现代企业管理而言，企业集团本质上是由内部系统和外部环境构成的复杂自组织系统。企业集团的内部系统由各个成员企业的资源所构成，包括各种物力资源、财力资源、人力资源、管理资源、信息资源、科技资源、时间资源和空间资源等，而外部环境由一般性和具体性环境组成。一般性环境是具有普遍意义的外部环境因素，对企业集团产生间接潜在的宏观影响，主要包括经济、政治和社会等方面的因素。具体性环境是具有特殊含义或特定意义的外部环境因素，对企业集团产生直接的微观影响，主要包括顾客、供应商、竞争者和合作伙伴等外部关系因素。

企业集团产生和形成的重要原因是适应现代管理追求整体效益最优化的目标。它需要在内部分工的基础上，实现成员企业力量之和的高倍放大，以达到低投入和高产出的整体协同和规模经济效应。企业集团并非法人，而是介于企业和市场之间的中间型组织形态，兼有企业和市场的双重属性。企业集团的双重属性决定了企业集团内部企业间组织成本和交易成本的同时存在。企业属性与市场属性呈现此消彼长的关系，导致企业集团内部企业间组织成本与交易成本呈现反向关系。企业集团成员企业的控制关系越强，企业属性越强，市场属性越弱，企业间组织成本越高，交易成本越低；反之则相反。此外，对于整个企业集团而言，企业集团或成员企业的外部交易成本也需要关注。故而，若要降低成本，提升整体效益，企业集团既要遵循市场运作规律，适应激烈竞争的市场环境以谋求发展，又要协调内部成员企业的运作管理，促使众多子公司与母公司保持一致的战略目标，发挥内部协同效应。伴随社会分工的日益专业化，企业集团的内部协同和外部协调对实现自组织至关重要。一方面，企业集团需要促使内部各个成员企业之间构成一个有机整体，通过经营活动的互补或资源共享等，实现企业集团的共同战略目标，达到企业集团整体经济效益的最优化。另一方面，企业集团需要适当协调与外部环境之间的相互关系，有效适应和借助外部环境促进企业集团的内部发展。只有如此，企业集团才能创造集团优势，实现企业集团的自组织。

二　企业集团自组织的必要动力：自组织能力

企业集团的产生是市场机制下自组织的必然产物，而通过自组织发育起来的企业集团的演化也离不开自组织能力，只有具备强大自组织能力的企业集团，才能不断更新进步，为经济增长注入新的活力。自组织能力是组织所拥有的自创生、自生长、自适应、自学习和自协同能力，它是组织自组织地从无序走向有序、从低级有序走向高级有序，获取持续竞争优势的必要条件。

（一）自创生能力

自创生能力是企业集团形成的前提，它反映了企业集团自发自主的产生过程。企业集团是为适应市场经济发展，在节省成本和提升利润的压力下，自动自发进行结构调整或组织创新的自组织结果。19 世纪末 20 世纪初，欧美等工业发达国家在大量生产和销售的刺激下，生产越来越集中，随之企业规模越来越大。企业规模的扩大导致竞争的日益激烈，为在竞争中寻求生存与发展，又更进一步刺激了生产与销售更大程度的集中。但是，由于成本制约和"反垄断法"等的限制，使得企业规模并不能无限制扩张，在此经济环境下，企业集团这一企业联合形式则应运而生。随着并购浪潮的席卷和市场机制的不断完善，企业集团化进程不断加速。为迅速适应国际竞争环境，提高国际竞争力，中国自 20 世纪 80 年代中后期形成了一批大型企业集团。但这些企业集团大多数并非是在市场经济中自发形成的，而是政府对国有企业行政干预的产物，带有浓重的他组织色彩。然而，一些他组织事物虽然在起点是以他组织方式形成的，但其后却通过调节改造转变为以自组织方式运行，否则将无法运行下去。随着我国市场经济的不断完善，企业集团自组织能力将随着市场的发育完善不断加强，我国企业集团也必然以基于自身利益为基础的自组织路径运行，才能真正生存下去，从无序演化为正常有序。

（二）自生长能力

自生长能力是企业集团生存和发展的条件。系统在创生之后，必须具备自我生长的能力。在生长过程中，系统内部如果长期保持平衡将不可能具备发展潜力，而系统也不可能实现长期平衡发展，发展需要打破平衡，系统只有远离平衡才能发展。企业生命周期理论的研究者们（Adizes，1989，1997；陈佳贵等，1998；李业，2000）虽然对企业生命周期的划分不一，但都认为企业的发展与生物发展类似，在其生命状态会经历不同的发展阶段。企业生命周期一般将经历孕育、成长、成熟和衰退等几个阶段，在不同发展阶段，企业发展具有非均衡性，促进企业从无序走向有序，从低级有序向高级有序发展。但是，并非所有震荡都能实现无序向有序的发展。在企业成长期，内"熵"和外"熵"不断改善，加速企业的发展。[①] 但步入成熟期末期，企业与外界的物质、能量和信息的交换逐渐弱化，陷入孤立系统导致发展朝向"熵"增大的方向，直至"熵"最大时，系统将再次走向无序。此时，系统必须强化与外部环境的联系，重新调整战略规划和结构创新，促进从无序重新走向有序，才能避免陷入淘汰境地。企业集团作为企业联合形式，具有市场机制和企业机制双重自我调节机制。相比一般企业，企业集团能够利用内部成员企业间的资源配置实现多角化和国际化经营，更能防止外部市场不确定性带来的损失，推动企业集团从无序向有序的发展，形成和保持有序结构。

---

① 熵（Entropy）是对系统无序程度的度量，反映系统的混沌度，是内部无序结构的总量。它由德国物理学家克劳修斯（R. J. E. Clausius）提出，并应用于热力学中。化学和热力学中的熵，是一种测量在动力学方面不能做功的能量总数。熵亦被用于测量一个系统中的失序现象。它在天体物理、概率论、数论、控制论、生命科学等领域都有重要应用，在不同的学科中也引申出更为具体的定义，是各领域中十分重要的变量。

（三）自适应能力

系统在演化过程中面对不确定的外部环境，自发地与外部环境相互作用，不断适应环境变化而没有解散至混沌状态，这是系统的自适应能力。从企业"胚胎"的手工作坊演进到个体企业或一般法人企业，再演进到企业联合体的企业集团，这一演进过程蕴含着组织结构优化和制度规范的调整，这种优化调整是为了适应组织运行所处的经济环境和技术水平等的变化，而组织形式的演进又必然提升和增强组织结构的环境适应力，促使形成具有更强环境适应力和运行效率的组织形式。因此，企业集团实质上是在不确定性外部环境下的自适应组织。与一般企业相比，作为企业组织的联合形式而以社会经济的中间组织出现的企业集团是一个复杂系统，这促使企业集团管理从简单化趋向复杂化而成为一个复杂适应系统。复杂适应系统中的个体在与环境的相互作用中，不断演化学习，改变其自身的同时，也促使系统内部结构从一种状态演进至另一种状态，实现了系统从无序到有序的递进。企业集团自适应系统在不断地与外部环境的交互作用中，与外界发生物质、能量和信息的交换，保持系统的常态运转。它享有一体化组织的规模效应、交易成本效应和风险分担的经济性，通过自适应和反馈调整过程，保持行政与市场双重机制运作的平衡，进而促进企业集团最大效益的实现。

（四）自学习能力

系统与外部环境的适应过程也是系统不断演化学习的过程，系统在不断学习演化中与其他系统相互作用，而使系统适应外界环境变迁。因此，自学习能力是系统自组织的重要保证和根本手段。学习能力是促进组织学习的组织特性与管理特性，它以有效方式增加组织知识，调整组织行为以适应新的动态环境。企业集团的成长是一个动态过程，是根据企业集团的内外部环境变化进行适应性调整的过程，而学习能力则是其在动态环境适应性调整中提升自组织能力的战略资源。就企业集团而言，学习一般包括三个层次：第一个层次是企业集团各个成员企业员工的内部学习，员工的知识和能力与集体交流互动而在企业内沉积和扩散，并依赖企业自身机制完成企业知识再创造的动态循环；第二个层次是企业集团成员企业之间的知识交流与扩散，它通过集团成员企业间知识的转移与吸收实现企业集团内部资源配置；第三个层次是企业集团从外部其他系统获取新知识并在内部得以转化。前两个层次的学习都是从内部获取资源，转化知识以适应动态环境，而第三个层次的学习则是从外部获取新的资源，利用外部知识适应市场环境。企业集团应寻求内外部学习的平衡点，培育复杂系统中动态演化的学习能力，促进资源结构的调整、整合与改善，以保持企业集团的持久有序演化。

（五）自协同能力

现代协同论认为，"协同导致有序"。协同是系统自组织过程中，内部各个子系统之间在一定外部环境约束下相互作用，保持同一性和整体性状态，形成整体效应，从而实现总体目标。经济系统是由竞争和协同构成的矛盾统一体。① 竞争反映系统内部相互联系的子系统之间相互排斥和竞争以保持个性，它导致系统震荡，促使系统内部各个子系统在物质、能量与信息获取方面的非均衡性，形成系统演进的动态性、不确定性和分散性。而协同反映系统内部各个子系统之间相互渗透和转化以保持集体性，它促使系统内部子系统保持既定方向的发展，促使系统发展的整体性、确定性和目的性。就管理视角而言，企业集团是一个协同组织，它通过系统协同能力实现对集团成员企业力量之和的高倍放大，以形成整体协同效应。协同能力是企业集团的专用性资产，是企业在特定经营环境下，不同生产、技术、管理和交易系统有机整合，以创造价值和形成竞争优势的能力。它置身于企业集团整体环境中，而并非存在于集团内部单个成员企业中，必须以制度规范形式实现。企业集团并不仅仅是成员企业的简单叠加，而应当是自组织形成的"1 + 1 > 2"的相互关联的高层次耦合关系的结合体。它应当具备优化资源配置的整体协同能力，形成集团成员企业之间协同作用的整体效应，保持集团运转的有序性，促进经济效益的增长，使企业集团脱离混沌状态，实现平稳发展和良性循环发展。

自组织能力是系统实现自组织的必然条件。它是任何一个企业、任何一个集团甚至任何一个经济组织在激烈竞争的市场环境中生存与发展的必备能力。然而，自组织能力并非天然形成，而是在长期自组织过程中发展而来。企业集团的发展应注重自组织能力的培育，真正发挥企业集团自组织系统的作用，促进企业集团的有序演化和可持续发展。

---

① 哈肯教授认为，自组织系统的演化动力源于系统内部竞争与协同的相互作用。子系统之间的竞争促使系统趋于非平衡，是自组织的前提条件，而子系统之间的协同则促使子系统在非平衡条件下的运动趋势实现联合并加以放大，进而使其占据优势地位，支配系统的整体演化。

第三节 企业集团智力资本绩效创造的自组织性

马克思曾以资本循环公式表示企业的资本运动为"G—W…P…W′—G′",这一过程通过周而复始地不断循环与周转,得以实现企业的成长与发展。对企业集团而言,从"G"发展到"G′"所经历的"W…P…W′"过程在一定程度上也体现了企业集团的自组织过程。企业集团运用自组织理论以自组织过程的初始条件选择和过程条件控制等制定战略政策,指导企业集团成员的微观行为,加强企业集团整体资源配置与资源共享,提升智力资本的有效运用和管理,促进企业集团智力资本绩效创造的自组织演化。

一 自组织的条件:耗散结构

根据普利高津的耗散结构理论,耗散结构是系统自组织地从无序向有序、从低级有序向高级有序演化的前提和条件。耗散结构是自组织地形成和产生的,无法主观创造,然而,创造耗散结构产生的条件必然促使耗散结构的形成。企业集团的智力资本系统必须具备耗散结构产生的条件①,才能实现对绩效创造的自组织演化。

(一)企业集团智力资本系统是一个开放的系统

系统开放性是系统形成与发展的基本前提条件,孤立封闭的系统是不可能实现从无序走向有序的自组织演化的。系统只有处于开放状态时,才能与外部环境不断交换补充物质和能量,增加负熵流,抵消内部形成的熵增,使系统从无序向有序发展。知识经济和信息技术的快速发展、互联网与电子商务的出现,为企业集团智力资本开发与管理创造了良好有利的外部环境,构成了对系统自组织及演化方向产生影响的外参量。企业集团智力资本系统是由母子公司为主体的联合体的人力资本、结构资本和关系资本构成的多个子系统,其中每个子系统又由若干要素构成。在外部环境作用下,不同企业集团为提升绩效和获取持续竞争优势,在战略规划中

---

① 系统是由若干要素以一定结构形式联结构成的具有某种功能的有机整体。理论生物学家贝塔朗菲(L. V. Bertalanffy)创立了一般系统论,认为"系统是相互联系相互作用的诸元素的综合体"。此处将智力资本视为由人力资本、结构资本和关系资本三个维度若干要素构成的相互联系和相互制约的多维系统。

识别智力资本的关键要素，在集团内部成员企业间和外部关系者之间不断地进行物质、能量与信息的交流与交换，从外部获取智力资本提升所需的人才、资金和信息等，同时向外部提供智力资本提升的新动力，促进智力资本系统的调整与完善，进而输出有助于企业集团绩效提升的智力资本。

（二）企业集团智力资本系统是远离平衡态的系统

与平衡态或近平衡态对应而言，远离平衡态是指系统内部多个组成部分的物质与能量分布并非均匀一致，而是存在差异性和非平衡性。系统内部成分之间的差异性越大，则系统越远离平衡态。只有远离平衡态的系统，才能形成新秩序和动态性。企业集团成员企业间的智力资本分布具有异质性，智力资本系统也具有非平衡性，成员企业和个体员工间知识与能力等随时间而不断变化，外部需求与满意度也在随时随地地变化，而技术流程和信息状况等同样是动态变化的。智力资本运营与管理既强调创新，又注重智力资本内部分享与转移。为应对激烈竞争，企业集团必须不断调整资源配置和创新能力，关注智力资本转移使成员企业共享智力资本，促进集团资源的有效运用和智力资本的创造与提升，促使智力资本系统随时间和环境而演化，保持脱离封闭孤立状态，与外界持续不断地交换物质和能量，使系统自动远离平衡态，形成稳定的自组织结构。

（三）企业集团智力资本系统各要素之间存在非线性相互作用

只有非线性系统才能演化为有序的耗散结构系统。非线性系统是系统组成部分在数量和性质上均相互独立且存在相当差异的系统。非线性作用机制是指复杂系统中的诸多要素并非简单的数量叠加，而是呈现网状形式的相互作用，随时间和条件不同，产生相干效应与临界效应，使系统从无序走向有序。系统的高度有序必须以系统内部要素非线性作用的自组织效应来实现。企业集团智力资本系统是一个涉及不同成员企业的多要素、远离平衡态的开放性系统，各个要素之间必然存在非线性交互作用。智力资本三维系统的各个要素之间相互耦合和相互制约形成了不同于简单叠加的整体效应，而企业集团成员企业之间相互作用，进行智力资本的转移与吸收，使得集团成员企业间智力资本各要素对绩效的影响效应并非完全简单的因果关系，而是形成网状的非线性相互作用，促使企业集团整体绩效的提升。智力资本系统演化中，非线性作用的发挥构成了系统有序结构形成和复杂性产生的内在动因。

（四）企业集团智力资本系统内部存在随机涨落

涨落是系统由原来的平衡态演化为耗散结构的触发器。它是由系统内部子系统的差异通过非线性相互作用导致系统偏离稳定态而造成的，是系统演化的内部诱因。涨落何时出现是不可预测的，但是系统内部存在永恒的内在涨落。系统内部涨落是系统内部参量偏离平衡值，通过涨落发生巨变，进而形成新的稳定态。企业集团智力资本系统是由多个要素或多个子系统构成的复杂系统，内外部环境存在随机涨落，例如技术创新、知识和人才的流动或管理团队的变更等均可能形成一个"涨落"。涨落是没有确定时间或方向而随机发生的，每一要素的随机变化都可能导致整个系统随之变化，企业集团智力资本系统内部各个要素的微小涨落，通过内部非线性相互作用的迅速放大而产生"巨涨落"，进一步加速自身的涨落，从而促进企业集团智力资本系统实现从稳定态到非稳定态再到新稳定态的自组织演化，产生新的有序结构，获得新发展，进而促进企业集团绩效的提升和持续竞争优势的形成。

二 自组织的动力：竞争与协同

根据哈肯的观点，竞争与协同的相互作用是系统自组织演化的动力。自组织产生的动力来源于系统内部子系统或各要素之间联系的加强或者外部条件输入以激励内部子系统或要素产生非线性作用，通过竞争与协同推动系统形成新模式和新功能，将系统演化推进至最大可能的复杂空间，促使系统有序演化。企业集团智力资本系统内部诸多子系统的竞争使系统远离平衡，而它们之间的协同则在远离平衡条件下促使各个子系统的某些运动趋势得以联合并放大，形成整体协同效应，支配系统整体的有序演化。竞争与协同的周而复始促使企业集团智力资本系统打破原有平衡态向更高层次不断发展演化，进而促使整体绩效的螺旋式上升。

（一）企业集团成员企业间的竞争与协同

企业集团是由母子公司为主体构成的多层次结构的统一体，内部各个层次企业及其对环境反应之间的个体差异性导致子系统之间的相互竞争，而相互竞争又促进了整体协同的产生，推动企业集团的成长与发展。企业集团成员企业之间的相互协同，实现资源共享，促使成本降低和效益增长等协同效应的产生。为充分有效地利用协同效应，企业集团应当从整体出发，将集团成员企业间的智力资本协同配合，满足各自利益需求，制定科学合理的战略决策和内部机制，推动智力资本在企业集团内部的共享和转移，促进企业集团整体的不断创新，引导企业集团整体绩效的提升，进而形成整体竞争优势。

（二）财务资本与智力资本的竞争与协同

古典经济增长理论和新古典经济增长理论都论证了财务资本在经济增长和财富创造中的作用。[①] 财务资本作为社会生产最基本的投入要素，在企业绩效和价值创造中发挥着毋庸置疑的作用，是企业发展与经济增长的重要推动力。随着知识经济的兴起和发展，企业竞争成败的关键因素发生变更，财务资本的主体地位日渐弱化，智力资本的累积与投资逐渐成为企业发展和经济增长的最终决定力量。然而，在不同行业不同生命周期企业中，财务资本仍然是企业发展的主要源泉和动力。当前经济环境中，企业绩效源自于财务资本与非财务要素的耦合，财务资本与智力资本的协同运动是提升企业绩效、促进企业有序演化的动力。

（三）智力资本各个维度的竞争与协同

智力资本的三个维度，即人力资本、结构资本和关系资本，对企业绩效产生不同程度的影响，然而，企业绩效并非智力资本各个维度孤立作用的结果，而是三维度之间协同互动作用的产物。企业集团智力资本系统是一个复杂系统，内部活动主体之间利益关系的差异，可能使得智力资本系统内部三维度之间的相互作用产生冲突和矛盾，形成竞争，导致企业集团智力资本系统处于不稳定状态。然而，在竞争冲突中，由于受提升绩效和获取竞争优势等共同利益的驱动，智力资本各个子系统之间又会协同作用，优化智力资本系统结构，推动整个智力资本系统从无序向有序发展，促使智力资本系统向更高层次演化。

三　自组织的演化途径：突变

系统演化至少有渐变、普通突变和经过临界点的突变论的突变三种路径。突变理论指出，系统从一种稳定状态进入不稳定状态之后，由于其内部变化引起突变，促使其进入另一种新的稳定状态。系统的突变即为质变，是系统渐进过程中断而发生根本性变化，使系统从一种质态飞跃至另一种质态。突变是非线性系统的通常行为，只要条件满足，突变就会从系统的内部因素中形成。动态系统在不同时间轴上并非总是连续平滑演化

---

① 财务资本是指企业所有者投入企业的货币资本，此处的财务资本实质上反映的是企业所拥有的有形资本。

的，系统有时会突然跳跃或爆发，这种突变促使系统进入新的稳定态，维持系统的持续有序演化。

企业集团智力资本系统的突变可能由系统量变所引起，也可能由系统构成要素在空间上的排列顺序和结构形式的变化所引起。涨落是企业集团智力资本系统突变的动因。企业集团智力资本系统在与外界的物质、能量和信息的交换中，内部各要素发生的微涨落在低于临界状态时，系统处于自稳定演化中，涨落所产生的影响将被衰减，原有智力资本系统结构将回归稳定状态。而当发生的微涨落超过临界状态时，系统将进入自重组阶段，此时系统各个要素在分支点的微小涨落经过系统协同作用将会使系统发生结构性变化，突变形成新的有序的稳定结构。企业集团在其整个生命周期中，整体智力资本系统通过持续不断的量的积累和结构调整，不断提升整体绩效，促使企业形成从渐变或量变进行突变的能力。在不同发展阶段，企业集团通过内部成员企业间或者与外部企业间不断地交流与交换物质、能量与信息，提升企业集团整体创新能力，促使智力资本系统在连续演化中实现突变，促进整体绩效的螺旋式上升，维持企业集团的持续稳定发展。智力资本系统自组织演化路径如图 2-1 所示。

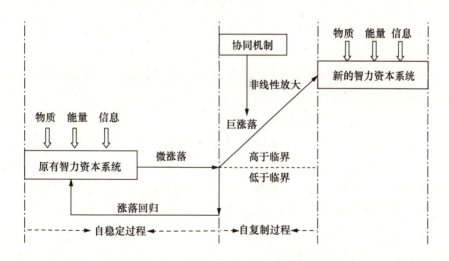

图 2-1　智力资本系统自组织演化路径

系统的演化路径虽然无法从外部预测，但并不表示系统的演化不能实现内部控制。突变理论为企业集团主动干预智力资本系统演化路径以提升企业集团绩效提供了可能的理论分析工具。当企业集团能够在正确时间和正确地点以正确方式利用偶然因素，并控制企业集团智力资本系统演化的初始条件与过程条件，从企业集团整体背景出发了解系统可能演化的路径以及突变出现的条件等，就可能控制企业集团的智力资本演化路径，对企业集团整体绩效的提升产生影响。

四　自组织的形式：超循环结合发展

在自然界和社会领域里，处于进化中的系统经常展现出超循环的特征。超循环是一种结合的高级形式，它通过系统要素间的紧密结合与交叉催化而产生节约能量并不断形成新形式和新成果的结合。超循环理论的创立者艾根的论证表明，生命系统是以超循环结构形式，利用个体复制、突变与选择机制实现演化的。企业集团智力资本绩效创造过程是以企业集团成员企业为节点，通过这些节点间的智力资本及其与绩效之间的相互作用所形成的复杂过程。与生命系统类似，企业集团的智力资本系统同样是以超循环结构形式发展和演化，进而促进绩效的提升。

（一）智力资本反应循环

循环是事物周而复始的运动，即系统从某一状态开始经过一系列变化后回复初始状态的过程。反应循环是多步骤的反应序列持续不断的反应过程，这一循环可能包括外部而非自身产生的催化剂。企业是知识与能力的集合体，在企业成长与发展过程中，企业内部智力资本与外部智力资本融合输出，重复自身反应循环，实现螺旋式上升。智力资本反应循环是企业运动以提升绩效的基本特征之一。

（二）智力资本催化循环

催化循环是至少存在一种中间物能够催化其反应本身的反应循环，且这一作为催化剂的中间物是循环中自身产生的。企业智力资本在反应循环中产生新的智力资本，如管理经验、操作技巧、创新机制和生产技能等，它们在企业内部得以迅速扩散、转移和共享，企业智力资本增量出现，这使得智力资本循环会在一个更大智力资本数量基础上运行。智力资本在反应循环中不断积累，达到一定量后，经过整合会发生突变，智力资本质量改进，如新的专利和技术发明产生等，这使得智力资本反应循环会在更高层级的智力资本基础上运行。在反应循环中产生的增量智力资本和新质智力资本作为促进因子重新进入反应循环，形成智力资本催化循环。

（三）智力资本超循环

超循环是至少包括一个催化循环的循环，是维持两个或两个以上动态系统的循环圈。企业集团内部各个子系统之间相互联系、相互作用，子系统之间相互提供催化支持。在企业集团智力资本超循环中，企业集团成员企业之间不仅能自我催化，也能与内部其他成员企业进行交叉催化，通过增量智力资本和新质智力资本在企业集团内部的转移与扩散，企业集团成员企业的智力资本反应循环和催化循环可以相互连接，构成智力资本超循环。企业集团智力资本超循环如图 2－2 所示。图 2－2 中，I_1、I_2 和 I_3 是企业集团子系统的三个智力资本反应循环，E_1、E_2 和 E_3 是它们对应的促进因子，促进因子重新进入反应循环形成了三个催化循环，并分别与 I_1、I_2 和 I_3 之间交互耦合，构成一个自我增进与交互增进的智力资本超循环圈。

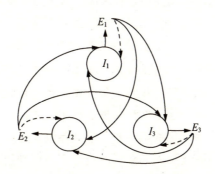

图 2－2 企业集团智力资本超循环演化结构

超循环促使组织内部以及组织之间的联系更加紧密。企业集团各个子系统需要注意相互之间的耦合，形成小的循环圈，而企业集团则应从整体出发考虑系统与环境的耦合。循环及对系统内部和系统与环境之间的物质流、能量流和信息流的交叉使用，促使能量积累达到一定程度时系统发生突变，进而促使系统跃至更高层级。

五 自组织的复杂性：分形与混沌

分形理论和混沌理论分别从空间序和时间序视角对自组织的复杂性问题进行了研究。分形研究事物向复杂性演化的空间特性与结构，而混沌研究事物向复杂性演化的时间特性。

分形从一个全新层次揭示了整体与部分所具有的多层次、多维度和多视角的相互关联关系。它通过自相似性和无标度性形成了嵌套的无穷层次与复杂样态，有助于认识和理解复杂性的产生。企业集团智力资本系统是一个分形体，它是具有复杂结构的结构分形和过程分形。复杂的企业集团智力资本系统由多个成员企业的人力资本、结构资本和关系资本等大量子系统构成，而每个子系统又由多个要素构成，这些子系统和要素都具有相对独立的结构和功能。企业集团智力资本对绩效的影响等受系统中多个因素的制约。因此，企业集团智力资本系统各个层面之间具有良好的结构性与自相似性。同时，企业集团智力资本的运营与管理还表现出复杂的过程分形。企业集团智力资本绩效创造过程是一个复杂的系统性过程，表现为多级主体的相互作用，使智力资本绩效创造在企业集团内部构成了复杂的纵横交错的关系。这些相互作用都体现了企业集团内部通过资源共享、智力资本转移等实现的竞争与合作。伴随结构分形和过程分形，企业集团智力资本运营与管理的结果是促使企业集团提升绩效、获取竞争力。

混沌强调管理者必须学会如何与非理性或不确定性的环境相处。混沌理论指出，在混沌系统中，初始条件的细微变化，在经过不断放大之后，将导致系统未来状态出现巨大差异。混沌要求系统重视初始行为对整个系统行为所造成的巨大而不可预知的复杂变化。企业集团智力资本系统的复杂性导致了其智力资本管理中存在大量不确定性因素，进而引致系统的某些环节和层面并未按规范化状态存在，最终导致企业集团智力资本不能创造最优绩效。例如，研发投入未必形成技术产品和创新成果。混沌特性为智力资本管理提供了理论指导。它强调管理应当从系统整体出发，注重细节的影响。例如，在智力资本管理中，注重核心员工在智力资本开发和管理中的决定性作用。同时，混沌特性也强调"混沌的边缘"对智力资本系统的影响，许多智力成果通常形成于"混沌的边缘"。由于管理过程中存在大量不确定性和模糊性因素，管理的预测能力是有限的，具有长期不可预测性，因此，系统演化中不需要追求最优化管理目标，而应当适时调整管理战略，发挥系统演化在"混沌的边缘"的创造性，为发展创造更广阔的空间，促使系统跃迁形成更高层次的有序结构。

六　自组织的外部环境

企业集团智力资本绩效创造的自组织发展演化离不开外部环境的支撑。企业集团与外部环境的共同作用及和谐发展是促进其智力资本不断向更高层次演化的动力，它促使企业集团内部子系统智力资本对自身绩效或其他子系统绩效产生影响，促进企业集团的有序演化。

（一）市场环境的变化促进企业集团智力资本的自主开发与管理

伴随知识经济的发展和全球化趋势的加剧，企业经营环境急剧变化，竞争日趋激烈，外部需求日益多样化，发达国家在国际竞争中凭借知识、技术和人才优势，逐渐抢占竞争的制高点，成为游戏规则的制定者。在飞速变化的国际市场环境中，我国企业集团要获得和保持竞争优势，在国际竞争中占据一席之地，自主开发、运用和管理当今财富创造主要来源的智力资本将是企业集团发展的必备战略。

（二）信息技术的发展激励企业集团内部成员企业间及其与外部的自主合作

计算机通信技术和网络技术的迅速普及应用，既促进了企业效率的提升，又为企业变革的实现创造了现实条件。当今世界，日趋激烈的竞争促使企业必须摆脱封闭孤立状态，加强企业之间的合作交流。自主自愿的合作是企业获取长期优势的前提。而信息技术的进步激发了企业集团的变革、创新和演化，加速了知识与技术的扩散，既为这种合作交流提供了可能性，又为企业集团智力资本的创造与共享奠定了基础。

（三）资源环境的限制刺激企业集团内部智力资本的转移

资源禀赋构成了企业集团成长演化的直接支撑条件，异质资源是企业集团持续竞争优势的主要源泉。智力资本作为企业的异质资源，可以由企业内部自主开发，或者从外部直接获取，抑或对外部资源进行内部加工升级获取。然而，社会资源是有限的，企业集团的资源也是有限的，从外部获取资源又受到交易成本的制约，这将促使企业集团内部成员企业间通过智力资本转移，共享企业集团资源，促进企业集团的协同演化。

第四节　企业集团智力资本绩效创造的自组织过程

企业集团智力资本绩效创造虽具有自组织性，但其自组织演化的实现受企业集团自组织能力的影响和制约。企业集团应当从整体出发，顺应自身发展"脉络"实施有效的管理，与外界环境建立和谐关系，发挥企业集团自组织能力，创造自组织演化的初始条件和过程条件，通过不断与外界的物质、信息和能量的交换，促使企业集团智力资本实现从无序到有序、从低级有序到高级有序的自组织演化，进而提升企业集团的整体绩效。

一 企业集团智力资本绩效创造自组织的产生

企业集团智力资本绩效创造的自组织演化首先需要创造初始条件，开放系统，远离平衡态，加强外界物质、能量和信息的输入，促使自组织过程得以产生。普利高津的耗散结构理论指出，系统熵变（dS）可分为系统内部的熵产生（d_iS）和系统同外部环境交换产生的熵流（d_eS），熵流可为正、负或零，即系统总熵变可表示为：

$$dS = d_iS + d_eS \tag{2-1}$$

式中，若系统是孤立系统，则 $d_eS = 0$，而 $d_iS \geqslant 0$，故 $dS \geqslant 0$，此时任何变化都不可能导致熵的减少，因而永远无法形成有序状态。若系统是开放系统，当 $d_eS < 0$，且 $|d_eS| > d_iS$，则 $dS < 0$，表明系统内如果流出的熵流大于熵产生，导致系统内熵减少，形成相对熵减，系统呈有序耗散结构；当 $d_eS < 0$，且 $|d_eS| = d_iS$，则 $dS = 0$，表明系统处于临界状态；当 $d_eS < 0$，且 $|d_eS| < d_iS$，则 $dS > 0$，此时系统处于混沌状态。由此可知，当存在负熵流输入系统时，开放系统就有可能朝向熵减少的自组织方向演化发展。

企业集团智力资本系统是一个开放的且远离平衡态的系统，系统熵流可分为正熵流与负熵流。正熵流来自系统内部不可逆过程的熵产生，包括内部"搭便车"行为和不合作、创新能力差等不利于协同作用的因素等，以及外部恶性竞争对手行为或其他不利于负熵流增加的因素等。负熵流则来自系统与外界交流与交换中所引起的熵流出，包括内部有利于加强协同合作和增加创新能力等的企业机制和文化等因素，以及系统外部风险规避等因素。系统正熵的产生在某些程度上具有自发性和主动性，是系统内部运行的不可逆结果。而系统负熵流的产生则可以依赖企业集团制度等人为因素的强制作用。企业集团智力资本系统具有耗散结构特征，在其存在和发展过程中，必须运用一定手段增加负熵流，抑制系统熵产生，促使系统负熵流抵消系统自身产生的熵增，实现系统整体的负熵流，促进智力资本系统的自我调节、完善与发展，并不断寻求负熵流的自组织演化，实现系统不断向更高层次稳定有序结构的演化。

二　企业集团智力资本绩效创造自组织的运行

企业集团智力资本绩效创造包括智力资本创造、智力资本转移和智力资本转化三个主要的自组织过程。在自组织的运行过程中，企业集团应当激励系统内部子系统之间的非线性作用，以竞争和合作推动系统形成整体新的模式和功能。利用循环耦合，突变、渐变途径，促使系统维持自组织和发展演化的多样性，增强有序度和关联度。同时，构建自相似和探寻混沌临界点，将系统演化推进至最大的复杂性可能空间，创造系统有序演化的良机。

（一）智力资本创造

企业集团智力资本创造过程是由两个过程整合的复杂过程。一方面，它反映了企业集团智力资本的积累过程；另一方面，它体现了企业集团通过智力资本转移和共享创造新的智力资本的过程。企业集团各个成员企业在经营活动中积累形成智力资本，在企业集团的发展演化中，以智力资本的转移和共享为基础，促使企业员工之间、集团成员企业之间以及与企业外部之间的相互启发、相互影响和相互整合，促进人力资本、结构资本和关系资本的创新，促进现有智力资本产生质变，再创造更多新的智力资本。这种质变可能是智力资本某个子系统部分要素的质变，也可能是子系统的全部质变。智力资本创造是智力资本创新的重要动力，实质上是从量变走向质变、从混沌走向有序的突变过程。

（二）智力资本转移

智力资本在企业集团内部成员企业间的转移体现了系统的自稳定和自复制，也体现了企业集团内部的合作协同。任何系统内部都存在熵增，若系统内部能够不断复制以替代遭破坏的部分，则系统能保持其自身的稳定性。智力资本转移是企业集团内部共享智力资本的重要方法和手段，通过智力资本在企业集团内部成员企业间和母子公司各自内部的转移实现。智力资本的转移实质上是对智力资本的自复制，这种转移应当是一种有效转移，既包括转移方的转移，又包括接收方的吸收与整合。通过智力资本在企业集团内部成员企业间的转移，一方面有助于最大限度地加速智力资本的价值转化，另一方面也为新的智力资本的产生奠定了基础。由此而言，企业集团智力资本绩效创造也是通过智力资本转移保持自稳定的自组织过程。

（三）智力资本转化

智力资本转化，即智力资本的价值创造和绩效创造，是企业的智力成果转化为企业绩效的过程。企业集团的智力资本转化反映了企业集团通过系统动态战略管理活动，有效发挥企业集团成员企业已有的智力资本或不断创造的智力资本增量，提升成员企业自身或集团内部其他公司的绩效，实现企业集团无形资产转化为有形成果以保持企业集团有序发展的动态过程。企业集团智力资本的转化过程可以表示为 $Y = f(X, a)$，其中，Y 表示绩效，$X = (X_1, X_2, X_3)$，而 $X_1 = (x_1, \cdots, x_n)$、$X_2 = (x_1, \cdots, x_n)$ 和 $X_3 = (x_1, \cdots, x_n)$ 分别是描述企业集团人力资本、结构资本和关系资本的状态变量，a 表示所有的控制参量。企业集团智力资本绩效创造的自组织过程就是在这些状态变量及与控制参量的协同作用下，促使企业集团绩效的提升。而这些子系统的状态变量中会存在某一个或几个序参量①，支配子系统和整个系统的有序程度。

为简化描述，假设企业集团仅有两个成员企业 A 公司和 B 公司，在与外界交换物质、能量和信息的基础上，它们各自积累了智力资本 I_1 和 I_2，I_1 和 I_2 分别对 A 公司和 B 公司的绩效产生影响，同时通过智力资本转移，I_1 和 I_2 分别对 B 公司和 A 公司的绩效也产生影响。而在转移之后，A 公司和 B 公司智力资本 I_1 和 I_2 可能分别升级为 I_1' 和 I_2'，并再次进入智力资本循环系统，促进各自绩效的提升，进而在与外界环境的相互作用中，不断提升企业集团整体智力资本绩效贡献，促进企业集团整体的有序演化。企业集团智力资本绩效创造自组织过程如图 2－3 所示。

自组织作为全新的系统演化发展模式，适用于现代企业管理的发展需求。然而，系统自组织与他组织并非绝对对立，系统中的子系统受整个系统运动的支配和控制，这对子系统而言类似于他组织。因此，整个系统中，存在着局部他组织现象，系统内部自组织与他组织是交互融合的。企业集团的健康发展应当有效发挥自组织能力，顺应企业集团发展的自组织演化轨迹，促进企业集团内部资源的配置和企业机制的建立，协调系统自组织与他组织的相互作用，推动智力资本对企业集团绩效提升的自组织演化。

---

① 哈肯借用物理学家朗道的序参量概念代替"熵"作为自组织问题处理的一般判据。序参量是系统演化过程中决定大量子系统宏观整体模式有序程度的参量，它反映了系统的有序化程度，是系统整体行为的状态参量。即子系统的相互竞争与协同产生序参量，序参量支配子系统，而子系统又伺服序参量。

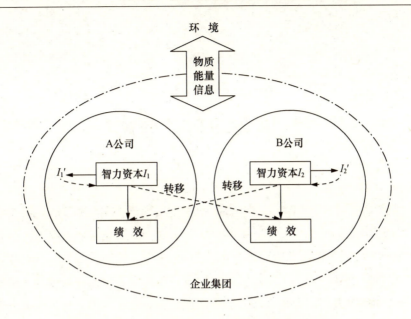

图2－3　企业集团智力资本绩效创造自组织过程

第三章 企业集团智力资本绩效
创造的路径演化

统计数据显示，2011 年，中国 500 强企业实现营业收入达 3265824137 元，比 2010 年增长 18.30%。[①] 2012 年，中国大企业集团营业收入增长速度较快，前 1000 强企业营业收入增长率达到 29.40%。[②] 由此可见，企业集团在国家经济发展中占据了举足轻重的地位，与发达国家相比，我国企业集团在国际竞争力方面还相去甚远。在知识经济迅速发展的条件下，兼并重组是促进我国企业集团实现产业升级和结构调整的重要手段之一，而开发、培育和管理智力资本，促进智力资本绩效创造则是增强企业集团核心竞争力、实现企业集团可持续发展的重要力量来源之一。

第一节 企业智力资本的衡量与评价

既然智力资本是一个企业成功的关键因素，那么如何获取或以何种代价获取则显得尤为重要。由此，对智力资本的衡量与评价将是企业管理者面临的重要挑战。目前，学术界与实务界已形成 30 多种智力资本的测量模式，并未达成一致观点，但总体而言，智力资本的测量模式主要包括客观测量模式和主观测评模式两种。[③]

[①] 参见国务院发展研究中心下属中国企业评价协会研究成果，即张文魁主编：《中国大企业集团年度发展报告（紫皮书）2011：紧环境下的中国大企业集团》，中国发展出版社 2012 年版。

[②] 张文魁主编：《中国大企业集团年度发展报告（紫皮书）2012：大企业集团如何应对增速下滑》，中国发展出版社 2013 年版。

[③] 此处借鉴了朱瑜等（2007、2009、2010）对智力资本测量的分类方式，具体可见朱瑜、王雁飞、蓝海林《智力资本理论研究新进展》，《外国经济与管理》2007 年第 29 卷第 9 期，第 52 页。

一　智力资本的客观测量模式

智力资本的客观测量模式主要采用财务研究方法，以财务指标的评价为主。具体而言，按照是否对智力资本构成要素深入分解，这一模式基本可分为对智力资本的整体评价和对结构要素的多维衡量两大类。

（一）智力资本的整体评价法

智力资本的整体评价主要指直接对智力资本整体进行综合价值评估。目前已有的整体评价法主要有市值法、经济增加值法、计算无形价值法、智力增值系数法、知识资本盈余法和余值法等方法。

1. 市值法

此法是智力资本价值衡量中最直接的一种方法，以企业市场价值与账面价值之间的差额来计算智力资本价值，即"企业智力资本价值＝企业的市场价值－企业的账面价值"。它是一种较为简单的智力资本存量计算方法，其实质上隐含着企业智力资本等同于无形资产的假设。除计算绝对值的形式外，为便于不同企业间的比较，此方法还有两种经转化的相对形式，用以综合评价企业的智力资本。

一是市账率法（Makert to Book Value，M/B）。该法亦称权益市价净值比法、市场/账面价值法等，以企业市场价值与企业账面价值之间的比率对企业智力资本进行初步评价。这是一种最简单的 IC 评价法，斯图尔特（1997）和卢西（Luthy，1998）等将其用于评价智力资本，通过计算企业的市值（包括债券市值与股权市值）和企业的账面价值，并将这二者相除，以相对比率形式反映企业智力资本的大小。其计算公式为"M/B＝企业市场价值/企业账面价值"，M/B 越大表示企业的知识密集程度越高，若 M/B 价值下跌，则对公司是一种警示。

二是托宾 Q 值法（Tobin's Q）。托宾 Q 值法源于诺贝尔经济学奖获得者托宾（James Tobin）设计的"Tobin's Q"系数，即企业市场价值与企业重置成本的比值，其计算公式为"Tobin's Q＝企业的市场价值/资产的重置成本"。1969 年，托宾为解决账面价值常因会计政策不同（如折旧方法等）和通货膨胀因素而有所扭曲的现象，建议以重置成本取代账面价值，便提出了该比率，用以预测企业的投资决策行为。在财务会计研究上，学者们常将托宾 Q 比率作为企业的投资机会多寡（即企业成长性）的代理变量。Tobin's Q > 1 表示企业成长性高，而 Tobin's Q < 1 则表示企业成长性低。由于 Tobin's Q 在一定程度上反映了公司无形资本的价值，

一些研究者（如斯图尔特，1997；邦提斯，1999，2002）便采用该方法进行智力资本的测度，将该比率作为智力资本的代理变量。

2. 经济增加值法

经济增加值法（Economic Value Added，EVA）是经斯特恩（Stern）和斯图尔特推广而形成的一种企业业绩综合评价方法。此法主要引用剩余收益的概念，亦即所谓经济利润的观念，是公司盈余扣除机会成本之后的剩余收益。其计算公式为："EVA ＝ 税后净营业利润 － 资本支出"。EVA法主张，只有当企业报酬超过其负债与权益的资金成本之后，企业才能创造出价值。故而，企业决策者应追求股东利益最大化，使企业价值与外部投资者投入资产间的差额最大化。虽然 EVA 法主要针对财务绩效评价，与无形资产并无明显关系，但它却隐含了提升无形资产管理将增加企业的EVA。由此，随着智力资本理论研究的兴起，斯图尔特（1997）将 EVA用于衡量智力资本存量，提出智力资本价值即是其所能为企业创造的 EVA。

3. 计算无形价值法

计算无形价值法（Calculated Intangible Value，CIV）是由美国西北大学凯法格 Kellogg 商学院附属机构 NCI 研究中心提出的一种无形资产估价法，斯图尔特（1997）将其用于智力资本的衡量，用以估计美国制药公司 Merck 的智力资本。其目的是寻找创造额外价值的无形资产，基本原理是以行业平均有形资产报酬率为基础，计算本企业超出行业平均水平的超额收益，再以其超额收益确定智力资本的价值。具体计算步骤如下：第一，计算企业前三年的平均税前收益；第二，从资产负债表中获取企业前三年平均有形资产期末余额；第三，以平均税前收益除以平均有形资产余额计算出企业资产报酬率（ROA）；第四，查找行业前三年的平均 ROA；第五，将企业税前收益扣除企业有形资产余额与行业平均 ROA 的乘积，即可计算出企业超额收益；第六，以企业超额收益乘以（1 － 平均税率），计算出企业税后超额收益；第七，将企业税后超额收益除以适当的资本成本，计算出净现值（NPV）。该净现值即为企业智力资本的价值。

4. 智力增值系数法

智力增值系数法（Value Added Intellectual Coefficient，VAIC）是安特·帕里克（Ante Pulic，1997）提出的一种智力资本评价方法，并被奥地利智力资本研究中心（AICRC）作为智力资本的评价模型。它是当前实证研究中采用最多的一种智力资本测量方法，通过利用"效率"概念，计算企业价值增值中来自智力资本的贡献有多少，以此评价企业智力资本的价值，同时显示了企业创造价值的效率。此法首先采用 Skandia 模型的观点，指出企业的市场价值由资本运用和智力资本组成，将资本运用与智力资本所实现的增值能力定义为"智力能力"，以智力增值系数（VAIC）表示，由资本增值系数（VACA）和智力潜力增值系数（VAIP）加总构成。而后，根据埃德文森的定义，智力资本可分为人力资本与结构资本，故智力潜力增值系数由人力资本增值系数（Value Added Human Capital Coefficient，VAHU）、结构资本与附加价值的关系系数（the relation between VA and Employed Structural Capital，STVA）两项加总而成。因此，智力增值系数可定义为：　"VAIC = VACA + VAIP = VACA + VAHU + STVA"。

　　5. 知识资本盈余法

　　纽约大学教授巴鲁克·列夫（Baruch Lev）自 1999 年起陆续拓展其所设计的无形资产评估框架与衡量程序，从会计盈余的基本面出发，而并非采用企业市场价值的方法来估计企业无形资产价值。知识资本盈余法（Knowledge Capital Earnings，KCE）将企业资产分为实物资产（Physical Assets）、金融资产（Financial Assets）和无形资产三个类别，以企业正常盈余扣除实物资产和金融资产所产生的盈余得到无形资产驱动的盈余，进而再将无形资产盈余资本化，即为企业无形资产的价值。具体计算包括如下步骤：第一，利用企业过去三年的实际盈余与未来三年的预测盈余估算企业平均每年盈余；第二，以企业实物资产的总值与其平均税后报酬率相乘，计算出从实体资产中所赚取的盈余；第三，以企业金融资产的总值与估计的平均税后报酬率相乘，计算出从金融资产中获得的盈余；第四，将企业平均每年盈余扣除其从实物资产和金融资产中获得的盈余，剩下的便是知识资本盈余；第五，将知识资本盈余与知识资本折现率相除，得其现值，即为知识资本价值。

　　6. 余值法

　　余值法是美国诺贝尔经济学奖获得者索洛（Solow）于 20 世纪 50 年代首先提出的。索洛以柯布—道格拉斯（Cobb – Douglass）生产函数为基础，在对经济增长因素进行研究时指出，国民收入增长率超过劳动和资本投入增长率之和的差异为余值增长率，它主要源于科技进步等的综合作用。之后，国内部分学者（芮明杰、郭玉林，2002；张宏亮，2003；夏锋等，2004；冉秋红等，2010）将生产函数"$Y = AK^{\alpha}L^{\beta}$"引入智力资本测量，通过对其修正，运用余值分析法尝试计算智力资本对价值增长的贡献率，分析智力资本的价值，并进而试图分离出智力资本结构要素的价值。

（二）智力资本的多维衡量法

智力资本的多维衡量主要是通过对智力资本结构维度要素或构成成分的深入了解与评价，进而衡量智力资本的整体价值。目前理论界和实务界已形成了技术经纪人、斯堪迪亚导航器、智力资本指数、无形资产监控器、平衡计分卡和知识计分卡等多种智力资本的多维衡量模型。

1. 技术经纪人

技术经纪人是安妮·布鲁金（1996）设计的企业智力资本审计测量模型，用以衡量企业智力资本价值，并由英国技术经济人公司发展为有助于战略制定和激励员工的工具。布鲁金将智力资本划分为市场资产、人力中心资产、知识产权资产和基础设施资产四个成分组成的混合物。首先，利用智力资本（IC）指标设计了 20 个由企业作答的问题，企业所作肯定答案的数目越少，表示该企业越需要关注其智力资本建设。其次根据每类资产的性质与特点设计了各个变量对每类资产贡献度的共 178 个题项的特定审计定性问卷调查表，采用 5 点评分法进行企业智力资本的整体审计评价。最后，在企业智力资本审计的基础上，布鲁金又提供了成本法、市场法和收益法三种方法将以审计识别的企业智力资本审计值计算转换为货币值。

2. 斯堪迪亚导航器

斯堪迪亚导航器（Skandia Navigator）是瑞典斯堪迪亚 AFS 公司开发的智力资本测量模型。该公司自 1985 年开始在内部发展此模式，1995 年发布了世界上第一份智力资本报告，补充而非取代传统财务报表。之后，埃德文森和马隆（Malone，1997）对斯堪迪亚导航器进行了详细介绍。[①]斯堪迪亚导航器由财务焦点、人力焦点、流程焦点、顾客焦点及更新与开发焦点五个不同的领域组合而成，以一栋房子的五个焦点架构来说明各种

---

① 参见埃德文森和马隆（1997）所著《智力资本》一书。原文见 Edvinsson, L., Malone, M. S., *Intellectual Capital: Realizing Your Company's True Value by Finding its Hidden Brainpower*, New York: Harper Business, 1997。

智力资本间的互动关系。其中，属于昨日（过去）的财务焦点是房子的房顶，属于今日（现在）的顾客焦点和流程焦点是房子的墙壁，属于明日（未来）的更新与开发焦点是房子的基础，而人力焦点则处于房子的中央，在组织中起决定性作用，是组织的灵魂和核心。该模型将这五个焦点领域组织成一个统一的整体，分别针对财务（共18项）、顾客（共20项）、流程（共19项）、更新与开发（共32项）和人力（共22项）发展了共计111项不同指标对智力资本内容进行衡量。这些指标的衡量结果有数字、金额和百分比三种形式，通过以某种方式融合可将其中的金额数字类结果转换为组织的智力资本值（C），而将百分比指标形成一个智力资本效率系数（i），则C与i的乘积即为组织的智力资本。

3. 智力资本指数

智力资本指数（IC – Index）是鲁斯等（1997）所开发的，并在同年由斯堪迪亚公司首次于年报附注中采用。此法认为，企业需要有一个全面性的系统检视所有指标，它依据斯堪迪亚导航器模型的架构对智力资本结构进行分类，并依循企业战略、企业特性和产业特性三个因素选择同一层次的共计24个二级指标构成这三个要素指标，分别给予权重后加总，最终形成一个综合指数。

4. 无形资产监控器

无形资产监控器（Intangible Assets Monitor，IAM）是斯维比（1997）在其所著的《新的组织财富》一书中所提出的智力资本测量模型，并经Celemi公司采用。它以无形资产负债表为基础，重点突出人在组织利润创造中的作用，强调员工能力（即人力资本）的核心位置，将智力资本分为员工能力、内部结构和外部结构三个构面，分别从成长/更新、效率和稳定性三个角度追踪每个构面的绩效，对智力资本的衡量细分为31项指标。利用各个绩效指标建构出组织智力资本各个构面的表现，可以说明组织在智力资本所累积的实力，动态评估组织的智力资本。

5. 平衡计分卡

平衡计分卡（Balanced Score Card，BSC）是企业绩效评估与价值评估的主要方法之一。卡普兰和诺顿于1992年首次提出了平衡计分卡观念，突破传统绩效评估的限制，强调组织应同时关注财务面与非财务面绩效的平衡，并从财务、顾客、内部流程及学习与成长四个结构面对组织绩效进行衡量。由于除财务构面外，平衡计分卡的其余三个构面均为无形资产，故此，一些研究者（Rimar，1998；Wu，2005；Gash，2007；Schalm，2008）认为 BSC 可用于测量智力资本，将其作为智力资本结构要素衡量的参考。

6. 知识计分卡

知识计分卡（Knowledge Score Card）是迪肯（Ingo Deking，2001）对平衡计分卡的改进，它以平衡计分卡为基础将知识内涵引入平衡计分卡，扩展了平衡计分卡，使其更适应知识经济的发展需求。迪肯将智力资本界定为人力资本、组织资本和关系资本，从精通、传播、成文和创新四个知识维度对智力资本进行分解。此法所关注的主要是知识管理，具体指标设计以知识战略目标和标准为参照，与企业知识战略管理与运作紧密联系。

除上述方法和模型外，当前还有引用权重专利法（Bontis，1996）、丹麦工业与贸易发展委员会（1997）倡导的 ICA（Intellectual Capital Account，ICA）模型、价值创造指数、全面价值方法（Pike and Roos，2000）、价值链计分卡（Lev，2002）、期权定价法（Kossovksy，2002）、模糊评价指标体系（范徵，2000）、期望收益现值法（徐程兴，2004；梁莱歆、官小春，2004）等多种不同的智力资本衡量模型与评价体系。此外，许多学者也尝试设计某一行业智力资本的具体评价体系，这些尝试无疑促进了当前智力资本测量的改进与发展。

二 智力资本的主观测评模式

智力资本的主观测评模式主要是借鉴心理学和行为科学研究方法，通过量表或问卷调查测量智力资本。智力资本具有无形性和不确定性特征，而受传统会计限制的财务评价方法，无法对智力资本的内部构成与变化及其协同互动进行反映，而且，智力资本的许多结构要素无法以客观财务指标衡量。此外，不同企业在企业性质、所处行业和外部环境等方面存在一定的异质性，财务测量模式一般适用于特定类型企业，无法运用于所有类型企业的测量，因此，财务测量法存在较大的行业限制性，无法实现跨行业和大规模的实证研究。客观测量模式的诸多限制导致传统财务测量模式无法满足当前对智力资本测评的需求，故而，越来越多研究者借鉴心理学和行为科学研究方法，试图从智力资本概念着手，结合智力资本结构的已有研究成果，运用量表和问卷测试以测评企业智力资本价值和价值贡献。近年来，这一方法获得了广泛运用和较快发展，受到越来越多研究者们的广泛认同（Peña，2002）。如邦提斯（1998，2000）、斯内尔（2004）、

Subramaniam 和扬特等（2005）均通过设计量表对智力资本的价值贡献和绩效创造进行了分析。而上述技术经纪人智力资本审计模型中的原始数据也采用问卷调查获取。采用量表分析法对智力资本进行测评，有助于克服传统财务测量模式的弊端，对智力资本的内部结构及其协同互动进行直观分析，进而对智力资本整体状况进行全面综合反映，便于企业间的相互比较，从而促进组织智力资本运用与管理的加强。

综上所述，由于智力资本测度的复杂多样性，智力资本测量模式各有利弊，但迄今为止，理论界与实务界仍未形成广泛认同的智力资本测量模型。与此同时，当前对智力资本测量的目的不仅在于测量智力资本自身的价值，更在于测量智力资本在企业目标实现中的作用和贡献。主要的智力资本测量模式的比较分析如表 3 - 1 所示。

第二节　企业集团智力资本转移机制的作用效应

知识是当今组织竞争优势的来源之一，而知识管理也成为管理必不可少的一部分（Nonaka，1994；Nonaka and Takeuchi，1995；Argote and Ingram，2000；Teece，2000）。组织若想获取持续的竞争优势，实现知识累积以扩大知识存量，强化智力资本以提升核心竞争力是必然趋势。然而，组织无法完全依赖内部自身发展智力资本，智力资本转移为组织创造和累积智力资本提供了有效的途径。

一　智力资本转移的基本理论

资源基础理论强调企业的竞争优势主要来自企业所拥有的某些异质资源，使后进企业在成本或收益上处于不利地位。它注重资源的累积和维持，强调企业利润来源于对资源的拥有、保护和利用。智力资本即为企业实现利润和获取竞争优势的重要资源，而智力资本转移则是拥有这一资源的重要手段之一。

（一）智力资本转移的定义

组织转移知识的能力是组织得以生存的重要理由（Kogut and Zander，1992），知识从某一个体转移至另一方在知识管理中是一个重要课题（Nonaka，1994）。只有持续创造新的知识并将其转移至整个组织以迅速开发新技术与新产品的那些企业才能成功（Nonaka，1991）。知识管理本

表 3-1　智力资本测量模式比较分析

模式	类别	方法与模型	代表人物	数据来源类型	测量内容动态	优点	缺点
客观测量	整体评价法	市账率法	斯图尔特（1997）、卢西（Luthy, 1998）	财务指标	存量	1. 计算结果较为客观； 2. 适合同业企业比较，便于管理者了解情况； 3. 可用于并购和股票市场评价	1. 测量结果多是纯粹以货币金额衡量，过于表面化； 2. 此法在运用时多将智力资本等同于无形资产，缺乏理论依据； 3. 不适用于非营利性组织和内部部门等
		托宾Q值法	斯图尔特（1997）、邦提斯（1999）	财务指标	存量		
		经济增加值法	斯图尔特（1997）	财务指标	存量		
		计算无形价值法	斯图尔特（1997）、卢西（1998）	财务指标	存量		
		智力增值系数法	帕布利克（Pulic, 1997）	财务指标	流量		
		知识资本盈余法	列沃（1999）	财务指标	存量		
	多维衡量法	技术经纪人	布鲁金（1996）	问卷调查	以存量为主，流量为辅	1. 比财务指标提供更全面的企业全貌，适用于任何企业层级； 2. 对信息的反映更准确和快速； 3. 既适用于营利性组织，又适用于内部组织及非营利性内部部门	1. 不同企业选择的指标不同，难以实现企业间的比较； 2. 大部分模型并未提供货币价值化，无法全面衡量企业价值； 3. 数据获取和计算过程比财务指标方法复杂
		斯塔迪亚导航器	埃德文森和马隆（1997）	财务与非财务指标	以存量为主，流量为辅		
		智力资本指数	鲁斯等（1997）	财务与非财务指标	以存量为主，流量为辅		
		无形资产监控器	斯维比（1997）	财务与非财务指标	以存量为主，流量为辅		
		平衡计分卡	卡普兰和诺顿（1992）	财务与非财务指标	可包括存量和流量		
主观测评	—	知识计分卡	邦提斯（1998）、场特（2004, 2005）等	量表或问卷	可包括存量和流量	1. 便于对智力资本的内部结构及其协调进行直观分析； 2. 适用于跨行业大规模的比较实证研究	测量结果可能受到问卷对象的影响，较为主观

质上是对于知识流的管理，而知识流会产生智力资本累积的效果。

哈伯（Huber，1991）认为，知识转移即为知识在人与人之间的共享。野中郁次郎（Nonaka，1994）认为，知识转移是知识在不同单元之间的传递。Szulanski（1996）定义知识转移为"复杂、因果模糊""创造与维持""达成新境界"的过程。圣吉（Senge，1997）认为，组织间的知识转移分享行为即为帮助他人学习，为知识分享者的"施教"活动。Davenport 和 Prusak（2000）提出知识转移涉及知识传输至潜在接收者和知识被接收者所接收两个步骤，接收之后才能促使接收者行为的变化与新知识的发展。Argote 和 Ingram（2000）认为知识转移是某一单位（如团体、部门或组织分部）受到另一方经验影响的过程。Major 和 Cordey - hayes（2000）指出知识转移是知识在某一场所、人员、所有者等之间传递的过程。Wang 等（2004）认为知识转移是企业间有系统地组织交换彼此信息和技能。而学者 Szulanski（2000）认为知识转移包含知识来源者、知识接收者、传递途径、讯息与内容，且成功的知识转移必须使接收者能够累积和同化新知识（Wang 等，2004）。对于技术转移，从经济效益视角而言，技术转移是为新的使用者形成预期经济效益的技术的新应用（Gee，1981）。Kodama（1986）将技术转移视为对理解与开发所引进技术能力的一种转移。Jain 和 Triandis（1990）认为技术转移是将专门技术和知识从个人或群体转移到另一个将此新知识结合至其他应用的个人或群体的一个过程。美国航空航天局（NASA，1995）将技术转移理解为一个组织因其特定目的而发展的技术提供给其他组织，以应用在其他潜在的用处。

智力资本以知识和能力为基础，结合知识转移或技术转移等研究，本书所指的智力资本转移是在一定环境下，人力资本、结构资本和关系资本通过不同渠道从转移者传递至接收者的过程。这种传递并非简单的传送交流，而必须是有效的转移，能够协助组织累积和更新其能力，它可能通过知识或技术等的转移得以实现。

（二）智力资本转移的要素

根据智力资本转移的定义，有效的智力资本转移所涉及的基本要素至少包括以下几项：

1. 智力资本转移主体

智力资本转移主体包括智力资本转移者和接收者。智力资本转移者是智力资本的拥有者，是智力资本转移过程中转移智力资本的主体。它的存在是实现智力资本转移的必要条件之一，它可以是个人、团队或组织。挖掘内外部智力资本转移源，激发智力资本转移者的转移意愿，提高其智力资本转移能力是促进组织获取智力资本转移绩效的有效途径。而智力资本转移的接收者是智力资本转移过程中接受智力资本的主体。智力资本接收者吸收智力资本的意愿和动机以及吸收能力等因素都会对智力资本转移的效果和效率产生直接影响。

2. 智力资本转移渠道

智力资本转移渠道是进行智力资本转移所使用的各种方式或途径，它是智力资本转移者和接收者之间交换智力资本的桥梁。智力资本转移过程可能通过以语言、文字、符号或动作等不同方式存在的正式的或非正式的转移渠道实现，亦可能通过人员间或非人员间的转移渠道实现。例如，研讨会议、专题报告、个别示范说明、现场指导或师徒制等，以及操作手册、备忘录或知识资料库、网络平台等。为促进智力资本的有效转移，在企业内部或企业之间建立多种形式的智力资本转移渠道是非常必要的。

3. 智力资本转移内容

智力资本转移的具体内容是智力资本，包括人力资本、结构资本和关系资本的具体要素和内容。智力资本是智力资本转移活动的核心，整个智力资本转移过程都是围绕"将智力资本内容转移至接收者"而进行的。一般而言，当被转移的智力资本由接收者吸收，智力资本转移才得以真正实现。智力资本诸要素自身的特性对智力资本转移效果具有重大影响，不同性质的智力资本，其转移难度存在一定差异。所转移的智力资本要素内容越复杂，隐蔽程度越高，则其转移难度越高，转移的方式与途径也有所差异。

4. 智力资本转移情境

迪克森（Dixon）曾指出，"内部产生或外部收集的信息只有纳入组织情境中才能真正被理解"。组织智力资本的转移情境可分为组织内部情境和外部情境两类。组织内部情境主要涉及组织结构模式和组织管理战略等，而组织外部情境主要涉及组织所处经济环境及产业特性等。智力资本转移的效率和效果既受组织智力资本转移主体双方、转移内容差异和转移渠道选择的影响，也受转移情境的影响。

综上所述，智力资本转移是一个复杂的过程，智力资本转移主体、转移渠道和转移内容是智力资本转移的保障因素，而智力资本转移情境是智力资本转移的促进因素。有效的智力资本转移是智力资本在特定情境下从转移方通过一定渠道向接收方的智力资本传输过程。

（三）智力资本转移的分类

结合约翰森和马特森（Johanson and Mattsson，1987）的资源观点（内部资源/外部资源）及 Helleloid 和 Simonin（1994）、伦纳德—巴顿（Leonard‐Barton，1995）对组织知识取得方式的分类，智力资本转移可以分为智力资本的内部转移和外部转移两类，而智力资本内部转移又可分为不跨边界的内部转移和跨边界的内部转移两种。

1. 不跨边界的内部转移

这种智力资本的内部转移主要表现为独立企业或单一企业智力资本在组织内部的转移，包括在组织内部个人之间、个人与团队之间、团队与团队之间、个人与组织之间和团队与组织之间等的智力资本要素的转移。例如，企业员工将自身的知识、经验和技能与企业其他员工进行交流分享，或者将员工拥有的知识等运用转化为系统或知识资料库等企业结构资本。不跨边界的智力资本转移完成于单一组织内部，并未超越某一组织边界，更多反映了组织内部智力资本的垂直转移。以企业集团为例，这种转移表现为企业集团母公司或子公司智力资本在各自内部的转移。

2. 跨边界的内部转移

跨边界的内部转移发生在一个整体内部两个相互关联的企业之间。这种智力资本转移跨越了一般的企业边界，就两个单独企业而言，这种转移属于外部转移，而就整体而言，它却属于内部转移，因此，它体现了企业内智力资本垂直转移与企业间智力资本水平转移的结合。以企业集团为例，这种智力资本转移表现为智力资本在企业集团内部成员企业间的相互转移。例如，母公司通过人才派遣或教育训练，将其人力资本转移至子公司；或者将其工作流程、制度或专利等以文件化或信息技术等形式转移至子公司等。企业集团内部成员企业间的智力资本转移是企业集团内部资源配置和资本调配的重要形式。

3. 外部转移

外部转移是组织所拥有的智力资本向组织外部转移与扩散的过程。它是组织与组织之间的智力资本转移，包括组织与外部顾客、供应商、合作伙伴等其他利益相关者之间的智力资本转移，更多体现为组织间智力资本的水平转移。例如，通过座谈会或公开出版物等方式与其他企业进行知识交流与分享，使得企业既向外转移其人力资本，又可以从外部吸收人力资本；或者通过市场销售或技术转让等方式将企业创新产品或专利权等结构资本对外转移。对企业集团而言，企业集团将其成员企业所拥有的智力资本以不同方式向集团外部其他组织的转移均属于智力资本的外部转移。

二　企业集团智力资本转移的过程机理

企业集团作为一个自组织系统，其智力资本转移过程是一个复杂的自组织过程。根据上述分析，智力资本转移存在内部转移和外部转移两类，本书所研究的企业集团智力资本转移主要是集团成员企业间智力资本的转移，而这种跨边界内部转移中可能同时存在集团成员企业各自内部的智力资本转移。

（一）企业集团智力资本转移的路径

由于企业集团的智力资本内部转移发生于由集团母子公司单元所构成的组织网络内部。将企业集团作为一个整体，考虑其内部资源配置与资本调配，企业集团的内部网络结构形成了其智力资本转移的路径。企业集团智力资本内部转移的路径主要有以下几种：

1. 母公司向子公司的智力资本转移

母公司作为子公司的控股公司，某些情况下，可能比子公司更有能力和条件开发人力资本、结构资本和关系资本，形成和拥有更多优势的智力资本。此时，母公司通过将自身拥有的智力资本转移至子公司，有助于子公司智力资本的创造与提升及核心能力的形成。跨国母子公司之间的智力资本转移通常趋向于这种传统的转移路径。

2. 子公司向母公司的智力资本转移

由于受经济发展中优势资源的有限性和稀缺性的影响，当前许多企业往往选择将内部优势资源剥离重组形成上市子公司或研发子公司，这些子公司相对母公司而言创新性和自主性更高，成为企业集团智力资本的主要来源，可能拥有了母公司所不具备的优势智力资本。此时，为促进企业集团资源共享，子公司可能存在向母公司的智力资本转移。

3. 子公司之间的智力资本转移

由于子公司所处的地理位置和在企业集团所承担的职能及战略地位的差异性，导致企业集团子公司之间所拥有的智力资本存在一定差异性。例如，某些子公司处于知识和技术水平相对发达地区，便于从外部吸收知识和能力；而某些研发子公司在集团中承担的战略角色导致其创新能力更强。这些差异化使得该子公司在智力资本的积累方面优于其他子公司，从而促使子公司之间的智力资本转移。

4. 母公司或子公司各自内部的智力资本转移

与一般企业类似，企业集团的母公司或子公司作为独立企业，各自内部存在着智力资本要素在个人、团队和企业不同层级转移的现象。母子公司各自内部的员工经验交流分享、研讨报告会等促进了各自内部智力资本的累积与提升。企业集团成员企业之间智力资本的有效转移离不开智力资本在转移主体双方各自内部的转移与吸收过程。

企业集团内部智力资本转移路径应当是一种经常性的企业集团内部的互动模式。一般而言，企业集团智力资本转移可能是单一路径的转移，也可能表现为企业集团成员企业之间或成员企业内部智力资本整体系统层次的交叉转移。这种转移是一个复杂的自组织过程，受企业集团自组织能力和自组织机制的影响，同时也激励企业集团整体智力资本的创造和累积。企业集团智力资本转移路径如表3-2所示。

表3-2　　　　　　　　企业集团智力资本转移路径

转移路径	转移方	接收方	转移内容	转移渠道
母公司向子公司的智力资本转移	母公司	子公司	人力资本 结构资本 关系资本	人员间的互动机制，如研讨会、专题报告会、个别示范说明、培训学习、师徒制、现场指导或岗位轮换等；非人员间的互动机制，如操作手册、备忘录或网络交流平台、知识资料库等
子公司向母公司的智力资本转移	子公司	母公司		
子公司之间的智力资本转移	子公司	子公司		
母公司或子公司各自内部的智力资本转移	母公司	母公司	个人、团队和组织层面之间的相互转移	
	子公司	子公司		

(二) 企业集团智力资本转移的过程

企业集团成员企业间的智力资本转移包括智力资本的转移和吸收两个基本过程，它们分别由转移方和接收方两个不同的转移主体共同参与，并通过转移渠道联结得以实现。

1. 转移方的转移过程

转移方的智力资本转移过程反映了集团成员企业间智力资本拥有者

"教"的过程，这一过程需要经过转移方对智力资本的识别和传送两个具体步骤来实现。

其一，识别智力资本。企业集团内部网络组织结构形成了其不同的智力资本转移路径，但无论何种路径，集团成员企业间的智力资本转移发生的前提是它们之间存在智力资本差距。当集团成员企业之间存在智力资本差距，且拥有智力资本存量较多的优势企业比智力资本存量较少的劣势企业产生更好绩效时，智力资本在成员企业间的转移就会产生。此时，转移方开发累积自身的智力资本，并合理识别其与接收方之间的智力资本差距及所需转移的智力资本，将是实现企业集团智力资本转移的前提。

其二，传送智力资本。在合理识别集团成员企业之间的智力资本及其差距的基础上，转移方可以通过一定渠道将智力资本发送至接收方。此时，智力资本转移的实现依赖转移方的转移意愿和转移能力的制约。相较于一般企业间的智力资本转移，集团成员企业间的智力资本转移障碍相对较少，转移方更愿意转移智力资本。而转移方的转移能力可能需以转移方智力资本在自身内部的转移和吸收为保障。只有当转移方智力资本在其内部实现有效转移和吸收，才能保证转移至接收方的智力资本能实现顺利传递。

2. 接收方的吸收过程

接收方的智力资本吸收过程反映了集团成员企业间智力资本接收者"学"的过程，这一过程需要经过接收方对智力资本的接受和整合两个具体阶段来实现。

其一，接受智力资本。对于转移方发送的智力资本，接收方需要经过识别选择并理解内化。智力资本的发送与接收离不开人的作用，无论是员工经验与知识的人力资本转移，还是管理模式或专利技术等结构资本的转移，接收方都需要派员工接受储存，并经整合运用才能真正吸收。从转移方发送到接收方接受的过程往往最初只发生在某一个层级，如集团成员企业部门主管之间的交流，这代表接收方部分成员已经理解了所转移的智力资本，还必须在进行内部消化之后才能达到接收方顺利接受智力资本的目的。

其二，整合智力资本。接受过程主要涉及转移方是否顺利将智力资本移植或拷贝至接收方，接收方还需要对所转移的智力资本进行深入整合才能实现真正的有效吸收。整合阶段是接收方有效吸收智力资本的根本保障。它是指接受智力资本之后，接收方结合自身经验对接受的智力资本进行融合、转换并运用于自身发展，促进自身智力资本的发展，提升企业绩效，并进一步向转移方反馈结果，促进企业集团智力资本的整体提升，进而促进智力资本的整体绩效贡献。整合智力资本同样离不开智力资本在接收方内部的转移与吸收过程。

企业集团成员企业间的智力资本转移是一个"动态的、循环的"过程，在转移方智力资本识别和发送以及接收方智力资本的接受和整合的基础上，通过转移渠道，经过反向回馈的系统活动，实现智力资本在集团成员企业间的流动，促进企业集团整体资源配置的优化。企业集团成员企业间智力资本转移过程如图3-1所示。

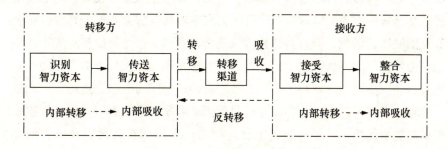

图3-1　企业集团智力资本转移过程

（三）企业集团智力资本转移的影响因素

依据智力资本转移的基本要素，结合赞德和科格特（Zander and Kogut, 1995）、Szulanski 等（1996, 2004）关于知识转移影响因素的研究，企业集团成员企业间智力资本转移的影响因素主要包括以下几个方面：

1. 智力资本属性因素

智力资本自身性质对智力资本的转移具有直接影响。智力资本的价值性和稀缺性使得智力资本具有在集团成员企业间转移的现实需求，而智力资本诸要素自身的属性则影响了智力资本各个结构维度的可转移性和吸收率等。首先，智力资本的模糊性或可表述性直接影响智力资本的转移程度和方式等。例如，人力资本中可以通过口头或文字方式表现的员工知识或经验等更易于转移，而不易表达的默会知识则不易转移。其次，智力资本的情景嵌入性和复杂性也影响了智力资本在成员企业间的转移。例如，集团母公司的管理制度和经营流程可能与母公司特殊的经营环境和地理位置匹配，如果将其转移至其他地域的子公司则需要复制特定环境，将使得智力资本转移的难度增加。此外，智力资本没有固定的实物形态，其在企业中的价值发挥很难被感知，这也导致智力资本要素的价值表示具有潜在性，智力资本不同要素对绩效影响具有不确定性，进而影响企业集团成员企业间智力资本转移的动机和渠道。

2. 转移方因素

对企业集团成员企业间智力资本转移产生影响的转移方因素主要来自转移方的转移意愿与能力。在智力资本转移过程中，转移方智力资本存量是智力资本转移发生的必要条件，而转移方的转移意愿和能力则是企业集团智力资本转移实现的前提和基础。当前，我国企业集团化经营的主要动机依然是发挥规模经济效应，尽管智力资本转移能够弥补资源稀缺性对企业集团发展的影响，但是若转移方缺乏转移意愿，企业集团智力资本转移未必会发生。然而，仅仅主观上的转移意愿并不足以实现智力资本的有效转移，企业集团内部转移方必须具备相应的转移能力，以合适的方式和渠道将智力资本转移至接收方企业。只有当企业集团意识到智力资本转移能够提高竞争优势，从整体机制上促进智力资本内部转移意愿和能力的提升，并采取相应措施推动智力资本转移，才能促进智力资本转移的成功。

3. 接收方因素

由于智力资本转移是一个双向过程，除转移方因素的影响外，企业集团内部接收方的吸收意愿和能力也对智力资本转移具有重要影响。企业集团内部的智力资本转移是为了促使接收方获取更多智力资本，实现集团内部智力资本的共享，因此，这取决于接收方的吸收意愿与能力。接收方的吸收意愿是接收方参与智力资本转移的意愿，它体现了接收方吸收智力资本的主动性和克服困难的努力程度，是智力资本转移的一种驱动因素。当接收方有高度的吸收意愿时，它将能克服智力资本转移过程中的困难，提升智力资本转移的效率和效果；反之，智力资本无法实现有效转移。而吸收能力则是接收方能有效获取所接收的智力资本的关键因素。在具备相同环境和相同智力资本吸收意愿时，集团接收方吸收从转移方所转移的智力资本的能力越强，该接收方所获取的智力资本越多。作为集团内部接收方，其智力资本吸收意愿与能力将会直接影响智力资本转移的效率与效果，进而影响集团整体智力资本的积累与扩充以及整体竞争优势的提升。

4. 转移渠道因素

转移渠道的丰富性对企业集团成员企业间的智力资本转移的效率与效果具有一定影响。这种影响可能通过影响转移方转移意愿与能力和接收方吸收意愿与能力作用于企业集团内部智力资本转移过程。企业集团内部智力资本转移渠道越丰富，智力资本在成员企业间的转移将越有效。而智力资本要素属性越复杂越隐蔽，转移渠道就必须越丰富，否则无法实现集团公司间的有效转移。一般而言，转移渠道可以分为正式的和非正式的渠道，也可分为人员的和非人员的转移渠道。例如，集团设立专门部门或委员会从事内部智力资本转移协调工作，或者母子公司、子子公司之间管理人员或员工的轮调，抑或建立内部网络沟通平台等。企业集团内部转移渠道的丰富性实质上也体现了集团内部转移方转移意愿与能力以及接收方的吸收意愿与能力。

5. 内外部情境因素

情境因素是智力资本转移过程的环境特征。组织的行为都是在一定的内外部环境中发生的，企业集团中的智力资本转移同样依赖于具体的情境。这些情境因素包括组织文化、组织结构模式、转移双方的差距与信任度以及行业与业务特性和经济环境等。企业集团若提倡成员企业间相互学习与资源共享的组织文化，抑或将智力资本转移与共享作为惯例或制度安排，则智力资本转移更易发生且更有效。同时，企业集团母子公司之间的结构模式和层级关系可能对智力资本转移产生影响，例如母子公司之间的分权程度，这与母公司取得子公司的方式可能有直接关系，也可能对转移双方的信任度产生影响。而企业集团成员企业间存在着智力资本存量差距、文化差异、制度差距和地域差距等，这些因素对集团内部智力资本转移可能具有一定影响，其中，文化差异和制度差距在跨国母子公司间智力资本转移中的影响可能更为突出。此外，转移双方所处行业特性和外部经济环境也可能在一定程度上对企业集团内部智力资本转移的效果产生影响。

企业集团内部智力资本转移是在一定情境影响下，集团内部转移方通过转移渠道向接收方转移智力资本的过程。这一过程虽然主要受上述五个方面因素的影响，但智力资本特性、转移渠道和内外部情境等因素通过对转移双方因素的影响来促进智力资本在企业集团成员企业间的转移。企业集团内部智力资本转移的影响因素模型如图 3-2 所示。

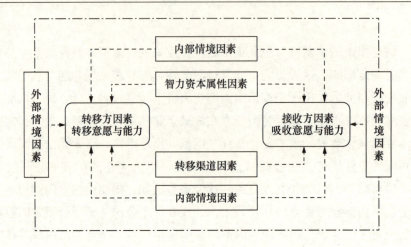

图 3 - 2　企业集团智力资本转移影响因素模型

三　企业集团智力资本转移机制的评价

蒂斯（Teece，2000）指出，"新经济下公司的本质在于它创造、转移、整合、保护和利用知识资产的能力。知识资产支撑能力，而能力反过来巩固公司在市场上所提供的产品和服务"。可见，知识资产、智力资本等的转移是当今组织获取竞争优势的有效途径。一般而言，组织间关系越密切，智力资本转移的效果越好，因此，相对一般组织间智力资本转移，企业集团成员企业间的智力资本转移更具有可行性。而适当的智力资本转移机制则是企业集团内部智力资本得以有效转移的必要保障。

（一）企业集团智力资本转移机制的概念

"机制"一词源于希腊文。在线《韦氏词典》认为，"机制"首次使用于 1662 年，将其解释为"一种机械装置"、"实现某一结果的过程、技术或系统"，或"机器运作或行动"，或者"涉及或导致行动、反应和其他自然现象的基本过程"。[①] 而其在《辞海》中具有不同解释，如"机制，原指机器的构造和动作原理，生物学和医学在研究一种生物的功能（如光合作用或肌肉收缩）时，常借指其内在工作方式，包括有关生物结构组成部分的相互关系，及其间发生的各种变化过程的物理、化学性质和相互联系。阐明一种生物功能的机制，意味着对它的认识已从现象描述推

---

① 参见 http://www.merriam-webster.com/dictionary。

进到本质的说明"。① 可见，"机制"一词借用于机器构造理论，原是指机器的构造与工作原理，后广泛应用于自然科学和社会科学领域，借指事物的内在运作方式，包括事物组成部分的相互关系以及各种变化的相互联系。

机制在任何一个系统中都发挥着基础性、根本性的作用。理想状态下，若具备良好的机制，甚至可以促使一个系统接近于自适应系统，即在外部环境的不确定变化时，系统能自动迅速进行反应，调整策略以实现优化目标。"智力资本转移机制"可理解为智力资本转移得以实现的方式与途径，它是智力资本转移过程中转移者与接收者之间的结合方式及影响因素的相互作用，既是一个过程，也是调控的方式和方法。本书所研究的企业集团智力资本转移机制，是指在企业集团内部成员企业之间的智力资本转移过程，这一过程受诸多因素影响，产生相互作用并交织在一起，即构成了企业集团智力资本转移机制。

企业集团内部智力资本转移的实现是在一定环境中，在转移机制的引导下，智力资本从集团内部转移方向接收方有效转移的过程。它不仅体现为转移方（如母公司）的有效转移，还体现为接收方（如子公司）的有效吸收。因此，考虑企业集团内部智力资本转移的影响因素模型，以转移方和接收方为基点，对智力资本转移机制可以从转移方转移意愿与能力和接收方吸收意愿与能力两个维度来衡量。

（二）转移方智力资本转移意愿与能力的作用评价

企业集团内部智力资本转移过程很大程度上取决于作为智力资本转移方的转移意愿与转移能力，它们构成了企业集团内部智力资本转移机制的主要维度，在智力资本绩效创造过程中可能发挥着中介或调节作用。

转移意愿体现的是作为企业集团内部转移方的一种主观上的动力机制。转移方转移意愿是对企业集团内部智力资本转移产生影响的首要因素。企业集团内部转移方的转移意愿是指转移方（如母公司）主观上是否具备意愿将智力资本转移至集团其他成员企业（如子公司）的思想动机。转移方投入智力资本转移的时间和资源的多寡、所建立转移渠道的丰富性，均是转移方主观转移意愿与动机的体现。只有具备主观上的转移意

---

① 辞海编辑委员会编纂：《辞海》（1999 年版缩印本），上海辞书出版社 2000 年版，第 1511 页。

愿，转移方才会努力提升转移能力，以促使智力资本在集团内部的有效转移。由于企业集团内部成员企业之间在很多领域往往也存在竞争，而智力资本本身具备价值增值性和稀缺性特征，这些因素共同导致了企业集团内部转移方可能出于对优势地位和转移收益与成本费用的考虑而缺乏智力资本转移的意愿和动机。因此，集团的文化、政策以及成员企业间的竞争等可能会构成集团内部转移方转移意愿的障碍因素。然而，若将企业集团作为一个整体，外部竞争压力和资源获取的困难性等因素也可能对转移方的转移意愿具有激励作用，这需要企业集团运用一定的激励与控制机制引导转移方的转移意愿。相对于一般组织间的智力资本转移，企业集团可以通过行政命令和层级制管理手段来提升转移方的转移意愿。

转移能力体现的是作为企业集团内部转移方实现智力资本转移的保障机制，转移方的转移能力是智力资本有效转移的重要因素。企业集团内部转移方的转移能力是指转移方（如母公司）在具备转移意愿的基础上，恰当识别所需转移的智力资本，并将其有效传送至接收方（如子公司）的行动能力，包括转移方对智力资本的识别能力和传送能力两个关键要素。一是识别能力。转移方的识别能力包括企业集团内部转移方识别自身拥有的智力资本存量与结构内容、与接收方所需智力资本的相关程度以及对所转移智力资本的价值判断能力等。只有正确识别接收方所需智力资本，才能实现智力资本在集团成员企业间的有效转移。二是传送能力。转移方在对智力资本进行恰当识别之后，还需要以合适的方式对其进行解释说明，提供充分和必要的支持，顺利将智力资本传授至接收方。转移方的传送能力包括对智力资本的解释、编码和表达能力、转移渠道选择能力和指导能力等。转移方可以对所需转移的智力资本以文字、图表等方式进行适当编码，也可以对较为模糊的知识或技术做出恰当表达和解释说明，选择合适的转移渠道进行发送，并指导接收方正确吸收所转移的智力资本。转移方对所转移的智力资本的解释和表达能力越强，选择合适转移渠道的能力越强，则转移方转移智力资本的能力越强，接收方将更容易吸收所转移的智力资本，转移的绩效也将越好。

（三）接收方智力资本吸收意愿与能力的作用评价

在企业集团智力资本转移过程中，接收方作为转移参与方之一，其吸收意愿与吸收能力构成了智力资本转移机制的另一个重要维度，在企业集团智力资本绩效创造中也可能发挥中介或调节作用。企业集团中，接收方的吸收意愿与能力不仅会受到企业自身的影响，还会受到集团内部转移方转移意愿与能力的影响，接收方的吸收意愿与能力和转移方的转移意愿与能力之间具有互动关系。

吸收意愿体现了接收方吸收智力资本的主动性和目的性的一种动力机制。吸收意愿反映企业集团内部接收方主观上是否愿意吸收从转移方所传递的智力资本。接收方若缺乏智力资本吸收的意愿会导致智力资本转移的困难，而若具有高度吸收意愿，接收方常常能从主观上克服智力资本转移过程中的困难。例如，接收方（如子公司）主观上是否愿意投入相当多的时间和资源，建立适当的制度规范和机制等以鼓励有效吸收从转移方（如母公司）所传递的智力资本，即表明了接收方的吸收意愿。由于部分接收方管理者存在过度的自我防范意识，拒绝向企业集团内部其他公司示弱，或者管理者出于权力斗争的自利行为等因素，可能造成接收方吸收意愿的弱化。同时，企业集团内部通过文化和管理价值观等机制却可能激励接收方吸收意愿的提升，例如建立知识共享的文化环境、完善管理者绩效考核标准或从制度上鼓励母子公司间的相互交流学习等。可见，企业集团内部机制的建立有助于接收方吸收意愿的提升，进而有助于智力资本有效转移的实现。

吸收能力最初是 Kedia 和 Bhagat（1988）在确定不同国家文化的组织之间技术转移理论时所提出来的概念。Cohen 和 Levinthal（1990）赋予吸收能力一个更严谨的结构，定义吸收能力为组织能够辨识外界有用的新信息与知识的价值，加以消化吸收，并运用至商业目的上的能力。他们认为组织吸收能力是由组织对外部新知识价值的识别能力、理解和消化能力以及应用能力三个维度所组成的能力集合。Mowery 和 Oxley（1995）定义吸收能力是用以处理已转移技术的内隐要素与修改外来技术以供内部应用的一组广泛的技巧。Kim（1998）则定义它是学习与解决问题的能力。而 Zahra 和 George（2002）利用动态能力的流程观点重新诠释吸收能力，定义吸收能力是一系列组织的惯例和流程，经由这些惯例与流程企业获取、消化、转化和利用知识以产生动态的组织能力。由此，将吸收能力分为潜在的和现实的吸收能力两个维度，其中潜在吸收能力包括获取和消化构面，而现实吸收能力包括转换和利用构面。Lane 等（2006）基于过程定义吸收能力为企业通过探索式学习、转换式学习和开发式学习一系列过程应用外部知识的能力。Todorova 和 Durisin（2007）认为，吸收能力是一系列组织惯例，是组织评价、获取、转换或消化、应用知识的能力。

企业集团内部智力资本转移中，吸收能力是接收方所提供的一种保障机制。借鉴 Cohen 和 Levinthal（1990）及 Zahra 和 George（2002）的观点，本书所指的接收方吸收能力是指在企业集团内部智力资本转移过程中，接收方（如子公司）能够理解、消化从转移方（如母公司）所转移的智力资本，并转换应用至自身以创造绩效的行为能力。接收方吸收能力包括接受能力和整合能力两个维度，由理解、消化、转换和应用能力四个基本构面组成。理解能力体现了接收方识别所接收智力资本的价值并进行选择的能力；消化能力体现了接收方将所接收的智力资本进行阐释、分析和处理以内化至自身的能力；转换能力体现了接收方将所接收智力资本与自身智力资本进行融合的能力；应用能力体现了接收方将经融合的智力资本运用于自身以创造绩效的能力。

第三节　企业集团智力资本绩效创造的路径分析

组织绩效和价值的创造主要来自于组织所拥有的资本和资本运用的能力，智力资本及创造和运用智力资本的能力是组织获取持续竞争优势的最重要的源泉。顺应组织持续发展的需求，集团化经营提供了组织实现可持续发展所必需的各类资本和能力，不仅加速了集团内部成员企业间在资本和能力获取方面的高度联结，而且促进了知识和能力等的交换与组合，对智力资本的创造和转移产生显著影响，使得集团成员企业的经营绩效不仅依赖于自身的智力资本，又受惠于其他成员企业的智力资本。考虑本书的研究目的，此处主要讨论企业集团成员企业中转移方智力资本对接收方经营绩效的影响路径。

一　直接路径：智力资本—经营绩效

企业集团作为由不同成员企业构成的复杂系统，在自组织演化过程中，集团成员企业通过自身智力资本各个维度诸多要素之间的协同作用既有助于该公司自身经营绩效的提升，又可能对其他成员企业经营绩效产生影响。企业集团智力资本绩效创造过程经历了多重反馈和错综复杂的路径，其直接路径如图 3 - 3 所示。

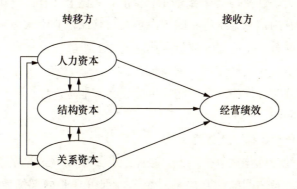

图3-3　企业集团智力资本绩效创造的直接路径

（一）人力资本—经营绩效

知识经济时代，人力资本是组织最有价值的资源。在企业集团中，各个成员企业的人力资本也是企业集团整体所拥有的人力资本，它不仅影响自身绩效，也可能影响其他成员企业的绩效。管理者的创新、冒险精神和决策能力等对企业管理水平和战略行为具有决定性作用，而员工的知识与能力的绩效创造贯穿于整个经营活动过程之中。某些情况下，企业集团中的中高级管理人员可能同时兼任母子公司的相关职务，对多个成员企业的经营决策都可能产生影响，因而会影响多个成员企业的经营绩效。而集团中成员企业之间在生产、研发等方面的团队合作也促进了企业员工知识与能力对自身及其他企业的影响。此外，企业集团中的优势企业所具备的良好品牌形象对人才具有较强的吸引力，且有助于员工对企业向心力的增强，这不仅可能促进未来企业人力资本的发展与累积，也可能吸引更多人才进入企业集团其他成员企业，进而促进经营绩效的提升。

（二）结构资本—经营绩效

组织管理哲学、企业文化、信息系统、管理流程和知识产权等结构资本，对组织经营绩效具有重要影响。企业集团中成员企业的结构资本具有的相互关联性，将有助于相互经营绩效的提升，进而促进企业集团整体绩效的提升。先进的管理哲学和企业文化是在充分考虑内外部环境的基础上形成的，能够有效指导企业实践活动。有效的信息系统和管理流程有助于企业内外部之间的相互交流，激发企业创造力，而知识产权促使企业形成差异化竞争优势，促进企业价值增长。企业集团作为整体，内部成员企业之间的相互关联性使得其在管理哲学和企业文化上具有一定共通性，而各个企业所拥有的信息系统将有助于内部及与其他企业团队合作中的知识分享和交流。同时，企业集团成员企业之间相互吸收先进技术，或将所形成的知识产权由其他成员使用，都将促进各个公司经营绩效的提升。例如，集团研发子公司开发的专利可能提供给集团其他生产性企业，转化为智力产品并赚取利润。

（三）关系资本—经营绩效

在激烈的全球化竞争格局下，企业经营处于开放式的环境中，企业与外部利益相关者之间的相互关系对企业内部管理和内部绩效都有重要影响。良好的顾客关系有助于培养企业产品品牌认同感与忠诚度，推动企业营销，促进企业收入增长；良好的供应商关系有助于企业在原材料等成本的节约和质量的保证；良好的战略合作伙伴关系及与科研机构等的合作关系有助于企业与外部的交流合作，促进企业技术更新和创造力的提升；良好的政府关系有助于企业在税收优惠、政策指引和创新扶持等方面形成有利条件；良好的债权人与投资人关系有助于企业有效融资和投资的开展，加速资金的使用效率与效果。企业集团成员企业的关系资本不仅仅是各自的无形资源，更是整个集团的无形资源，在内部资源共享和知识交流的氛围中，既有助于各个企业收入的增长和成本的节约，又有助于其他成员企业和整个集团的价值增长和绩效提升。

（四）智力资本多维交互作用—经营绩效

人力资本、结构资本和关系资本之间具有协同互动作用，它们都是企业绩效创造和价值贡献活动的有机成分，任何要素的缺乏或比例的失衡都有可能导致企业整体运作机能的失调。故而，企业绩效的创造和价值的实现需要这三者发挥协同作用。人力资本可以转化为企业结构资本。企业将员工经验累积储存，通过系统化的归纳形成企业知识，借由员工工作过程，将知识分享和扩散至企业中，是人力资本与结构资本的良性互动。人力资本与结构资本的相互运作，将发挥乘数效应以形成企业竞争力。人力资本渠道可用于维系关系资本。员工的知识与能力有助于企业与顾客、供应商、合作伙伴和其他利益相关者之间良好关系的维系，而良好的外部关系有助于企业员工学习外部知识和获取外部信息。企业与外部建立关系有助于提供企业成长动力，促进企业流程创新，因此，结构资本与关系资本双向互动将产生综合绩效。

二 间接路径：智力资本—转移机制—经营绩效

集团成员企业智力资本对其他成员企业绩效的影响可能是直接产生的，也可能并非简单的直接作用关系，而是通过智力资本的转移机制所实现的。智力资本要素与不同知识类型之间紧密关联，且在跨行业和企业间存在差异。Hagemeister 等（2010）认为，人力资本是员工所拥有的显性和隐性知识的集合，结构资本是与内部流程相关的显性知识，而关系资本是关于组织与外部代理商之间的处理方式的显性和隐性知识的集合。[①] 因此，智力资本各个维度在转移和吸收的效率和效果方面将存在一定差异，在不同行业和公司中亦将对经营绩效产生不同影响。企业集团智力资本绩效创造的间接路径如图 3-4 所示。

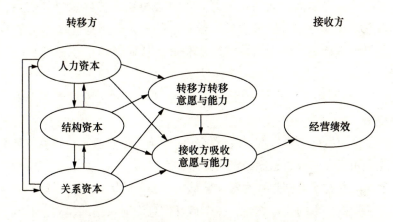

图 3-4 企业集团智力资本绩效创造的间接路径

（一）人力资本—转移方转移意愿与能力—接收方吸收意愿与能力—经营绩效

企业集团内部转移方的人力资本不仅影响转移方的转移意愿与能力，而且影响接收方的吸收意愿与能力，并进而影响接收方经营绩效。一方面，转移方的人力资本，例如员工所具备的知识和能力的多寡、员工知识的特性，是不是优势资源，是否易于表达等，都会对转移方转移意愿和能

<hr />

① Hagemeister 等（2010）在采用 Bueno（2003）的智力资本分类模型基础上，提出上述观点。详见 Hagemeister, M., A. Rodríguez - Castellanos, "Organisational Capacity to Absorb External R&D: Industrial Differences in Assessing Intellectual Capital Drivers", *Knowledge Management Research & Practice*, Vol. 8, No. 2, 2010, p. 103。

力产生影响。人力资本中难以分享与转移的主要是员工的内隐知识、才能和经验等。在其他条件相同的情况下，若企业集团转移方员工的知识与能力越强，企业对员工的吸引力越强，则其更愿意且能更有效地将人力资本转移至其他成员企业。另一方面，转移方人力资本价值越高对接收方的吸引力也将越大。若转移方所拥有的人力资本与接收方的知识需求的相关程度越高，则越有助于接收方的吸收运用。同时，以母子公司为例，母公司的转移意愿影响了母公司提供的知识与资源的价值性，进而影响子公司吸收知识的效果，而母公司转移能力对子公司吸收智力资本的时间、信息量和成本均产生直接影响。母公司转移能力越强，子公司将能在更短的时间、以更低的成本获取充分的知识与信息量，母子公司之间转移智力资本的效率将越高，效果将越好。若母公司缺乏转移意愿和能力，则必然降低知识或技术等资源的转移或利用的效果。因此，转移方转移意愿与能力将直接影响智力资本的转移程度，从而影响接收方的吸收效能和绩效水平。

（二）结构资本—转移方转移意愿与能力—接收方吸收意愿与能力—经营绩效

企业集团内部结构资本对经营绩效的影响，可能通过对转移方转移意愿与能力和接收方吸收意愿与能力的影响而实现。一方面，组织文化、管理哲学和信息技术等都是智力资本转移的重要影响因素，一个鼓励相互学习交流和知识分享的企业文化，一个良好信息沟通系统的建立，有利于企业内部员工之间及与其关联企业之间的自觉知识转移，促进企业集团内部转移意愿与转移能力的提升。而技术转移不仅可以协助企业获取外界知识，通过转移之后对内外部知识的有效整合，更是企业创新的来源（Leonard‑Barton，1995）。另一方面，企业集团成员企业间在知识产权和先进技术等方面的差距将直接影响其内部吸收的意愿。以信息系统、管理流程、数据库和专利等存储信息的结构资本，可以将员工的知识与经验等进行综合汇总，通过不断优化之后，促使企业知识基础的逐步扩大。这更加广泛的知识基础将有助于对新知识的理解与获取，增强企业吸收能力。企业集团应当遵循自我能力发展过程的轨迹运行，在不断协调、整合和转换成员企业的创新活动或资源的过程中，通过学习效果不断累积竞争优势，让资源不只是静态地提供效果，还可以结合吸收能力不断发挥效用，改善经营绩效。

（三）关系资本—转移方转移意愿与能力—接收方吸收意愿与能力—经营绩效

企业集团中转移方转移意愿与能力和接收方吸收意愿与能力可能在内部关系资本对经营绩效的影响中发挥中介作用。一方面，关系资本创造了转移方与接收方之间特殊的沟通关系，提供了智力资本转移的最佳催化剂。以企业集团作为整体，成员企业间的内部关系资本（即组织信任）有助于打破内部企业之间的壁垒，提升内部智力资本转移意愿与能力，促进内部知识的交流与分享。而集团成员企业与外部组织之间建立良好的信任关系，有助于成员企业从外部获取知识，拥有较多或较高品质的知识存量，甚至高层次的人才资源，这种企业集团内部的知识存量差异对于集团内部智力资本转移的意愿和能力具有重要影响。另一方面，智力资本转移与吸收需要通过一定程度的互动沟通与协调过程，关系资本具有强化吸收的辅助效果。具备良好的关系网络和高度的信任关系的组织，组织成员可以通过利用良好的网络关系获取更多新知识和新信息，缩短信息收集的时间，增进组织内部知识交换的机会和效率，有效提升内部知识的吸收能力，进而提升组织绩效水平。

（四）智力资本多维交互作用—转移方转移意愿与能力—接收方吸收意愿与能力—经营绩效

通过人力资本、结构资本和关系资本协同作用，在对企业集团内部转移意愿与能力的影响的基础上，只有有意愿和有能力才能促使智力资本转移的有效运作，在一定转移机制的规范下，智力资本才能以适当的方式转移至接收方，促进接收方经营绩效的提升。一方面，企业集团内部成员企业间密切互动且转移机制越有效时，智力资本越能保存在组织中成为共同资源，智力资本转移绩效越好，集团内部可能因创造绩效而呈现相互作用的互动关系。企业集团内部成员企业智力资本越丰富，越有利于促进智力资本在内部转移的意愿和能力。另一方面，对于企业集团而言，内部智力资本是企业集团进行市场扩张的重要基础。集团的扩张不仅是利用成员企业已累积的智力资本存量的过程，更是不断创造智力资本增量的过程。集团所拥有的智力资本若要在对外扩张中发挥最大效用，必须依据外部环境进行适当调整与提升，并需要在原有智力资本的基础上进行适当创新。此时，集团内部市场扩张中的接收方吸收能力越强，则越有利于接收方成功消化、吸收、整合和运用所接收的新知识和新资源，增强创新能力，提升经营绩效。与此同时，转移方若更加主动转移智力资本，且提供更多培训与指导，协助接收方掌握并应用知识，则接收方将更愿意且能更有效地吸收所转移的知识和经验。如果转移方不愿意转移知识和经验，亦不主动提供适当的培训和指导，不建立适当的转移机制，则在转移过程中，接收方亦会表现出"不情愿"或不予配合。即企业集团内部转移方转移智力资本的意愿和能力越强，接收方将更易吸收智力资本，智力资本转移的效率和效果将越好。这将最终影响企业集团内部智力资本转移绩效，影响接收方经营绩效的提升。

除以上所述路径外，在企业集团中，若具备有效的资源分享与交流氛围，拥有完善的转移机制，则应当还存在反转移现象，即在转移方智力资本提升接收方经营绩效的基础上，促使其智力资本投入的增长和智力资本价值的提升，进而向转移方反馈转移优势智力资本，促进企业集团整体智力资本的创造与累积，提升企业集团整体绩效。

第四章　企业集团智力资本、转移机制与经营绩效测评

——以母公司对子公司的转移为例

德鲁克曾指出，测量和评估是管理的基本要素之一。智力资本是企业资源中最难以衡量和管理的部分，但却与企业经营息息相关而不可或缺（Barsky and Marchant，2000）。前述研究表明，企业集团的内部网络结构形成了不同的智力资本转移路径。本章以母公司对子公司的智力资本转移为例，采用实地调研，针对部分企业集团进行访谈，了解我国企业集团智力资本、转移机制和经营绩效所面临的实际情况，结合实务状况，设计相应的问卷，对企业集团智力资本、转移机制与经营绩效进行测评，为企业集团母公司智力资本对子公司经营绩效影响的经验分析奠定基础。

第一节　实地调研与分析

随着社会经济的快速发展，实地调研通过实地参与，有助于弥补在某些情况下收集的资料不够及时准确的缺陷，取得研究的原始资料和数据以解决问题，促进调研的顺利展开。一般而言，实地调研便于了解组织经营管理的现象、问题或优势与弊端等情况。通过实地调研，可以更加深入地了解组织内部各个相关因素及其与外部环境之间的关联关系，发现组织中的重大现实问题，探寻组织发展的根源，以促进有效的组织管理建议的形成。

一　实地调研的目的

2012 年 7—9 月，笔者对武汉东湖新技术开发区中的企业进行了实地调研，并选取东湖新技术开发区中的两家企业集团进行了深入访谈。通过现场观察和实地访谈，对研究思路的现实性进行检验，实现以下

目的：

其一，通过实地调研，基本了解武汉东湖新技术开发区中企业的业务状况与行业分布情况，初步了解武汉东湖新技术开发区的人力资本、结构资本、关系资本和经营绩效概况，并初步探寻不同产业间的差异所在。

其二，选取两家拥有多家子公司的企业集团，通过实地访谈以了解其母子公司企业性质、行业特点和地域分布等基本情况，母公司人力资本、结构资本和关系资本的具体状况，以及它们对子公司经营绩效的影响情况为何？为本书的理论假设形成和问卷的设计提供实务依据。

其三，通过对两家企业集团的实地访谈，分别了解这两家企业集团中的母公司智力资本转移意愿和能力以及子公司智力资本吸收意愿和能力的基本状况和影响因素情况，了解并初步判断导致这两家企业集团母子公司间在转移意愿与能力和吸收意愿与能力上存在差异的原因所在，借以形成对本书的理论假设的实务支撑。

二 实地调研的内容

在 2012 年 7—9 月的实地调研中，本书首先对武汉东湖新技术开发区的基本情况进行了初步调查分析，并在实地访谈的基础上对其所属管辖区域中的两家企业集团的智力资本、转移机制和经营绩效状况进行了具体分析。

（一）武汉东湖新技术开发区的初步调研内容分析

武汉东湖新技术开发区（以下简称东湖高新区）于 1988 年正式成立，1991 年被国务院批准为国家级高新技术开发区，2000 年被科技部和外交部批准为 APEC 科技工业园区①，2001 年，被国家计委、科技部批准为国家光电子产业基地，即"武汉·中国光谷"，成为中国第一个光电信息产业基地，2006 年被国家列为重点建设的六大高新区之一，2007 年，被国家发改委批准为国家生物产业基地，2009 年被国务院批准为国家自主创新示范区，成为继中关村之后国务院批准的第二家自主创新示范区。

武汉东湖高新区包括光谷生物城、未来科技城、东湖综合保税区、光电子信息产业园、现代服务业园、智能制造产业园、中华科技产业园和中

---

① APEC，即亚太经济合作组织（Asia – Pacific Economic Cooperation，APEC）。

心城等多个园区，累计注册企业 2.4 万家，其中世界 500 强企业 65 家，上市公司 33 家，新三板挂牌企业 30 家。① 它是我国第二大智力资源密集区，拥有丰富的智力资源。统计数据显示，东湖高新区集聚了 42 所高校、56 家中央及省部属科研院所、52 名两院院士、33 个国家重点实验室和工程研究中心、37 个省级重点实验室和工程研究中心及 8 个国家级企业技术中心；东湖高新共有各类人才 18 万人，其中博士 1700 多人，具有高级职称的 1.3 万人，500 多家高新企业建立了研发机构，科技人员近 2 万人，年实施科研项目 1500 多个。② 它是中国最大的光纤光缆、光电器件生产基地、光通信技术研发基地、激光产业基地。光纤光缆的生产规模居世界第一，国内市场占有率 55%，国际市场占有率 25%；光电器件国内市场占有率 60%；激光产品国内市场占有率 50%，形成了以光电子信息为核心产业，生物、环保节能、高端装备为战略产业，高技术服务业为先导产业的 "131" 产业格局。这里诞生了中国第一根光纤、第一个光传输系统和第一家科技企业孵化器，主导制定了国际标准 5 项、国家标准 110 项、行业标准 180 项。③ 在光通信、激光、微电子和新材料等领域的科技开发实力处于国内领先地位。东湖高新区企业近几年智力资本和经营绩效概况如表 4-1 所示。

（二）武汉东湖高新区两家企业集团的实地访谈内容分析

在对武汉东湖高新区进行实地调研期间，本书对东湖高新区中的 A 集团和 B 集团进行了现场观察和实地访谈④，通过对这两家公司的人力资源部门、研发部门和财务部门及相关部门负责人员的现场访谈，了解这两家公司在智力资本及其转移和经营绩效等方面的基本状况，了解它们在智力资本转移意愿与能力及吸收意愿与能力方面的主要影响因素，理清实务界对企业集团智力资本转移方面的考量，以便建立有意义的调查问卷，并为理论假设奠定基础，进而深入分析企业集团智力资本绩效创造的过程，探寻企业集团智力资本运用与管理中的重要现实问题。

---

① 数据源于武汉东湖新技术开发区政务网。
② 此处数据源于武汉东湖新技术开发区政务网《武汉东湖高新区 "人才基地" 建设工作情况汇报》中的统计数据。
③ 数据源于武汉东湖新技术开发区政务网。
④ 考虑到对被调研企业信息与资料的保密性，书中隐去企业名称而以 A 集团和 B 集团代替。

表4-1 武汉东湖高新区2007—2010年智力资本与经营绩效概况表

时间	智力资本基本状况			经营绩效基本状况
	人力资本部分概况	结构资本部分概况	关系资本部分概况	
2007年	富士康（武汉）科技工业园招聘6000人，完成培训员工达1万人，为项目投产准备了充足的人力资源	开发区被国家知识产权局批准为国家首个知识产权工作示范创建区，全年专利申请量2910件，比上年增长21.3%。截至年底，开发区专利申请过100件的企业有2个，过50件的企业有4个	成立了"武汉·中国光谷"激光行业协会，新一代红光高清视盘机（NVD）产业技术联盟和软件外包产业联盟等机构	全年完成科工贸总收入1306亿元，比2006年增长30.1%。其中，年销售收入过1亿元的企业115家，年销售收入过10亿元的企业19家
2008年	东湖高新共有各类人才18万多人，其中博士1700多人，具有高级职称的1.3万人，500多家高新科技机构，科技人员近2万人	2008年，武汉东湖新技术开发区研发资金投入达47亿元，企业申请专利比2007年增长23.7%，其中发明专利占全市专利申请总量的61%。武汉华中数控股份有限公司、武汉邮电科学研究院被国家科学技术部评为全国首批"创新型企业"	支持武汉邮电科学研究院联合其他机构组建光纤接入（FTTX）产业联盟。积极推动组建中国高清光盘产业联盟，支持武汉高科国有控股集团有限公司作为主席单位参与制定国家红光高清光盘系统格式标准。"武汉·中国光谷"激光行业协会发展会员达到32个，服务外包产业联盟成员单位达到18个。成立高新区3G产业联盟，整合区域资源促进3G产业发展。大力支持区内企业加入国家TD-SCDMA联盟，积极参与国家科学技术关键技术标准推进工程，大力推进光电子信息产业标准化示范工作	全年实现科工贸总收入1750亿元，比2007年增长34.0%。其中，年销售收入过1亿元的企业153家，年销售收入过10亿元的企业22家

续表

时间	智力资本基本状况			经营绩效基本状况
	人力资本部分概况	结构资本部分概况	关系资本部分概况	
2009年	2009年，积极推进开发区人才特区建设，大力实施"3551"人才计划。截至年底，共有800余名各类人才到开发区创新创业，创办公司50余个。年内，开发区首批为14个人才项目提供资金3600万元	2009年，开发区企业技人研发达75亿元，比2008年增长33.9%。截至年底，开发区企业共申请专利3200件，其中发明专利的申请占全市发明专利申请总量的61%	武汉邮电科学院作为部门成员加入国际电信联盟电信标准化组织。开发区3G、光纤接入（FTTX）、高清显示、激光、服务外包等产业联盟得到快速发展，新成立中国地球空间信息、半导体照明和集成电路产业联盟	全年实现企业总收入2261亿元，比2008年增长28.6%。其中，年销售收入过1亿元的企业196家，年销售收入过10亿元的企业38家
2010年	全年共引进和培养高层次人才1000多人，有61人入选国家"千人计划"，6人入选湖北省"百人计划"，177个人才项目人选"3551人才计划"，对高端人才资金资助总额达到2.42亿元	全年申报专利4034项，比上年增长26.1%；主导修订国际标准1项，主导制订国家标准5项，行业标准4项；8个产品获得湖北省名牌产品称号	至2010年底，开发区组建了11个产业技术创新联盟，加紧筹备射频识别、三网融合、智能电网等产业联盟	全年实现企业总收入2926亿元，比2009年增长29.4%。其中，年销售收入过1亿元的企业235家，年销售收入过10亿元的企业42家

资料来源：根据武汉东湖新技术开发区政务网披露的《武汉年鉴——东湖新技术开发区篇》和相关调研资料整理形成。

1. 对 A 集团的实地访谈内容分析

A 集团是武汉东湖高新区的核心企业，由国务院国有资产监督管理委员会直属管理的中央企业。它是中国知名的信息通信领域产品与综合解决方案提供商，自 1974 年正式成立以来，已形成覆盖光纤通信技术、数据通信技术和无线通信技术三大产业的发展格局，是目前全球唯一集光电器件、光纤光缆、光通信系统和网络于一体的通信高技术企业，中国电子信息百强和软件百强企业。集团旗下拥有多家上市公司、控股公司、全资公司和合资公司。其产品市场不仅覆盖国家信息基建、移动、联通、电信、铁通、广电、电力、石油、军队等公司和部门，而且远销美国、德国、英国、加拿大及东南亚各国等国际市场。本书在对 A 集团进行实地访谈过程中，重点了解该集团中通信公司的智力资本和其主要子公司之一网络公司的经营绩效及母子公司间的转移机制，相关访谈内容的汇总如表 4 - 2 所示。

在现场访谈内容分析的基础上，本书通过梳理 A 集团中的通信公司及其子公司网络公司的智力资本绩效创造过程，初步构建了其智力资本绩效创造流程图，如图 4 - 1 所示。

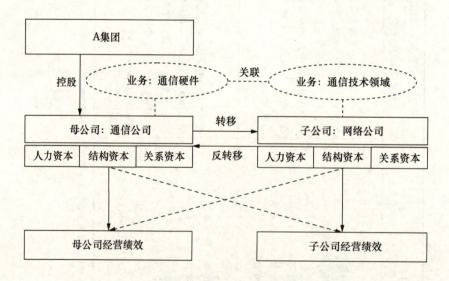

图 4 - 1　A 集团通信公司智力资本绩效创造流程

表4-2　武汉东湖高新区两家企业集团的实地访谈内容汇总表

公司 内容	母公司智力资本状况			母子公司间智力资本转移机制状况	子公司经营绩效状况	母公司对子公司的投资方式	企业性质	所处行业	成立时间	所在地区
	人力资本	结构资本	关系资本							
A集团 母公司：通信公司	1. 员工中本科学历以上平均约占63%，硕士学历以上约为17%，基本处于同业平均水平之上； 2. 核心技术人员偏向年轻化，专业年资较短； 3. 公司管理及职能支持人员所占比重平均约为3.5%，领导层具有较好的管理能力； 4. 坚持以人为本的人力资源管理目标，拥有较为完善的人才招募计划	1. 公司具有良好的管理流程体系和组织结构体系； 2. 建立"客户导向，诚信敬业，持续创新，增量发展"的核心价值观； 3. 坚持自主创新和人才强企战略；近3年平均研发投入约为5亿元，近3年研发人员所占比重平均约为38%，至今已累计取得了五百多项具有自主知识产权的重大科研成果	1. 拥有固定客户源，与大客户间保持长期信任关系； 2. 积极组建产业技术联盟； 3. 加强与专家和多所高校的合作； 4. 注重与税务等政府部门的关系； 5. 制定较为完善的管理制度，规范与投资者之间的关系	1. 母子公司间经常以各种形式进行内部交流与讨论； 2. 母子公司间建立了内部网络交流平台和信息系统资料库； 3. 母公司建立规范管理制度及奖励制度鼓励知识的转移； 4. 母子公司投入人较多时间和资源尽力去吸收和整理从母公司获取的知识和信息； 5. 子公司部分管理人员由母公司管理人员兼任或选派	—	合资设立（控股）	国有控股	通信及相关设备制造业——通信系统设备，光纤及线缆、数据网络产品等	1999年	湖北武汉
子公司：网络公司	—	—	—		近三年资产报酬率平均约为7%。竞争能力和市场占有率的提升基本居于同业平均水平之上		国有控股	通信制造业——城域宽带IP通信技术领域	2001年	湖北武汉

续表

公司	内容	人力资本	结构资本	关系资本	母子公司间智力资本转移机制状况	子公司经营绩效状况	母公司对子公司的投资方式	企业性质	所处行业	成立时间	所在地区
B集团	母公司：零部件公司	1. 员工中本科以上学历平均约占22%；2. 拥有中级职称员工平均约为7%，高级职称平均约为3%；3. 核心员工约占40%，工龄超过3年的员工约占38%；4. 员工车间岗位率一般为35%—40%，主要是一线人员流动大，员工人数虽逐年增长，但依然存在一定短缺；5. 员工薪酬在同业中处于中等水平	1. 公司注重产品创新，产品属于行业技术领先；2. 建立了内部OA网络系统；3. 公司提出了较好的企业文化；4. 注重研发，近3年平均研发投入约为915万元；研发人员的比例较大，平均为15%—17%左右，而专利申请量也处于同业领先水平	1. 拥有固定客户源；2. 子公司为母公司的主要供应商之一；3. 与澳大利亚专家和清华、华工等高校合作研发；4. 注重与政府的关系；5. 公司资产负债率均达70%以上，融资主要来源于银行贷款，而与银行等保持良好关系	1. 母子公司间每月召开一次讨论会；2. 母子公司在同一办公平台办公；3. 母子公司举办的培训均要求子公司选派人员参加；4. 子公司部分管理人员由母公司选派；5. 子公司数据内部格从母公司接受的相关知识予以存档	—	独资设立	民营	汽车零部件制造业——盘式制动器制造	1998年	湖北武汉
	子公司：技术公司	—	—	—		营业净利率:2010年约为-166%，2011年约为17%；资产报酬率:2010年约为-12%，2011年约为8%		民营	汽车零部件制造业——盘式制动器刹车片、盘式制动器衬片产品制造	2009年	湖北黄州

2. 对 B 集团的实地访谈内容分析

武汉 B 集团汽车零部件有限公司（以下简称零部件公司）成立于
1998 年，是一家专业化的液压和气压盘式制动器生产企业。该公司是国
家火炬计划重点企业、湖北省高新技术企业、湖北省创新型示范企业和武
汉市工业重点企业，国内最早的汽车液压和气压盘式制动器研究、开发和
生产企业，在武汉经济技术开发区和武汉东湖新技术开发区两个国家级开
发区有 6.5 万平方米的生产和研发基地。它是东风汽车、一汽客车、陕西
汽车、北汽福田、北方奔驰、郑州宇通、苏州金龙、厦门金龙、厦门金
旅、丹东黄海、上汽通用五菱、江淮汽车等主机厂的供应商和战略合作伙
伴。该公司拥有技术公司和铸业公司两个主要子公司。本书对母公司零部
件公司的智力资本、子公司技术公司的经营绩效及其母子公司间的转移机
制进行了现场访谈，具体访谈内容的汇总如表 4 - 2 所示。

基于实地访谈内容的分析，本书对 B 集团的智力资本绩效创造过程
进行了梳理，形成了 B 集团的智力资本绩效创造流程图，如图 4 - 2 所示。

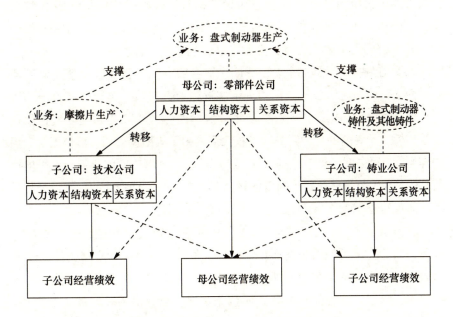

图 4 - 2　B 集团智力资本绩效创造流程

三　实地调研的结论

根据对武汉东湖高新区的综合调研和对其中的 A 集团与 B 集团的实

地访谈内容的分析，本书主要形成如下结论：

第一，从对东湖高新区企业的整体调研结果的分析显示，随着竞争压力的加剧，当前我国企业已经基本意识到智力资源在企业发展中的重要性，较为重视对智力资本的投入，尤其注重创新、研发以及人才制度的建设。

第二，从对 A 集团和 B 集团的现场访谈内容的分析中，本书发现如下具体现象：

（1）企业集团的发展具有产业群聚现象，许多公司利用整体运筹，以母子公司之间的分工合作，通过最优化的资源利用实现竞争优势。例如，A 集团通信公司及其子公司网络公司均属于通信制造业，产品具有较大的关联性和配套性；而 B 集团母子公司之间即为上下游企业关系，这样有利于资源效用的最大化。

（2）在母子公司的功能价值链上，受访的 A 集团中，集团实际控股方作为控股方代表国资委行使监管职能，没有独立业务，由其控股的通信公司及其子公司网络公司的业务和管理相对比较独立；而受访的 B 集团中，母公司主要负责整体运筹与决策，研发主要集中于母公司零部件公司，其子公司则主要作为提供上游产品的制造工厂存在。

（3）在财务管理体制上，A 集团中，控股方主要行使国有资产监管职能，而上市公司通信公司依据治理结构进行财务决策，实行国有资产监管与上市公司治理结构结合的财务决策体制。而受访的 B 集团主要实行集权式管理模式，集团的各种财务决策权大多集中于集团母公司，母公司对集团内部经营与财务进行集中控制和管理，而子公司对母公司的决策予以严格执行。但其在子公司财务监控的责任划分上却具有一定特殊性，主要由母公司审计部对其进行监控，而母公司财务部的作用较小。

（4）在企业文化上，受访的 A 集团所有上市公司、控股、全资和合资公司均建立了类似的企业文化和核心价值观，且通过制度与规范的建设予以执行，但在文化和价值观的内部融合上尚存可待完善之处；受访的 B 集团中，母子公司之间具有共同的企业文化，虽提出了较好的企业文化，但是在企业文化的执行方面却并不理想。

（5）在管理制度上，受访的 A 集团作为较成熟的大型国有企业集团、拥有多家子公司的央企，管理制度较为完善；而受访的 B 集团，作为依然处于成长期的民营企业，在管理制度上还存在一些不完善的地方，例如母子公司之间在财务管理上的分工问题，对宏观政策方面的战略管理与分析问题等，重视研发但不注重财务等方面的管理问题。

（6）在员工管理方面，受访的 A 集团中，母子公司之间的部分董事和高管人员相互兼任职务；受访的 B 集团中，子公司有部分管理人员由母公司委派，而母子公司之间在生产和研发人员的用人方面则基本独立。

（7）在营运模式上，受访的 A 集团中，母子公司之间一般具有独立的业务和产品，虽然它们生产的产品之间具有关联性，存在内部关联交易，但其管理、业务和核算均相对独立；受访的 B 集团中，母公司负责控制接单、研发、行销等，而子公司主要负责为母公司提供上游产品，之后由母公司整装形成产品进行销售。

（8）在研发方面，受访的 A 集团中，母公司通信公司和子公司网络公司各自拥有独立的研发力量和研发投入；而受访的 B 集团研发力量主要集中于母公司零部件公司，分别在武汉经济技术开发区和武汉东湖新技术开发区设有两个研发基地，且对研发人员的录用没有计划限制，以充分吸引研发人才为标准。

（9）在竞争优势上，受访的 A 集团和 B 集团均属于高新技术产业，其主要竞争优势来源于技术优势，并通过申请专利获取知识产权以保持竞争优势，且越来越重视知识产权管理制度的建设，但由于我国在知识产权管理与保护方面整体的薄弱性，公司在这方面依然存在一定的风险。

（10）母公司对子公司智力资本转移的方式包括举办会议和研讨、投入时间培训员工、投入资源建立共同办公平台及建设内部知识资料库等。

（11）子公司通过吸收能力，学习从母公司所转移的智力资本，具体方式包括负责人转达从母公司所学习的知识、对从母公司接收的知识和信息形成知识课件、强化学习与吸收、丰富吸收经验等。

（12）母子公司之间在智力资本转移方面受到子公司设立方式、母子公司间行业差异和地理位置等因素的影响，当子公司为独资设立时，母公司对其具有绝对控制，管理制度基本由母公司所转移，母公司转移方式和成效上具有强制操控力，而母子公司地理位置较近时，则这种控制更容易实现。此外，母子公司之间的行业差异越小，转移成效越好。

第三，在企业集团中，母子公司之间所具备的优势管理知识和智力资源，如何通过适当的转移和共享机制，提升转移双方的转移与吸收的意愿和能力，实现在母子公司之间的转移与共享，实现经验传承和分享，值得深入探讨和研究。

第二节　母公司智力资本的测评

在实地调研的基础上，本书以理论研究结论为前提，通过对智力资本结构维度分别设计初始量表，并对初始量表进行预试分析以修正量表，对母公司智力资本进行测评。

一　母公司智力资本初始量表的设计

本书针对智力资本的三个不同维度，即人力资本、结构资本和关系资本，分别设计初始问卷。

（一）母公司人力资本初始问卷的设计

前已述及，人力资本是智力资本中最重要和最基础的要素。布鲁金（1996）分析智力资本结构时指出，人力资产包括整合的经验、创意和解决问题的能力、领导与创业家精神、管理技巧及能代表企业成员绩效的指标。斯图尔特（1997）认为人力资本可从教育水平、商品型技能/杠杆型技能/专属型技能的比例、公司部门人员的分类难易度及对附加价值的贡献程度、员工进修的渠道、才能模型等方面衡量。埃德文森和马隆（1997）认为，人力资本是企业全体员工的知识、技能和经验的总和，以企业员工人数、员工流动率及员工专业年资等关键性指标来衡量企业的人力资本。斯维比（1997）将员工的能力、技能、训练和经验归属于员工能力范畴，并从成长/更新、效率和稳定性三个维度设计测量指标。鲁斯等（1998）将人力资本分为竞争能力、工作态度和智力反应力三个部分，其中竞争能力是员工拥有的专业知识、技术和才能，工作态度是员工的动机、行为和品行，而智力反应力则是员工的创新能力、模仿能力、适应能力和整合能力。林恩（2000）则认为，人力资本包括员工的业务技术、创新意识、工作态度和工作经验等。而在邦提斯（1998，2000）和扬特等（2004，2005）的实证研究中，虽未对人力资本进行细分，但却设计了不同量表测评人力资本。

依据智力资本的文献回顾和理论分析，本书中，母公司人力资本的初始问卷题项主要参考斯图尔特（1997）、埃德文森和马隆（1997）、邦提斯（1998，2000）、范·布伦（1999）、Dzinkowski（2000）、格思里和佩蒂 Guthrie and Petty，2000）、Subramanian 和 Youndt（2005）的相关研究，结合调查访谈的结论进行调整。详细问卷如附录 A 所示。

（二）母公司结构资本初始问卷的设计

不同学者对结构资本的构成要素的理解存在较大差异，导致对结构资本测量的模式也存在一定差异。埃德文森和马隆（1997）在研究智力资本结构要素时，将结构资本分为组织资本和顾客资本。组织资本是利用系统与工具，增加知识在组织流通的速度，并提高知识供给与传播渠道的投资。组织资本又分为创新资本和流程资本。创新资本包括知识产权和无形资产；流程资本则是企业作业流程、特殊方法与加强制造或服务效率的员工计划等，属于一种连续性价值创造的知识运用。他们所开发的斯堪迪亚导航器模型建议，创新及发展焦点的关键性指标包括员工满意指数、每位客户的营销费用及训练时数的比例，流程焦点的关键性指标包括平均每位员工的客户数目及每位员工的行政成本。斯维比（1997）将基础结构资产和知识产权两个要素归属于内部结构资本，其中，基础结构资本包括企业文化、信息系统、管理系统和网络系统等要素；知识产权则包括专利、商标和版权等受法律保护的智力资产。他从成长/更新、效率和稳定性三个维度对其进行测量。斯图尔特（1997）认为，结构资本由企业内的知识文件化比例、专有知识库、内部黄皮书、错误失败的经验、竞争对手的信息等要素组成。鲁斯等（1998）将结构资本按内外部区分为关系资本、组织资本和更新与发展资本，其中组织资本包括企业的流程、创新和知识产权等，而更新与发展资本包括新产品开发、流程改造、组织重组和培训开发等。约翰逊（1999）从知识产权、基础建设和公司营运与程序（定性与定量指标）衡量结构资本。布伦南和康奈尔（Brennan and Connell，2000）将结构资本分为公司战略的品质、创新程度和品质流程不同方面进行衡量。Heng（2001）则从领导资本、流程资本和组织资本衡量结构资本。

本书中，母公司结构资本的初始问卷题项主要参考埃德文森和马隆（1997）、鲁斯等（1997，1998）、邦提斯（1998）、范·布伦（1999）、Dzinkowski（2000）、格思里（2001）和 Heng（2001）等的研究，结合调查访谈结果适当调整措辞。详细问卷如附录 A 所示。

（三）母公司关系资本初始问卷的设计

在关系资本的理解上，学者们也存在一定分歧。斯图尔特（1994）、埃德文森和马隆（1997）、邦提斯（1998，2000）的研究主要面向顾客资本，重点关注对顾客关系的测量。斯图尔特（1994）提出，顾客资本包括顾客满意度、顾客忠诚度、顾客参与程度以及与顾客一起创新的能力等。斯图尔特（1997）认为，顾客资本指组织和其所往来的对象之间的关系，包含上下游厂商之间的关系，交易的可能性一旦扩大将转变为关系资本。埃德文森和马隆（1997）将顾客资本界定为企业所有关键关系的总和，包括企业与顾客、与供应商、与网络成员及与上下游企业等之间的关系。而他们在斯堪迪亚导航器中对顾客焦点的关键性指标的确定则主要包括客户数目、经销商数目和流失顾客的数目等。斯维比（1997）将外部结构资本确定为企业与外部利益相关者之间的关系，主要包括顾客、顾客忠诚度、品牌、营销网络、合作研究、企业联盟、贷款合同及许可和特许协议等，从成长/更新、效率和稳定性三个维度对关系资本进行测量。鲁斯等（1997）将关系资本分为顾客关系资本、供货商关系资本、网络新伙伴关系资本和投资者关系资本进行测量。约翰逊（1999）将社会利害关系人关系、顾客关系和供应商关系归属于关系资本。Heng（2001）认为关系资本主要包括与代理商关系、与顾客关系、市场状况和员工对外关系。De Pablos（2002）及Palacios – Marqués 和 Garrigós – Simón（2003）认为关系资本包括企业与顾客关系、与供应商关系和其他利益相关者之间的关系等。马尔（Marr，2004）将智力资本分为六个维度，其中的利益相关者关系包括企业与其利益相关者之间各种形式的关系。例如，许可或合作协议、分销渠道和合同等，以及顾客忠诚度、品牌和企业与重要联系人间的联系等顾客关系。

结合前述理论分析，本书对母公司关系资本的初始问卷主要参考埃德文森和马隆（1997）、邦提斯（1998）、鲁斯等（1997，1998）、约翰逊（1999）、格思里（2001）、Palacios – Marqués 和 Garrigós – Simón（2003）等的研究，结合调研访谈设计问卷题项。详细问卷如附录 A 所示。

二　母公司智力资本量表的预试分析

基于所设计的初始量表，本书对问卷进行了预测试，预试阶段共发放问卷 120 份，回收有效问卷 93 份。以小样本为基础，本书利用 SPSS 统计分析软件对母公司智力资本初始量表进行了预试分析。预试分析的步骤包括：首先，对预试量表进行项目分析，以检验量表中每一题项在不同受试者之间的反应程度，确定每一题项的适切性或可靠性；其次，将项目分析后所保留的问卷题项纳入因素分析程序，本书在预试阶段以探索性因素分析检验初始量表的建构效度；再次，基于探索性因素分析结果，对剩余问卷题项进行信度分析；最后，在此基础上，对问卷题项进行修正，形成正式量表。

（一）初始量表的项目分析

项目分析最常用的判别指标是临界比值法（或极端值法），它主要通过计算量表每一题项的临界比率值 CR 值，将未达到显著性水平的题项予以删除。此外，项目分析中也可以采用题项与量表总分相关（包括题项与总分相关、修正题项与总分相关）和同质性检验法（包括题项删除后的内部一致性 α 值、共同性、因素载荷量）。本书根据预试分析流程，首先采用这三类六种不同方法分别对母公司人力资本、结构资本和关系资本分量表中的题项进行了项目分析。附录 B1 中的分析结果显示，题项 HC_7 的 CITC 值、题项删除后的 α 值和因素载荷量三项指标未达标准，可将该题项予以剔除。而题项 RC_9 和 RC_{11} 虽各有 1 项指标未达标准，但由于该指标与标准值之间差异极小，故在因素分析中依然保留这两个题项。除这三个题项外，母公司人力资本、结构资本和关系资本的其余题项所有指标检验结果均达到标准，表示母公司智力资本预试问卷的这些题项均具有鉴别度。因此，在项目分析后，除人力资本题项 HC_7 外，母公司智力资本其余问卷题项均予以保留。

（二）初始量表的探索性因素分析

在项目分析之后，为检验量表的结构效度，需要对量表进行因素分析。结构效度反映态度量表对理论的概念或特质的测量程度。对结构效度进行检验的常用方法是因素分析法，具体有探索性因素分析（Exploratory Factor Analysis，EFA）和验证性因素分析（Confirmatory Factor Analysis，CFA）两种，一般预试分析中通常采用探索性因素分析建立量表的建构效度。本书在预试分析中，采用探索性因素分析以寻找量表的潜在结构，减少问卷题项的数目。

在采用探索性因素分析进行结构效度检验时，首先对项目分析后所保留的母公司人力资本、结构资本和关系资本问卷题项进行 KMO 和 Bartlett 球形检验，以检验各个量表内部变量之间的相关性，确定它们是否适合进行因素分析。[①] 附录 B2 中的分析结果显示，母公司人力资本、结构资本和关系资本三个变量的 KMO 值分别为 0.865、0.854 和 0.840，均大于 0.8，表

---

① 一般认为，KMO 越大（即越接近 1），越适合进行因素分析。根据 Kaiser（1974）的观点，若 KMO 值低于 0.5 时，较不适宜进行因素分析，执行因素分析的一般准则至少在 0.6 以上。

示变量题项间具有共同因素存在；且 Bartlett 球形检验的 χ^2 值分别为 396. 592、512. 990 和 546. 187，均达显著，表示总体相关矩阵间有共同因素存在，因此，母公司人力资本、结构资本和关系资本变量均适合进行因素分析。

在 KMO 和 Bartlett 球形检验的基础上，对母公司人力资本、结构资本和关系资本分别进行进一步的因素分析。在探索性因素分析中，本书采用主成分分析法和最大变异数旋转①，以保留特征值大于 1 的因素数目挑选标准进行因素分析。（1）附录 B2 中的分析结果显示，纳入因素分析的母公司人力资本问卷题项全部保留，其中，题项 HC_1—HC_5、HC_8、HC_9 构成第一个因素层面"员工知识与能力"，题项 HC_6、HC_{10} 和 HC_{11} 构成第二个因素层面"组织的人才吸引力"，它们的解释变异量分别为 35. 638% 和 25. 535%，而这两个层面对所有变量的累积解释变异量达 61. 173%。②（2）附录 B2 显示，对母公司结构资本进行因素分析之后，所有题项均予以保留，并提取出两个因素层面，即"创新与知识管理"（包括题项 SC_3、SC_4、SC_8—SC_{11}）和"管理系统与文化"（包括题项 SC_1、SC_2、SC_5、SC_6、SC_7），它们能够联合解释结构资本 60. 869% 的变异量。（3）附录 B2 中，对母公司关系资本进行第一次因素分析的因素载荷结果显示，题项 RC_6、RC_8 和 RC_4 在因素 1 和因素 2 中的因素载荷均超过了 0. 5，有横跨两个因素的现象，因此，继续对其进行逐项剔除的探索性分析。在依次剔除 RC_6、RC_8 和 RC_4 后的第四次因素分析之后，转轴后的因素矩阵中形成了两个因素，因素一包括题项 RC_1、RC_2、RC_3、RC_5 和 RC_{11}，可将这一结构面命名为"直接利益相关者关系资本"，而因素二包括题项 RC_7、RC_9 和 RC_{10}，可将其命名为"其他利益相关者关系资本"。这两个因素的联合解释变异量达到 64. 231%。

---

①　因素分析中决定转轴的方法有直交转轴法和斜交转轴法两种，直交转轴法包括最大变异法、四次方最大值法、相等最大值法，直交转轴中因素与因素之间没有相关；斜交转轴法则包括直接斜交转轴法和 Promax 转轴法（最优转轴法），斜交转轴中的因素与因素之间彼此具有某种程度相关。在实际应用中，使用者最好同时进行直交转轴和斜交转轴，并加以综合判断。若采用此两种方法分析中因素数目和因素所包含测量指标内容差不多，则直接采用直交转轴法的结果（吴明隆，2010）。本书在研究中依据此观点，同时采用两种方法进行因素分析所形成的因素结构基本一致，因此，最后直接采用了直交转轴法的结果。

②　社会科学领域中，提取后保留的因素联合解释变异量若能达到 60% 以上，表示提取后保留的因素相当理想，若提取的因素能联合解释所有变量 50%—60% 以上的变异量，则萃取的因素也可以接受。

（三）初始量表的信度分析

在因素分析之后，需要进行信度检验，以进一步了解设计问卷的可靠性和有效性。若量表信度越高，则量表越稳定。社会科学领域中，李克特式量表所采用最多的信度分析方法是 Cronbach's α 系数。Cronbach' $Alpha$ 系数与折半信度、库李信度等均属于内部一致性信度中的一种，它由 Cronbach（1951）所创用，以 α 系数表示量表内部一致性信度，当 α 系数越高，则表示量表内部一致性越佳。[①]

在探索性因素分析基础上，本书对所保留的母公司人力资本、结构资本和关系资本问卷题项进行了信度检验（见附录 B3），结果显示：（1）母公司人力资本的总 α 系数为 0.881，因素层面"员工知识与能力"的 7 个题项的 $CITC$ 系数介于 0.570—0.768，表示每个题项与其余题项加总的一致性较高，题项删除后的 α 系数介于 0.832—0.861，没有超过层面 α 系数 0.869，表示该层面内部一致性信度较为理想；因素层面"组织的人才吸引力"的 3 个题项中，$CITC$ 系数介于 0.577—0.628，题项删除后的 α 系数介于 0.651—0.708，没有超过层面 α 系数 0.765，表示该层面内部一致性信度较为理想。（2）母公司结构资本的总 α 系数为 0.891，因素层面"管理系统与文化"的 5 个题项的 $CITC$ 系数介于 0.530—0.660，题项删除后的 α 系数介于 0.764—0.802，低于层面 α 系数 0.816；因素层面"创新与知识管理"的 6 个题项的 $CITC$ 系数介于 0.534—0.779，题项删除后的 α 系数介于 0.838—0.879，除 SC_3 外，其余题项均低于层面 α 系数 0.877。由于该层面 α 系数已达较理想标准，而题项 SC_3 的删除对 α 系数的改变仅 0.002，因此，题项 SC_3 依然保留。（3）母公司关系资本的总 α 系数为 0.835，因素层面"直接利益相关者关系资本"的 5 个题项的 $CITC$ 系数介于 0.560—0.778，题项删除后的 α 系数介于 0.780—0.841，低于层面 α 系数 0.846；因素层面"其他利益相关者关系资本"的 3 个题项的 $CITC$ 系数介于 0.495—0.579，题项删除后的 α 系数介于 0.587—0.687，低于层面 α 系数 0.719；这表示这两个因素层面中每个题项与其余题项加总的一致性较高，内部一致性信度较为理想。

---

① 对 α 系数的判断标准，学者们并未达成统一意见。吴明隆（2010）综合多位学者的看法，认为分层面（构面）的内部一致性 α 系数应在 0.50 以上，最好能高于 0.60，而整份量表最低的信度系数应在 0.70 以上，最好能高于 0.80。

三 母公司智力资本正式量表的建立

根据上述因素分析结果，母公司人力资本由员工知识与能力和企业的人才吸引力两个因素构面组成，其中，员工知识与能力包括员工的教育水平、专业技能和工作经验及管理者的领导能力等人力资本的一般水平；而企业人才吸引力则包括员工工作满意度和离职率等，反映企业对员工的综合吸引力，以及企业对人力资本的投资等，反映人力资本的专用性。母公司结构资本由管理系统与文化和创新与知识管理两个构面组成，管理系统与文化主要包括整体流程、营运流程、组织结构设计和企业文化氛围、价值观和文化认同度等，创新与知识管理则主要包括信息技术系统、研发资本和知识产权等。而母公司关系资本则由直接利益相关者关系资本和其他利益相关者关系资本两个构面组成。这两个构面分别包括反映顾客满意度、忠诚度等企业与顾客之间的关系，企业与供应商、债权人和投资者等直接利益相关者之间的关系，以及企业与合作伙伴、专家或研究机构和政府部门等其他利益相关者之间的关系。基于对母公司智力资本三个维度的预试分析，本书形成了母公司人力资本、结构资本和关系资本的正式量表，具体测评内容如表 4 - 3 所示。

表 4 - 3　　　　　　　　　母公司智力资本测评内容表

变　量	结构面	预试问卷题号	正式问卷题号	问卷题项内容	来　源
母公司人力资本	员工知识与能力	HC_1	HC_1	员工的平均教育程度在同业水平之上	斯图尔特(1997)、埃德文森和马隆(1997)、邦提斯(1998，2000)、范·布伦(1999)、Dzinkowski(2000)、格思里和佩蒂(2000)、Subramanian 和 Youndt (2005) 等
		HC_2	HC_2	员工拥有职业证照的比例在同业水平之上	
		HC_3	HC_3	员工的平均专业年资在同业水平之上	
		HC_4	HC_4	公司领导者的专业能力在同业水平之上	
		HC_5	HC_5	员工经常能提出工作上的新构想与建议	
		HC_8	HC_6	员工在团队中的合作关系良好	
		HC_9	HC_7	公司拥有完善的人才招募计划	
	组织人才吸引力	HC_6	HC_8	员工对工作是相当满意的	
		HC_{10}	HC_9	公司尽全力进行人才的培训与教育	
		HC_{11}	HC_{10}	公司提供优越的奖励制度鼓励员工创新	

续表

变　量	结构面	预试问卷题号	正式问卷题号	问卷题项内容	来　源
母公司结构资本	管理系统与文化	SC_1	SC_1	公司整体运作流程十分顺畅	埃德文森和马隆（1997）、鲁斯等（1997，1998）、邦提斯（1998）、范·布伦（1999）、Dzinkowski（2000）、格思里（2001）、Heng（2001）等
		SC_2	SC_2	公司营运流程有助于产品创新	
		SC_5	SC_3	公司能顺应外在环境变化而快速调整组织结构	
		SC_6	SC_4	公司文化氛围鼓励员工间的交流合作	
		SC_7	SC_5	公司的价值观和企业文化被员工普遍认同	
	创新与知识管理	SC_3	SC_6	公司应用信息技术联结组织内部工作	
		SC_4	SC_7	公司拥有完善的资料库系统以供咨询	
		SC_8	SC_8	公司每年投入的研发费用在同业平均水平之上	
		SC_9	SC_9	公司研发人员比例处于同业平均水平之上	
		SC_{10}	SC_{10}	公司拥有的专利、商标等在同业平均水平之上	
		SC_{11}	SC_{11}	公司提供良好的知识产权管理制度	
母公司关系资本	直接利益相关者关系资本	RC_1	RC_1	顾客对公司产品和服务表示满意	埃德文森和马隆（1997）、邦提斯（1998）、鲁斯等（1997，1998）、约翰逊（1999）、格思里（2001）、Palacios-Marqués和Garrigós-Simón（2003）等
		RC_2	RC_2	公司与大客户建立了长期信任关系	
		RC_3	RC_3	公司重视顾客的反应和意见	
		RC_5	RC_4	公司与主要供应商保持着长期交易关系	
		RC_{11}	RC_5	公司与债权人、投资者保持良好关系	
	其他利益相关者关系资本	RC_7	RC_6	公司与其他同行进行有效合作	
		RC_9	RC_7	公司与专家或研究机构进行有效合作	
		RC_{10}	RC_8	公司与政府部门保持良好关系	

第三节　母子公司间智力资本转移机制的测评

结合实务状况，本书分别设计母公司智力资本转移意愿与能力和子公司吸收意愿与能力的初始问卷，并结合量表的预试分析评价以修正量表，对母子公司间智力资本转移机制进行测评。

一　母子公司间智力资本转移机制初始量表的设计

根据理论分析，母公司智力资本转移意愿与能力和子公司智力资本吸收意愿与能力均是构成对母子公司间智力资本转移机制进行测评的重要维度之一。

（一）母公司转移意愿与能力初始问卷的设计

母公司智力资本转移意愿与能力反映了企业集团母公司向子公司转移智力资本的思维倾向和行为能力，既包括母公司在转移过程中愿意投入的时间和资源的多少以及建立转移渠道与媒介的主观意愿等，又包括对所需转移智力资本的识别、解释编码能力、选择适当渠道的能力和指导能力等，这可以从参与转移人员的能力控制和转移过程的控制等方面加以衡量。本书对母公司转移意愿与能力的初始问卷设计参考 Leonard – Barton（1995）、Nonaka 和 Takeuchi（1995）、Grant（1996）、Senge（1997）、Inkpen 和 Dinur（1998）、Tsai 和 Ghoshal（1998）、Lepak 和 Snell（1999）、Minbaeva 等（2003）和郭翠菱等（2009）的研究，结合调研访谈结果对题项进行适当调整，以衡量母公司是否愿意和能否有效地将其所拥有的人力资本、结构资本和关系资本转移至子公司。详细问卷如附录 A 所示。

（二）子公司吸收意愿与能力初始问卷的设计

子公司的吸收意愿与能力反映了子公司对母公司所转移的智力资本进行吸收的主动倾向和效果，它从子公司的角度反映了对企业集团智力资本转移过程的影响。子公司的吸收意愿体现在子公司是否愿意投入时间和资源、是否愿意建立相应制度和机制以接收母公司的智力资本。而子公司的吸收能力则包括子公司对母公司所转移的智力资本的理解、消化、转换和应用能力。本书对子公司吸收意愿与能力的初始问卷设计参考 Cohen 和 Levinthal（1990）、Nonaka 和 Takeuchi（1995）、Grant（1996）、Senge（1997）、Lepak 和 Snell（1999）、Tsai（2002）、Zahra 和 George（2002）、Minbaeva 等（2003）和郭翠菱等（2009）的研究，结合调研访谈适当调整题项，以衡量子公司是否愿意和能否有效吸收母公司所转移的智力资本。详细问卷如附录 A 所示。

二　母子公司间智力资本转移机制量表的预试分析

以预测试回收的 93 份有效问卷为基础，本书分别对母公司智力资本转移意愿与能力和子公司智力资本吸收意愿与能力的初始量表进行项目分析、探索性因素分析和信度检验，并根据预试分析结果，以修正形成正式量表。

（一）初始量表的项目分析

对母子公司间智力资本转移机制的两个初始子量表的项目分析结果（见附录 B1）显示，母公司转移意愿与能力和子公司吸收意愿与能力的所有问卷题项的全部三类六项指标检验结果均达到标准，表示母公司转移意愿与能力和子公司吸收意愿与能力预试问卷中的所有题项均具有鉴别度。因此，经过项目分析，母公司转移意愿与能力和子公司吸收意愿与能力的所有问卷题项均予以保留。

（二）初始量表的探索性因素分析

在项目分析之后，对所保留的母公司转移意愿与能力和子公司吸收意愿与能力的所有问卷题项分别进行探索性因素分析以建立量表或问卷的建构效度。附录 B2 中的 KMO 和 Bartlett 球形检验结果显示，母公司转移意愿与能力及子公司吸收意愿与能力变量的 KMO 值分别为 0.857 和 0.884，均大于 0.8，而其 Bartlett 球形检验的 χ^2 值分别为 426.288 和 581.429，显著性概率值 p 为 0.000 < 0.05，这表示这两个变量的题项间均有共同因素存在，它们均适合进行因素分析。

基于 KMO 和 Bartlett 球形检验，依然采用主成分分析法和最大变异数转轴方法，以保留特征值大于 1 的因素提取标准进行探索性因素分析，结果显示：（1）母公司转移意愿与能力变量共提取出两个共同因素，因素①包括 TC_1—TC_5 和 TC_7 共 6 个题项，可命名为"母公司转移意愿"，而因素②则包括 TC_6、TC_8、TC_9 共 3 个题项，可将其命名为"母公司转移能力"。这两个因素构面转轴后的特征值分别为 3.716 和 2.317，每个因素的解释变异量分别为 41.293% 和 25.742%，而这两个因素构面对母公司转移意愿与能力的联合解释变异量达 67.035%。分析结果如附录 B2 所示。（2）根据附录 B2 中的分析，在对子公司吸收意愿与能力变量进行第一次因素分析发现，题项 AC_5 在因素 1 和因素 2 中的因素载荷均超过了 0.5，有横跨两个因素的现象，因此，将其剔除。剔除 AC_5 之后的第二次因素分析共提取出两个共同因素，因素①包括 AC_6—AC_9 共 4 个题项，可命名为"子公司吸收能力"，而因素②则包括 AC_1—AC_4 共 4 个题项，可命名为"子公司吸收意愿"。这两个因素转轴后的特征值分别为 3.093 和

2.900，解释变异量分别为 38.658% 和 36.247%，而这两个因素构面能够联合解释所有变量 74.905% 的变异量。上述分析结果表明，对母公司转移意愿与能力及子公司吸收意愿与能力变量提取的因素均能接受。

（三）初始量表的信度分析

基于因素分析结果，继续对在 EFA 中所保留的母公司转移意愿与能力及子公司吸收意愿与能力的问卷题项分别进行信度检验，附录 B3 中的分析结果显示：

（1）母公司转移意愿与能力变量的总 α 系数为 0.891，因素层面"母公司转移意愿"的 6 个题项的 $CITC$ 系数介于 0.675—0.723，题项删除后的 α 系数介于 0.858—0.867，没有超过层面 α 系数 0.883；因素层面"母公司转移能力"的 3 个题项的 $CITC$ 系数介于 0.542—0.708，题项删除后的 α 系数介于 0.631—0.804，除删除题项 TC_6 后的 α 系数略高于层面 α 系数 0.790，其余均达标准。这表示两个因素中每个题项与其余题项加总的一致性较高，且"母公司转移意愿"层面内部一致性信度非常理想，而"母公司转移能力"层面尽管删除 TC_6 会略提升内部一致性信度，但由于该层面 α 系数已达较理想的标准，且删除 TC_6 对层面 α 系数影响不大，反而会影响该层面题项完整性，因此，该题项依然保留。

（2）子公司吸收意愿与能力变量的总 α 系数为 0.910，因素层面"子公司吸收意愿"的 4 个题项的 CITC 系数介于 0.678—0.797，题项删除后的 α 系数介于 0.817—0.864，均没有超过层面 α 系数 0.877；因素层面"子公司吸收能力"的 4 个题项的 $CITC$ 系数介于 0.734—0.789，题项删除后的 α 系数介于 0.848—0.867，均没有超过层面 α 系数 0.890。这一结果表明两个因素层面每个题项与其余题项加总的一致性较高，内部一致性信度都非常理想。

三　母子公司间智力资本转移机制正式量表的建立

依据理论分析，结合上述对母公司转移意愿与能力及子公司吸收意愿与能力子量表的预试分析结果，本书形成了母子公司间智力资本转移机制的正式量表。其中，母公司转移意愿与能力变量由"转移意愿"和"转移能力"两个结构面组成，而子公司吸收意愿与能力变量由"吸收意愿"和"吸收能力"两个结构面组成。母子公司间智力资本转移机制正式测评内容如表 4-4 所示。

表 4 – 4　　　　　　　　　母子公司间智力资本转移机制测评内容

变　量	结构面	预试问卷题号	正式问卷题号	问卷题项内容	来　源
母公司转移意愿与能力	母公司转移意愿	TC_1	TC_1	母公司投入相当多的时间，培训员工和制定具有诱因的规章法规，激励智力资本的转移	伦纳德—巴顿（1995）、Nonaka 和 Takeuchi（1995）、Grant（1996）、Senge（1997）、Inkpen 和 Dinur（1998）、Tsai 和 Ghoshal（1998）、Lepak 和 Snell（1999）、Minbaeva 等（2003）、郭翠菱等（2009），结合调研访谈进行调整
		TC_2	TC_2	母公司投入相当多资源，建立转移智力资本的标准（如母子公司间转移知识的程序规范和奖励制度等）	
		TC_3	TC_3	母公司经常通过人员间的互动机制向子公司转移智力资本（如研讨会议、专题报告、个别示范说明、现场指导、岗位轮换或师徒制等）	
		TC_4	TC_4	母公司通过非人员间的互动机制向子公司转移智力资本（如操作手册、备忘录等书面资料或知识资料库等）	
		TC_5	TC_5	母公司经常与子公司交换重要信息（如产品和市场发展趋势或供应来源等）	
		TC_7	TC_6	母公司对参与转移智力资本的员工进行充分教育训练，使其拥有关于智力资本的专业知识	
	母公司转移能力	TC_6	TC_7	母公司建立了适当的管理制度控制智力资本的转移过程	
		TC_8	TC_8	母公司的沟通模式和商业习惯与子公司很相似	
		TC_9	TC_9	母公司的价值观和经营理念与子公司很相似	
子公司吸收意愿与能力	子公司吸收意愿	AC_1	AC_1	子公司投入相当多时间训练员工学习母公司转移的智力资本	
		AC_2	AC_2	子公司投入相当多资源以接受母公司转移的智力资本	
		AC_3	AC_3	子公司鼓励内部将接收的各类智力资本补注更新、建档为书面文字	

续表

变　量	结构面	预试问卷题号	正式问卷题号	问卷题项内容	来　源
子公司吸收意愿与能力	子公司吸收意愿	AC₄	AC₄	子公司已建立知识资料库以储存获取的智力资本	Cohen 和 Levin-thal（1990）、Nona-ka 和 Takeuchi（1995）、Grant（1996）、Senge（1997）、Lepak 和 Snell（1999）、Tsai（2001）、Zahra 和 George（2002）、Minbaeva 等（2003）、郭翠菱等（2009），结合调研访谈进行调整
	子公司吸收能力	AC₆	AC₅	子公司能迅速完整地吸收学习由母公司所转移的智力资本	
		AC₇	AC₆	子公司从外界吸收智力资本的经验很丰富	
		AC₈	AC₇	子公司能将从母公司获取的智力资本与自身智力资本有效融合	
		AC₉	AC₈	子公司能将从母公司吸收的智力资本整合运用于自身	

第四节　子公司经营绩效的测评

对企业经营绩效评价的研究在国外由来已久，尤其是在现代公司制形成之后，所有权和经营权的分离产生，对企业经营绩效的事后评价成为考核企业经营效益和经营者主观贡献的重要方法，也成为企业所有者维护权益的重要手段。

一　子公司经营绩效初始量表的设计

国外对经营绩效的评价基本经历了成本评价、财务评价、价值评价和综合评价阶段，而国内对经营绩效的评价则主要源于对国有企业经营绩效的考核评价。虽然相关研究层出不穷，但目前对企业经营绩效的评价仍未形成统一模式。本书以实地调研结论为依托，借鉴以往学者的研究结论，采用财务指标与非财务指标相结合的综合评价方式，主要从以财务指标形式反映的财务绩效和以非财务指标形式反映的市场绩效两个方面形成相应问卷，对企业集团子公司经营绩效进行测评，以为后续经验分析奠定基础。关于子公司经营绩效的初始问卷题项的设计主要参考邦提斯（1998）、范·布伦（1999）、Lee 和 Choi 等（2003）的研究。其中，财务绩效主要以营业净利率和总资产报酬率衡量[①]，而市场非财务绩效则包括产业领导力、竞争能力和市场占有率的成长率等方面。详细问卷如附录 A 所示。

二 子公司经营绩效量表的预试分析

依据预测试阶段所回收的 93 份有效问卷，本书对子公司经营绩效的初始量表进行了项目分析、探索性因素分析和信度检验，以形成正式量表。

（一）初始量表的项目分析

根据附录 B1 中对子公司经营绩效的项目分析结果显示，子公司经营绩效的 5 个问卷题项关于极端值比较、题项与总分相关和同质性检验的六项指标均能通过检验标准，表示子公司经营绩效预试问卷中的全部题项均具有鉴别度。基于项目分析结果，本书对子公司经营绩效的所有 5 个问卷题项均予以保留。

（二）初始量表的探索性因素分析

项目分析之后，对所保留的子公司经营绩效问卷题项进行 KMO 和 Bartlett 球形检验，以判断该变量是否适合进行因素分析。附录 B2 中的分析结果显示，子公司经营绩效变量的 KMO 值为 0.814，大于 0.8，表示该变量题项间具有共同因素存在；且 Bartlett 球形检验的 χ^2 值为 369.576，显著性概率值 p 为 0.000，达到 0.01 的显著性水平，表示总体相关矩阵间有共同因素存在，因此，子公司经营绩效变量适合进行因素分析。

在 KMO 和 Bartlett 球形检验的基础上，对子公司经营绩效量表采用主成分分析和最大变异法转轴，以保留特征值大于 1 不限定因素数目的因素提取方法进行探索性因素分析（如附录 B2 所示）。分析结果显示，子公司经营绩效的 5 个题项提取出一个共同因素，5 个题项的因素载荷均在 0.8 以上，因素特征值为 3.775，解释变异量为 75.496%，表明提取出的这一因素能够解释子公司经营绩效变量 75.496% 的变异量。

---

① 学术界和实务界对企业经营绩效的评价并未形成统一意见，本书综合大多数学者（如孟建民，2002；张蕊，2002 等）的观点，以净资产收益率指标为核心，并以其进行分解后的核心财务指标总资产报酬率和营业净利率作为财务绩效的替代衡量指标，同时，考虑到在后续分析中本书将资产负债率作为财务杠杆的替代变量纳入控制变量，此处对经营绩效的评价指标不包括资产负债率指标。而对经营绩效的具体问卷的设计则主要参考邦提斯（1998）、范·布伦（1999）、Lee 和 Choi（2003）的研究。

（三）初始量表的信度分析

对项目分析和因素分析后所保留的子公司经营绩效全部 5 个问卷题项进行信度分析的结果显示（见附录 B3），子公司经营绩效变量的内部一致性 α 系数为 0.916，信度指标甚为理想，该潜在变量包含的 5 个测量题项的 CITC 系数介于 0.739—0.822，表示每个题项与其余题项加总的一致性高，题项删除后的 α 系数介于 0.892—0.907，没有超过总 α 系数 0.916，表示其内部一致性信度非常理想。

三　子公司经营绩效正式量表的建立

依照前述理论分析，子公司经营绩效的问卷题项主要由财务绩效和非财务绩效两个部分的问卷题项共同构成。经过对子公司经营绩效初始量表的预试分析，初始量表中的 5 个问卷题项均予以保留，形成子公司经营绩效的正式量表。子公司经营绩效的具体测评内容如表 4 - 5 所示。

表 4 - 5　　　　　　　　　子公司经营绩效测评内容

变　量	预试问卷题号	正式问卷题号	问卷题项内容	来　源
子公司经营绩效	BP_1	BP_1	公司的营业净利率（ROS）在同业平均水平之上	邦提斯（1998）、范·布伦（1999）、Lee 和 Choi（2003）
	BP_2	BP_2	公司的总资产报酬率（ROA）在同业平均水平之上	
	BP_3	BP_3	公司是行业的领导者	
	BP_4	BP_4	公司竞争能力的提升在同业平均水平之上	
	BP_5	BP_5	公司市场占有率的提升在同业平均水平之上	

第五章 企业集团智力资本对经营绩效影响的经验分析

——以母公司对子公司的影响为例

在理论分析的基础上，本章借助已形成的相关问卷或量表，以母公司对子公司的影响为例，对母公司人力资本、结构资本和关系资本影响子公司经营绩效的路径进行实证检验，并重点检验母公司智力资本转移意愿与能力和子公司智力资本吸收意愿与能力在其中所发挥的中介或调节作用。

第一节 理论分析与假设

以往关于智力资本影响企业绩效的实证研究，一般主要分析某公司智力资本对自身绩效或价值的影响，而极少对企业集团母公司智力资本对子公司经营绩效的影响进行检验。然而，在当前激烈竞争的市场环境下，母公司智力资本能否有效利用？对子公司经营绩效是否产生影响？如何影响？将是本书所要检验的重要议题。为此，本书依据前述理论分析，结合相关实务状况，提出以下相关假设：

一 直接影响：母公司智力资本—子公司经营绩效

随着经济全球化和信息化的迅速发展，外资企业大举抢占中国市场，国外跨国公司对我国经济发展的影响越来越明显，我国经济在融入世界的进程中所面临的风险也越来越突出。由于我国技术实力等方面远远落后于发达国家，导致我国企业大多具有短命的通病，极少能形成与国外跨国公司相抗衡的大型企业集团，尤其是大型的跨国企业集团。因此，培育具有持续生命力的大型企业集团，将是促进我国经济发展和占据国际市场的重要手段之一。而如何有效利用无形的知识和智力资本，更大程度地发挥企业集团内部资源配置与利用效率，则是企业集团所面临的重要战略问题之一。组织若能有效率地实现资源分配，将可使组织在快速变迁的环境中增加竞争力（Barsky and Marchant，2000）。企业集团母公司所拥有的优秀人才资源、先进技术和管理诀窍等智力资本实质上是资源基础观所强调的一种无形资源，具有价值性、稀缺性、不能完全仿制性和无法替代性，如果通过动态运用以渗透至子公司，其他企业则难以理解和完全模仿，将能为子公司创造竞争优势，提升子公司经营绩效。因此，本书提出假设 H_1 如下：

H_1：母公司智力资本各维度对子公司经营绩效具有正向影响。

资源基础理论重视人力资本的价值，强调唯有通过分析组织内部所拥有的独特技巧或能力，才能真正拥有优势预期能力，达到获取超额报酬的目标（Barney，1986）。而交易成本理论强调人力资本的独特性或专属性，主张交易标的物的专属性将影响组织交易成本（Williamson，1981）。长期以来，人力资本一直被视为企业关键核心资源，有助于企业获取竞争优势。许多研究也显示，人力资本的特征，如教育、技能、经验和管理者素质等，对企业经营绩效具有正向影响（Huselid，1995；Bassi and Van Buren，1999）。由此而言，过去文献基本支持人力资本对经营绩效的重要性。然而，企业集团在扩大规模，进入新的市场时，母公司员工知识与能力等人力资本对子公司培育专属性人力资本和留才机制同样具有重要影响，即母公司在将其优势经验复制至子公司时，母公司人力资本将有助于子公司获取竞争优势，提升经营绩效。因此，本书在假设 H_1 的基础上，提出如下假设：

H_{1a}：母公司人力资本对子公司经营绩效具有正向影响。

经济增长的核心在于创新，包括生产技术的革新与生产方法的改变（Schumpeter，2000）。Edvinsson 和 Malone（1997）认为，流程资本可以扩大或加强产品制造或服务效率的能力，提升企业生产力，也可提供企业秩序、稳定及质量的贡献。一些组织学者（Kraatz and Zajac，1996；Quinn et al.，1996）认为，作为组织学习方式的文化资本影响了组织绩效。也有许多实证研究结果表明，衡量创新投入的 R&D 支出及创新产出的专利权等与企业经营绩效间呈现显著正相关（如 Hall，1993；Lev and Sougiannis，1996）。综上所述，以往许多文献支持结构资本对企业绩效具有正效应（Peña，2002；Firer and Williams，2003；Chen et al.，2005；Tovstiga and Tulugurova，2007；Khani et al.，2011；原毅军等，2009）。然而，对于母公司结构资本是否适用于解释子公司经营绩效问题，涉及企业集团内部知识分享与交流、文化氛围、创新策略、技术转移和知识产权运用等，本书延续以往研究，认为母公司结构资本有助于提升子公司经营绩效。因此，在假设 H_1 的基础上，提出如下假设：

H_{1b}：母公司结构资本对子公司经营绩效具有正向影响。

关系资本能够改进企业内部行为，促进知识与信息等资源的交流，实现效率提高、成本降低或创新增强等效果，因此，它是提升组织绩效的积极因素。关于关系资本与经营绩效之间的研究，大多偏重于关系资本中顾客关系对绩效的影响。例如，赫塞克特等（Heskett et al.，1994）指出，顾客满意度、顾客忠诚度、市场占有率与财务绩效之间具有关系。希尔和琼斯（2001）认为，外部利害关系人是组织重要资源的供应者，因此，企业应了解并满足利害关系人的需求。奈特（1999）主张品牌、商誉和企业形象等是利害关系人对企业的信任基础，能够保持企业的市场占有率，提升企业的竞争力。此外，在研究智力资本与绩效的关系时，一些学者也支持关系资本对企业经营绩效具有正效应（如 Peña，2002；Khalique et al.，2011）。而 Tsai 和 Ghoshal（1998）的研究表明，跨国公司体系内组织成员间的内部关系可以提升子公司的创新能力。关系资本作为智力资本的构成维度，以企业集团而言，母公司关系资本也是企业集团整体的无形资源，在市场发展中，母公司的品牌形象、客户资源及与外部关系等资源对子公司经营绩效均应具有一定影响。因此，在假设 H_1 的基础上，本书提出如下假设：

H_{1c}：母公司关系资本对子公司经营绩效具有正向影响。

互补性是智力资本的一项重要特性（Quinn et al.，1996；Ulrich，1998）。埃德文森和马隆（1997）曾指出，智力资本的构成要素虽然各自独立，但若单独存在则效果有限，只有透过各要素之间的交互作用，在价值平台上彼此协同整合运作，才能产生综合绩效，进而创造更高的企业价值。Saint-Onge（1996）认为，人力资本和组织资本之间是一种"动态的双向箭头"关系。结构资本所强调的是对人力资本效用发挥的支持功能，而关系资本也重视对人力资本和结构资本效用的提升效果（Johnson，1999）。卡普兰和诺顿的平衡计分卡也强调完善的内部流程对顾客关系具有正面影响。邦提斯等（2000）认为，人力资本对结构资本和顾客资本有显著影响。相关研究显示，人力资本、结构资本和关系资本之间呈现互补关系。智力资本要素之间唯有相互支持和结合，才能协助企业创造竞争优势，获取较高报酬，发挥较高的效能（Stewart，1997；Reed，2000）。因此，本书提出假设 H_2 如下：

H_2：母公司智力资本各维度之间具有交互作用。

结合母公司智力资本的三个维度，即人力资本、结构资本和关系资本，本书在假设 H_2 的基础上，分别提出如下三个假设：

H_{2a}：母公司人力资本与结构资本之间具有正向交互作用。

H_{2b}：母公司人力资本与关系资本之间具有正向交互作用。

H_{2c}：母公司结构资本与关系资本之间具有正向交互作用。

二　间接影响：母公司智力资本—转移机制—子公司经营绩效

从组织创造知识的观点而言，知识的创造是由个人层次逐渐扩散至团体、组织，甚至组织之间的。组织应营造有利的环境以帮助组织创造知识，包括发展组织能力以获取、累积和利用知识，而其中最关键的是将知识概念化进入转移机制的管理体系中以便于执行（Nonaka and Takeuchi，1995）。随着全球竞争的加剧，中国企业大型化和集团化的趋势也日益明显，由于企业集团母公司智力资本中包含许多镶嵌于组织中的内隐知识，需要透过双方密切互动才能实现转移，此时，母子公司间的转移机制将发挥重要作用。而哈默尔（Hamel，1991）认为，决定组织在转移机制中的学习效果的是学习意愿、学习机会透明度以及最重要的学习能力。莱恩和卢巴特金（Lane and Lubatkin，1998）则提出，影响吸收能力的决定因素包括知识提供者和吸收者的知识基础、组织结构与激励政策和主要逻辑的相似性。组织若具有较高的吸收能力，则较能够从外部环境中发掘学习机会，进而提升组织获取外部知识的效果（Cohen and Levinthal，1990），促进企业创新能力的增长，提升企业经营绩效。因此，本书推论，母公司智力资本先通过影响母公司转移意愿和能力及子公司的吸收意愿和能力，进而影响子公司经营绩效。为此，本书提出假设 H_3：

H_3：母公司转移意愿与能力和子公司吸收意愿与能力在母公司智力资本各维度对子公司经营绩效的影响中具有中介作用。

员工的知识与能力可以创造经济价值，人力资本在企业集团内部的转移有利于避免重复开发的浪费以及资源的有效配置与利用，因此，人力资本的转移可能产生有利的正面效果。同时，人力资本转移也可能对组织产生不利的负面效果。哈默尔等（1989）主张组织的学习能力与资源的配置有关，人力资源和其他支持性资源的适当性会直接影响学习效果，为了培养专属性的人力资本，组织必须采取适当的转移机制以避免人力资本转移或流动所形成的损失。由于人力资本转移可能造成因知识外溢所致的权力丧失以及转移成本的影响，拥有优势资源的组织可能倾向于"信息垄断"，而选择保护自身知识不愿与其他企业分享。对企业集团而言，母公司所拥有的人力资本大多是内隐知识，转移人力资本至子公司时，可能需要母公司承担更多的转移成本，这可能降低母公司对人力资本的转移意愿。然而，由于人在知识与信息的传播中的直接作用，母公司拥有越丰富和具差异性的人力资本，母公司才越有实现转移的可能性，且其转移能力将越佳。根据莱帕克和斯内尔（Lepak and Snell，1999）的建议，当组织同时存在多种类型人力资本时，应当视其对组织的价值与独特性采取适当的管理机制，以使管理更为有效。因此，本书认为，母公司所拥有的人力资本对母公司转移意愿与能力可能具有促进和阻碍的双向影响，其最终结果受其他内外部因素的共同作用。为此，本书在假设 H_3 的基础上，提出如下假设：

H_{3a}：母公司人力资本对母公司转移意愿与能力具有显著影响。

组织需要通过转移机制的设计，整合组织内的个人知识，将个人知识由内隐转为外显，进一步成为组织共识，形成组织结构资本，最后借由团体互动过程创造出新知识，以使组织的知识创新发挥乘数效果。组织成员间如有共同语言、规则和沟通形式，形成具有凝聚力的共享系统，将可以促使成员间拥有共同的专属资源，降低彼此间的自利行为，促使各成员愿意从事促进资源分享的活动（Portes and Sensenbrenner，1993）。而共同愿景有助于组织成员间的知识交流，促进内隐知识的分享、协调与合作（Tsai and Ghoshal，1998）。结构资本更多的是由显性知识组成，在母子公司之间转移时相对内隐知识要更容易，因此，母公司可能更愿意提供时间与资源支持转移。此外，显性知识大多可以通过非人员机制实现转移，而母公司信息系统和结构流程设计越合理，其向子公司进行转移的能力也将越强。然而，由于母公司所拥有的一些技术较为复杂和隐秘，是其重要的竞争资源，此时，母公司可能由于担心转移此种技术而失去某种特权，且无法通过书面文件或手册等方式实现有效转移而增加转移成本，而不愿意主动分享。因此，本书认为，母公司所拥有的结构资本对母公司转移意愿与能力可能具有双重影响，其最终结果同样受多重因素的作用。为此，在假设 H_3 的基础上，提出如下假设：

　　H_{3b}：母公司结构资本对母公司转移意愿与能力具有显著影响。

　　关系资本可以提供企业重要的知识，促进知识的交流与分享，有利于将创新转化为利益。组织成员若维持紧密联系，建立经常互动与交流关系，有助于建立开放的沟通模式与知识的流动。而组织效率化地运用关系资本，有助于企业资源交换与知识共享，对企业绩效创造呈显著相关（Tsai and Ghoshal，1998）。组织成员间通过长期的情感或友谊，建立彼此互相尊重的伙伴关系，则所形成的相互信任的关系资本将促进成员彼此间的知识分享意愿（Burt，1997；Granovetter，1992）。同时，组织与外部顾客、专家或其他团队之间的信任关系，促使他们之间的知识交流更为频繁有效，进而促进组织知识的增长，对绩效具有正向效果。Gupta 和 Govindarajan（2000）针对跨国企业集团的研究结果显示，跨国公司内部的社会化机制将影响子公司知识流入与流出的意愿，而经由正式或非正式方式的交流与互动所产生的共识以及整体的认同，对知识转移所产生的效益尤为显著。综上所述，对企业集团而言，成员企业间的内部关系有助于内部转移的意愿与能力的提升，然而，母公司与外部企业之间的关系资本将为母公司提供更多从成员企业以外获取知识与信息的机会，这种机会反而可能阻碍母公司进行内部分享的意愿。因此，本书假定母公司关系资本对母公司转移意愿与能力亦可能具有双向影响。在假设 H_3 的基础上，提出如下假设：

　　H_{3c}：母公司关系资本对母公司转移意愿与能力具有显著影响。

　　企业的吸收能力依赖个体的吸收能力，先期已有知识与经验等对吸收能力具有决定性作用（Cohen and Levinthal，1990）。企业拥有高素质员工、有效的招聘和培训等人力资源管理优势，将对企业吸收能力具有积极影响。学习者所拥有的相关领域的知识或经验是增加知识可转移性和降低转移困难的重要因素（Pisano，1990）。卡彭特等（Carpenter et al.，2001）对跨国公司的研究发现，当 CEO 拥有越丰富的海外派遣经验时，组织绩效将越高，原因在于派遣 CEO 赴海外有助于海外子公司吸收知识、能力和应对环境变化的能力，并促进母子公司间的资源交换与合作。Riahi - Belkaoui（2003）从人力资本观点探讨跨国公司人力资源管理实务、吸收能力与知识转移的关系，指出企业通过拥有与控制战略性资产来获取利润，而若要维持竞争优势和获利，企业需要掌握人力资本。企业集团母公司所拥有的人力资本越丰富越具有优势，对其子公司的吸引力将越大，则其子公司进行吸收的意愿将会越强烈，更愿意付出更多的时间和资源以吸收母公司所转移的知识与经验等。因此，本书推论，母公司人力资本对子公司吸收意愿与能力具有显著影响。为此，在假设 H_3 的基础上，提出如下假设：

H_{3d}：母公司人力资本对子公司吸收意愿与能力具有显著影响。

吸收能力还依赖于促进个体向组织层面转移、沟通和分享的流程与惯例（Cohen and Levinthal，1990）。Davenport 和 Prusak（1998）认为，信息科技可拓展知识普及的范围，提升知识转移的速度。而通过企业文化可以推动组织的学习风气（Ulrich et al.，1993；Yeung et al.，1999），例如营造开放的学习氛围可以鼓励成员间的学习与知识分享，也有利于发展学习能力。以企业集团而言，母公司拥有完善的信息系统、开放的企业文化、先进的技术和知识产权管理制度，将会激励子公司对母公司结构资本的吸收意愿，促进子公司对母公司知识的吸收，进而促进子公司绩效的提升。子公司应当遵循自我能力发展的轨迹，在不断协调、整合和转换母公司结构资本的过程中，通过学习效果不断累积竞争优势，使资源不仅仅是静态的提供效果，更可结合吸收能力再发挥其效用，以改善经营绩效。例如，子公司可能通过吸收能力将母公司研发成果转化为具有市场价值的产品或资源，以提升其经营绩效。因此，本书在假设 H_3 的基础上，提出如下假设：

H_{3e}：母公司结构资本对子公司吸收意愿与能力具有显著影响。

知识不仅储存于组织内部，许多重要产品、原料、科技和竞争的知识都储存于组织外部的供应商、战略合作伙伴、研究单位或顾客中，组织要做好知识管理必须注重跨组织的知识交流与分享（Hansen，1999）。组织通过与其他组织之间的互动和信息交流，进而促使互动的组织能够借由彼此的知识分享，使得知识外溢、累积和扩散（Smith，1995）。对组织而言，外部的知识来源或直接为组织提供所需的知识，抑或为组织提供补充性资源，以促进组织知识耦合性的增强，帮助组织更好地理解来源于其他组织的知识（Fabrizio，2009）。组织拥有的关系越多，社会网络越广，与外部沟通越频繁，越会接触与自身不同的资源，对于信息的获取和资源的分配能力将越强。就企业集团而言，母子公司间的良好关系有助于相互间的知识与资源的转移，而母公司与顾客、供应商等外部利益相关者之间的良好关系则有助于母公司获取新知识和资源，形成资源优势，激励子公司吸收意愿的增强，进而促进子公司对母公司知识的内化与吸收。因此，本书推论，母公司的关系资本对子公司吸收意愿与能力具有显著影响。故在假设 H_3 的基础上，提出如下假设：

H_{3f}：母公司关系资本对子公司吸收意愿与能力具有显著影响。

企业集团内部智力资本转移的效率和效果同时受到母子公司转移和吸收意愿与能力的影响，而对转移双方转移和吸收意愿与能力产生影响的因素众多，如智力资本特性、双方所拥有智力资本存量差异、母子公司间的信任关系、企业文化及其他内外部环境因素等。Cohen 和 Levinthal（1990）认为，除了已累积的相关知识外，影响组织吸收能力的因素还有研发投资、教育训练、制造操作、沟通机制和外在环境。而莱恩和卢巴特金（1998）强调吸收能力应当建立在"老师企业"和"学生企业"的双边关系水平上评估。对企业集团母子公司之间的智力资本转移而言，母子公司之间的沟通机制对子公司吸收能力具有重要影响，作为"老师企业"的母公司的转移意愿与能力对作为"学生企业"的子公司的吸收意愿与能力也将会产生一定影响。母公司若表现出对转移的不积极和不主动，则子公司在转移过程中也会表现出不予配合的态度。如汉森（Hansen，1999）曾提出，意愿和能力是对知识转移问题进行解释的两个主要方面，而其中转移能力是衡量组织接受知识的重要指标。因此，本书推论，在企业集团智力资本转移过程中，母公司的转移意愿与能力对子公司的吸收意愿与能力可能产生正向影响，并在母公司智力资本对子公司经营绩效的影响模型中具有中介作用。故提出假设 H_{3g} 如下：

H_{3g}：母公司转移意愿与能力对子公司吸收意愿与能力具有正向影响。

Cohen 和 Levinthal（1990）强调跨国公司海外子公司的研发活动，既需要通过吸收能力以强化吸收外部知识或市场知识，又需要自身的创新。Mowery 等（1996）对战略联盟和跨国公司间知识转移绩效进行研究时发现，学习者的吸收能力越高，知识转移的绩效越好。吸收能力可以解释组织之间技术知识转移的有效性。Deeds（2001）发现，研发密集度、技术发展与吸收能力对高科技公司的市场附加值具有正向影响。Zahra 和 George（2002）指出，吸收能力可以说明组织发展新的认知模式，促进对现有组织模式的改变，以使创新过程的运行更有效率和效果。Chen（2004）的调查也证实，企业吸收能力等因素对知识转移绩效具有正向影响。在激烈竞争的市场环境中，企业集团母公司所拥有的智力资本，必须在子公司吸收意愿的基础上，通过其吸收能力消化吸收内化至子公司，才能适应市场环境的变化，以提升绩效和创造新价值。为此，本书基于假设 H_3，提出如下假设：

H_{3h}：子公司吸收意愿与能力对子公司经营绩效具有显著正向影响。

三　交互影响：转移机制的调节效应

以第三变量分析双变量之间的关系有利于误差推论可能性的减少，便于获取对两要素关系更为简洁和具体的理解（Rosenberg，1968）。尽管以往许多文献已经发现，智力资本对经营绩效具有正面影响，但本书认为，若要完整了解母公司不同智力资本结构维度对子公司经营绩效的影响，母子公司间的转移机制除了上述所讨论的可能具有中介作用以外，也可能具有交互作用。正如 Subramaniam 和 Venkatraman（2001）的研究所暗示的，母公司知识对子公司绩效的影响并非简单的线性关系，而是受到第三方变量的影响。依照前述分析，母公司智力资本构成要素对子公司经营绩效具有重要影响，但本书亦推论，当母子公司间转移机制越充分有效时，母公司智力资本构成要素越能显著提升子公司经营绩效。因此，以下进一步讨论母公司转移意愿和能力及子公司吸收意愿和能力在不同智力资本构成要素对子公司经营绩效影响中的调节效应。

对企业集团而言，母公司的转移意愿反映了母公司将所拥有的智力资本主动传递至子公司的主观动机，它是母公司智力资本能够运用于子公司以提升子公司绩效的前提条件。为了避免披露特殊知识可能产生的外溢效果而形成不利的负面影响，许多内隐于企业中的知识必须通过提升母公司转移意愿，才能促使母公司的知识在子公司中充分发挥作用，尤其对跨国公司更是如此。同时，当母公司拥有丰富的智力资本，若通过各种方式转移应用至子公司，例如，通过母子公司的兼任管理人员将母公司管理经验带入子公司等，将能促进子公司经营绩效的提升。然而，母公司所拥有的知识和资源并非都是子公司所需要的，如果全部转移至子公司，将会带来巨额的成本，对母子公司都会产生不利影响。此时，只有母公司能正确识别所需转移至子公司的知识和信息，将子公司迫切所需知识和信息以恰当的方式和渠道转移至子公司，才能节省转移成本和增加转移收益，实现智力资本的有效转移，进而提升子公司经营绩效。由此可知，当母公司对所拥有的智力资本具有主观的转移意愿及良好的识别和传送能力时，将能增进母公司智力资本对子公司经营绩效的影响。因此，本书推论，母公司转移意愿与能力越强烈，母公司智力资本构成要素越能显著提升子公司经营绩效，为此，提出假设 H_4：

H_4：母公司转移意愿与能力在母公司智力资本各维度对子公司经营绩效的影响中具有正向调节作用。

在假设 H_4 的基础上，分别考虑母公司智力资本的三个维度人力资本、结构资本和关系资本，本书提出如下三个具体假设：

H_{4a}：母公司转移意愿与能力越强，母公司人力资本对子公司经营绩效的正向影响越显著。

H_{4b}：母公司转移意愿与能力越强，母公司结构资本对子公司经营绩效的正向影响越显著。

H_{4c}：母公司转移意愿与能力越强，母公司关系资本对子公司经营绩效的正向影响越显著。

吸收意愿激励组织学习外部知识和信息的主动性，而吸收能力促使组织通过学习快速理解、消化、转化和应用外部组织的先进技术知识以增强自身的能力。以企业集团而言，母公司智力资本越丰富，越有利于子公司主动吸收和利用以提升其绩效，然而，由于资源和能力的限制，子公司不可能对母公司智力资本进行全部有效利用，因此，这就需要子公司对来自母公司的知识和信息进行有效的理解甄别，以获取最迫切需要的知识和资源。此外，子公司还需要将这些知识和信息进行消化，并以独特新颖的方式依据子公司的市场环境对其进行修正、整合和应用，从而实现创新以不断创造增量知识，形成新知识、新流程和新产品等，并最终转化为子公司的经营绩效。因此，子公司的理解、消化、转化和应用能力可以促进母公司智力资本对子公司经营绩效的影响。李京勋和李龙振（2011）通过对131 家在华韩资企业的分析以考察跨国公司母公司知识影响其海外子公司绩效的研究中发现，母公司知识对其海外子公司绩效产生显著正向影响，而海外子公司吸收能力在其中发挥正向调节作用。结合相关研究，本书推论，子公司吸收意愿和能力越强烈，母公司智力资本构成要素越能显著提升子公司经营绩效，为此，提出如下假设 H_5：

H_5：子公司吸收意愿与能力在母公司智力资本各维度对子公司经营绩效的影响中具有正向调节作用。

在假设 H_5 的基础上，分别考虑母公司智力资本的三个维度人力资本、结构资本和关系资本，本书提出如下三个假设：

H_{5a}：子公司吸收意愿与能力越强，母公司人力资本对子公司经营绩效的正向影响越显著。

H_{5b}：子公司吸收意愿与能力越强，母公司结构资本对子公司经营绩效的正向影响越显著。

H_{5c}：子公司吸收意愿与能力越强，母公司关系资本对子公司经营绩效的正向影响越显著。

第二节　研究设计

一　研究期间的确定

关于母公司智力资本、母公司转移意愿和能力以及子公司吸收意愿和能力的研究期间，本书对智力资本的衡量主要采用资本存量的概念。为了较为全面地衡量母公司智力资本和母子公司间转移机制的综合状况，本书在以问卷调查对母公司智力资本和母子公司间的转移机制进行衡量时要求填卷者根据最近五年内的平均状况作答。而智力资本对绩效的影响具有一定时间递延性，Sull（1999）认为，组织对智力资本的投资具有一定活动惯性，使得来自于这些投资的综合收益的直接分配具有延迟性。Cañibano等（2000）则指出，智力资本主要反映组织的未来盈利能力，而未来盈利具有不确定性，智力资本的这种不确定性更超过了有形资产。考虑到智力资本可能存在时间落差的递延资产特性，母公司智力资本对子公司经营绩效的影响可能具有一定的滞后性，本书对于子公司经营绩效的衡量则以过去三年的平均状况作为主要研究期间。

二　问卷发放与数据收集

本书的主要目的是对母公司智力资本影响子公司经营绩效的路径进行分析，因此，研究对象主要是企业集团。为全面了解和检验当前我国企业集团母公司智力资本、母子公司间转移机制和子公司经营绩效之间的关系，本书在选取研究样本时并未限定行业和企业性质等，仅仅在问卷设计中以企业集团母公司和最重要的一个子公司作为具体研究对象，要求填卷者适当作答，以形成研究结论。

本书通过两阶段收集数据，一方面，通过实地调研访谈，对企业集团母公司智力资本、母公司转移意愿与能力、子公司吸收意愿与能力以及子公司经营绩效进行较为深入的了解，再结合有关文献研究，设计相应的量表，为问卷调查奠定基础；另一方面，采用向企业集团发放问卷的方式收集数据，以问卷调查弥补实地调研样本不足的缺点。问卷调查的对象主要是企业集团的中高层管理人员，包括企业集团母公司或子公司经理人员、财务主管、人力资源部门主管或对企业集团母子公司情况较为了解的其他人员等，这些人员对企业集团母子公司情况都能够获得较为全面细致的了解，能够较好地回答问卷中关于母子公司情况的相关问题。为了对问卷进行检测，问卷的发放分为初试问卷发放和正式问卷发放两个阶段。

在正式问卷的发放上，本书采用方便抽样方法，但同时也尽量注意使研究样本在行业、企业性质和地域等方面的分布上存在一定广泛性和差异性。正式问卷的发放主要采用三种具体方式：第一种方式是在实地调研过程中发放问卷，在对武汉东湖新技术开发区的调研过程中，通过管委会和国税局等部门向辖区内部分企业集团发放调查问卷；第二种方式是直接向EMBA 和 MBA 学生现场发放问卷，笔者在 2012 年期间曾分多次亲自或委托任课教师分别向中南财经政法大学驻深圳、广州和北京等教学点及武汉大学等高校的 EMBA 和 MBA 班发放调查问卷，要求符合条件的学生填答；第三种方式是委托老师、同学和朋友等关系网络代为向符合条件的调查对象以 E－mail 形式发放问卷。通过以上三种方式，本书共发放调查问卷约 220 份，回收问卷 167 份，剔除无效问卷 23 份，有效问卷共计 144份，问卷回收率和回收有效率分别约达到76% 和86% 。

三　变量定义

根据前述理论分析和研究假设，本书所涉及的研究变量可以大致划分为以下四类：

（一）被解释变量：子公司经营绩效

本书中的被解释变量是子公司经营绩效，测评量表采用第四章中表4 - 5 的问卷设计，以李克特五点量表衡量这些题项，量表由"完全不同意"至"完全同意"，分别给予1—5 分。

（二）解释变量：母公司智力资本

本书将母公司智力资本作为解释变量，包括母公司人力资本、结构资本和关系资本三个维度，以第四章中表4 - 3 所形成的问卷进行测评，采用李克特五点量表方式予以衡量。

（三）中介或调节变量：母子公司间转移机制

中介变量是在解释变量与被解释变量之间的关系中发挥中介作用的变量。而调节变量是在解释变量与被解释变量之间的关系中发挥催化或干扰作用的变量，在模型中对解释变量与被解释变量之间的路径系数具有放大或缩小的作用。依据前述理论分析和假设，母子公司间的转移机制在母公司智力资本对子公司经营绩效的影响中可能发挥中介作用或调节作用。因此，本书选取母子公司间的转移机制作为中介变量或调节变量，包括母公司转移意愿与能力及子公司吸收意愿与能力两个维度。采用第四章中表4-4的问卷予以测评，以李克特五点量表进行衡量。

（四）控制变量

控制变量是可能对模型中的某些变量产生潜在影响，并导致研究结果发生变化的变量，因此，必须对其加以控制。控制变量通常为等级变量或类别变量，本书在进行控制变量的等级设置时执行先细后粗的原则，即在问卷调查中采用较为细致的等级分类，而在数据分析中则根据情况进行适当的等级合并，以保持研究的灵活性和深入性。

1. 子公司经营绩效的控制变量

对子公司经营绩效具有影响的因素众多，本书结合以往相关研究，主要选取子公司规模、财务杠杆、股权性质、行业特性和成长年限作为子公司经营绩效的控制变量。

（1）子公司规模。理论上，由于"规模经济"的存在，企业规模对企业经营绩效应当具有一定的影响。当企业规模扩大时，企业所拥有或控制的资产增加，企业杠杆作用的发挥更显著，此时平均成本下降而使利润增长，规模经济效应更显著，则企业经营绩效可能更好（Lee et al.，2001）。因此，本书将子公司规模作为子公司经营绩效的控制变量纳入考虑范围。以往文献中，学者们曾使用企业总资产、员工人数或销售收入衡量企业规模。本书考虑到行业差异，以总资产作为公司规模的衡量标准，在问卷设计中按照资产将子公司规模划分为7个级别，但在具体分析中则按问卷结果将子公司规模适当合并归类后进行实证检验。

（2）子公司财务杠杆。以往许多研究表明，企业资本结构或财务杠杆对经营绩效具有重要影响。李登武等（2004）曾总结说，通过债务的税盾作用、破产机制、信号传递及对剩余控制权的分配四条主要路径，激励股东对经营者的监督，阻碍经营者滥用职权，减少过度负债行为，企业资本结构能够对企业市场价值产生影响。而一些实证研究结果显示，负债与经营绩效呈负相关（Stiglitz，1985；Ng，2005）。本书以资产负债率作为财务杠杆的替代变量，考虑它对子公司经营绩效的影响。在问卷设计中，本书对子公司过去三年的平均资产负债率划分为 5 个级别，分别赋予 1—5 予以表示。

（3）子公司股权性质。国内学者一直关注股权性质或股权结构对经营绩效的影响，尤其是国有股份对企业绩效的影响。一般认为，国有股对公司绩效存在侵蚀作用（如杜莹、刘立国，2002）。由于国有股东既追求经济目标，也关心政治目标，导致国有股权可能引起政府行政干预，此外，国有股权可能存在"所有者缺位"和"内部人控制"现象，对公司绩效产生负面影响。然而，部分学者却认为国有股比例和公司绩效不相关（陈小悦、徐晓东，2001），抑或正相关（周业安，1999）。因此，本书将子公司的股权性质作为控制变量予以考虑，在具体分析中，将其划分为国有控股与非国有控股两类。

（4）子公司行业特性。以波特（Porter，1980）为代表的产业组织经济学派认为，企业竞争优势源于产业结构与市场机会，行业结构特征是企业绩效的重要影响因素。而在智力资本对企业绩效影响的研究中，许多学者也意识到行业特性在其中的作用（Bontis，1998；Marvidis，2004；Reed et al.，2006；Muhammad and Ismail，2009；卢馨、黄顺，2009；陈晓红等，2010）。本书将行业特性作为子公司经营绩效的控制变量，在问卷设计中进行了具体分类，但考虑本书研究目的，在具体分析时，则将子公司行业特性划分为知识密集型行业（包括信息技术业、电子电器制造业和生物制药业）和其他行业两类，其他行业包括知识与资本密集型行业和资本密集型行业等。

（5）子公司成长年限。一般而言，企业知识和能力需要在时间的推移下逐步累积，成立年限越长的企业，由于拥有充足时间累积知识和能力，将会拥有更多创新成果，积累更多优势资源，从而对企业经营绩效产生重要影响。因此，企业成长年限可能是影响经营绩效的重要变量，本书将子公司成长年限作为控制变量，在问卷设计中将其划分为 6 个级别，考虑其对子公司经营绩效的影响。

2. 母子公司间转移机制的控制变量

对母子公司间转移机制具有影响的控制变量主要有母子公司间的关系

亲近度、行业相似性、地域远近度和合作持久度。

（1）母子公司间的关系亲近度。母公司对子公司的投资方式可能是直接独资设立，也可能是合资设立或通过并购等方式取得，一般情况下，当母公司对子公司控制度越强时，母子公司之间的信任度越高，关系越亲近，母子公司之间进行智力资本转移的意愿将越强烈，转移的效果也将越好，这将促进母公司智力资本对子公司经营绩效的影响。若子公司是以独资方式设立，母公司对其有更多自主权，在结构和文化等方面与母公司相似性更大，而若以并购等方式设立的子公司在组织流程和文化等方面与母公司无法实现短期内的有效融合，因此，相对而言，独资子公司与母公司的关系将更为亲近。故而，本书将母子公司间关系亲近度作为控制变量予以考虑，以母公司对子公司的投资方式作为其代理变量。

（2）母子公司间的行业相似性。理论上，只有当母子公司之间所处行业具有相似性时，它们所需要的知识和技能才具有共通性，智力资本转移才具有实际意义。莱恩等（2001）对跨国公司的研究中指出，母公司所转移的技术与子公司产业相关度越强，则子公司理解外部知识的能力越强。可见，母子公司之间的行业相似性对母子公司间的转移机制具有重要影响。因此，本书将母子公司行业相似性作为控制变量，以虚拟变量反映。

（3）母子公司间的地域远近度。虽然信息技术和互联网等现代交流技术快速发展，使得远距离的信息沟通与传递更为快捷，但由于智力资本中包含许多隐性知识，而隐性知识的转移通常需要通过频繁的面对面的交流互动才能实现。受成本所限，频繁的面对面沟通在全国或全球范围很难真正实现。而企业面对面沟通的必要条件是地理位置接近（Porter，1990）。此外，不同地域的经济发展程度有所差异，在知识分享与文化交流观念上亦存在一定差异。因此，母子公司间的地理位置的远近将对智力资本转移具有重要影响。本书将母子公司间的地域远近度作为母子公司间转移机制的控制变量，以虚拟变量反映。

（4）母子公司间的合作持久度。除了关系、行业差异和地理因素等对母子公司之间的智力资本转移产生影响以外，母子公司之间的合作持久度对其也具有一定影响。一般情况下，若母子公司之间已经建立了长久的合作关系，则母公司向子公司转移智力资本的经验较为丰富，转移能力较强，转移效果也就越好。因此，合作持续时间能够增进母子公司间的智力资本转移。因此，本书将母子公司间的合作持久度作为控制变量，以母公司取得子公司的时间长度为其代理变量，在问卷设计中将其划分为6个级别。

本书中所涉及的具体变量定义如表5-1所示。

表5-1 **变量定义**

变量类型	变量名称	变量符号	变量操作性定义
被解释变量	子公司经营绩效	BP	以李克特五点量表衡量
解释变量	母公司人力资本	HC	以李克特五点量表衡量
	母公司结构资本	SC	以李克特五点量表衡量
	母公司关系资本	RC	以李克特五点量表衡量
中介变量或 调节变量	母公司转移意愿与能力	TC	以李克特五点量表衡量
	子公司吸收意愿与能力	AC	以李克特五点量表衡量
控制变量 （子公司 经营绩效）	子公司规模	Size	按问卷题项号，依次以值"1—7"予以衡量
	子公司财务杠杆	Lev	按问卷题项号，依次以值"1—5"予以衡量
	子公司股权性质	State	若子公司为国有或国有控股，则 State = 1，否则 State = 0
	子公司行业特性	Ind	若子公司为知识密集型行业，则 Ind = 1；若为其他行业，则 Ind = 0
	子公司成长年限	Age	按问卷题项号，依次以值"1—6"予以衡量
控制变量 （母子公司间 转移机制）	母子公司间关系亲近度	RD	若母公司对子公司投资方式为独资，则 RD = 1，否则 RD = 0
	母子公司间行业相似性	ID	若母子公司处于同一行业，则 ID = 1，否则 ID = 0
	母子公司间地域远近度	GD	若母子公司处于同一省份，则 GD = 1，否则 GD = 0
	母子公司间合作持久度	CD	按问卷题项号，依次以值"1—6"予以衡量

四　模型设定与架构

根据前述理论分析所建立的研究假设，本书采用路径分析和多元回归分析两种模型设定，建立如下实证模型：

（一）影响路径模型

为了了解母公司人力资本、结构资本和关系资本分别对子公司经营绩效的影响路径，确定母公司转移意愿与能力及子公司吸收意愿与能力在其中是否发挥中介作用，对研究假设 H_1、H_2 和 H_3 进行检验，本书建立如图 5-1 所示的路径模型。

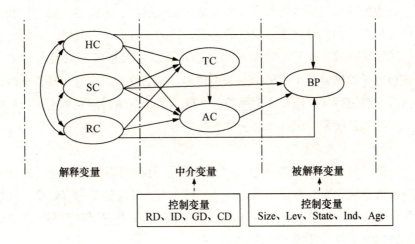

图5-1　模型5-1

（二）调节效应模型

为了分析母子公司间转移机制在母公司不同智力资本构成要素对子公司经营绩效影响中的调节作用，对研究假设 H_4 和假设 H_5 进行检验，以确定母公司人力资本、结构资本和关系资本与母公司转移意愿与能力、子公司吸收意愿与能力之间的交互作用对子公司经营绩效的影响，本书建立如下回归模型：

$$
\begin{aligned}
BP = &\beta_0 + \beta_1 HC + \beta_2 SC + \beta_3 RC + \beta_4 TC + \beta_5 AC + \beta_6 HC \times SC + \beta_7 HC \times RC \\
&+ \beta_8 SC \times RC + \beta_9 HC \times TC + \beta_{10} HC \times AC + \beta_{11} SC \times TC + \beta_{12} SC \times AC \\
&+ \beta_{13} RC \times TC + \beta_{14} RC \times AC + \beta_{15} TC \times AC + \beta_{16} Size + \beta_{17} Lev \\
&+ \beta_{18} State + \beta_{19} Ind + \beta_{20} Age + \varepsilon
\end{aligned}
\tag{5-1}
$$

第三节　数据分析与检验

为了对上述研究假设和模型进行验证，本书采用 SPSS 和 AMOS 分析软件对有效问卷进行数据分析，其中，SPSS 统计软件主要用于对问卷数据的质量分析、描述性统计分析、相关分析、方差分析和多元回归分析；而 AMOS 软件主要用于对结构方程模型的检验，包括对测量模型的验证性因素分析和结构模型的路径分析。

一　问卷效度与信度检验

量表的效度与信度通常涉及测量结果的可靠性、有效性、稳定性和一致性，只有采用具备效度与信度的量表进行的实证研究，其结果才可能正确、可靠和有效。尽管上述章节中已经对预试量表进行了效度与信度分析，但由于预试分析中所采用的为小样本，为了分析正式量表是否反映真实情况，在进行研究假设和模型检验之前，依然应当对问卷数据进行必要的效度与信度检验，以确保测量量表的质量。

（一）问卷效度检验

效度（Validity）反映测量工具能够衡量所欲测事物的程度。效度是测量评价中最重要的考虑因素之一。一般而言，效度包括内容效度、效标关联效度和结构效度三类。在进行效度检验时，本书主要对问卷的内容效度和结构效度进行评价。

所谓内容效度是指量表或问卷内容的适切性和代表性。当问卷题项能够适当反映所要测量的特质时，则可认为问卷达到了内容效度。本书中的问卷内容是在理论分析和文献研究的基础上，参考和借鉴国内外专家学者的问卷，结合实地调研，经过与导师和其他博士生的商讨，以及预测试分析结果，对问卷题项进行适当修正而成。因此，本书中的问卷具有相当程度的内容效度。

所谓结构效度是指量表能够测量出理论特质或概念的程度。本书在预试分析中采用探索性因素分析建立了量表的结构效度，本章则主要通过验证性因素分析（CFA）检验正式量表结构效度的适切性和真实性。验证性因素分析是研究者依据理论或相关文献编制含有数个结构面的量表，并经由专家效度审核或已执行探索性因素分析，量表结构面及其所含题项内容非常明确，研究者为了再确认量表各个结构面及其所含题项是否与预期相符，需要采用线性结构方程模型软件予以验证，以探究量表结构是否与样本适配，此即为验证性因素分析。

1. 母公司人力资本的验证性因素分析

根据前述理论分析与预测试分析结果，母公司人力资本包括"员工知识与能力"和"组织人才吸引力"两个因素层面，采用 AMOS 软件对母公司人力资本正式问卷的样本数据进行验证性因素分析，整体模型适配度指标结果如表 5 - 2 所示。[①]

表 5 - 2　　　　　　　母公司人力资本的 CFA 模型整体适配指标

指　标	χ^2 (p 值)	df	χ^2/df	RMR	GFI	AGFI	RMSEA	NFI	RFI	IFI	TLI	CFI
修正前	85.852 (0.000)	34	2.525	0.060	0.900	0.838	0.103	0.874	0.834	0.920	0.892	0.919
修正后	41.141 (0.105)	31	1.327	0.048	0.950	0.912	0.048	0.940	0.913	0.984	0.977	0.984

　　表 5 - 2 中，修正前的结果显示，对母公司人力资本量表的一阶验证性因素分析的 χ^2 值在自由度为 34 时，其值为 85.852，显著性概率值 $p = 0.000 < 0.05$，达到显著性水平；且其他整体适配度指标中，绝对适配度指标 RMR 值等于 $0.060 > 0.05$，AGFI 值等于 $0.838 < 0.90$，RMSEA 值等于 $0.103 > 0.08$，相对适配度指标 NFI 值、RFI 值和 TLI 值均小于 0.90，表明测量模型与样本数据的契合度欠佳。根据 AMOS 的修正建议，对模型进行变量间参数释放，在部分测量题项之间建立误差关联。修正后的模型适配度指标结果显示，所有适配度指标值均达模型可接受标准，在自由度为 31 时，模型适配度的 χ^2 值为 41.141，显著性水平 p 值为 $0.105 > 0.05$，未达显著性水平，表示修正后的模型与样本数据之间的适配情形良好。修正后的母公司人力资本一阶 CFA 标准化估计值模型如图 5 - 2 所示。

　　图 5 - 2 中，模型标准化参数估计结果显示，母公司人力资本变量的两个构面"员工知识与能力"和"组织人才吸引力"的参数估计均具有统计显著性，标准化因素载荷值介于 0.57—0.83，均在 0.50—0.95 区间内，处于合理范围之内，表明测量模型的基本适配度良好。所测量的 10

　　[①]　在进行验证性因素分析模型评价时，一般不能依赖单一指标，必须同时检查多个适配指标。吴明隆（2010）整理的整体模型适配度指标的评价标准如下：χ^2 值的显著性 $p > 0.05$（未达显著水平）；χ^2/df 值 < 2.00；RMR 值 < 0.05；GFI 值 > 0.90 以上；AGFI 值 > 0.90 以上；RMSEA 值 < 0.05 适配良好，$0.05 < RMSEA$ 值 < 0.08 适配合理；NFI 值 > 0.90 以上；RFI 值 > 0.90 以上；IFI 值 > 0.90 以上；TLI 值 > 0.90 以上；CFI 值 > 0.90 以上。

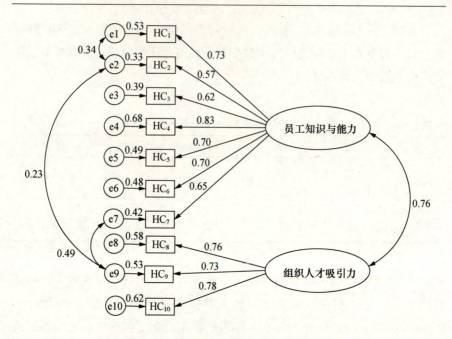

图 5 - 2   母公司人力资本的 CFA 模型

个指标变量能有效反映母公司人力资本的两个结构面潜在变量，该测量具有良好的效度。

2. 母公司结构资本的验证性因素分析

前述分析显示，母公司结构资本包括"管理系统与文化"和"创新与知识管理"两个潜在变量，运用 AMOS 软件对样本数据进行一阶验证性因素分析，整体模型适配度指标结果如表 5 - 3 所示。

表 5 - 3   母公司结构资本的 CFA 模型整体适配指标

指 标	χ^2（p值）	df	χ^2/df	RMR	GFI	AGFI	RMSEA	NFI	RFI	IFI	TLI	CFI
修正前	134.697 (0.000)	43	3.132	0.075	0.845	0.763	0.122	0.866	0.829	0.905	0.877	0.903
修正后	47.772 (0.111)	37	1.291	0.043	0.945	0.902	0.045	0.952	0.929	0.989	0.983	0.989

表 5 - 3 中，修正前的结果显示，对母公司结构资本变量的一阶验证性因素分析的 χ^2 值为 134.697，显著性概率值 $p = 0.000 < 0.05$，达到显著性水

平；且除 IFI 和 *CFI* 值大于 0.90，达到可接受标准外，其余整体适配度指标值均未达模型可接受标准，表明该测量模型与样本数据的整体适配不佳。根据 AMOS 提示的修正建议，对模型进行参数释放，建立部分测量题项之间的误差关联。修正后的模型适配度指标结果显示，所有适配度指标值均符合模型适配标准，表示修正后的模型与样本数据的整体适配度较佳。修正后的母公司结构资本一阶 CFA 标准化估计值模型如图 5-3 所示。

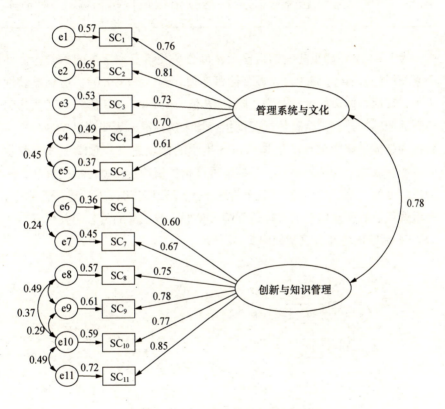

图 5-3　母公司结构资本的 CFA 模型

图 5-3 显示，母公司结构资本的两个潜在变量"管理系统与文化"和"创新与知识管理"的参数估计均具有统计上的显著性，标准化因素载荷值介于 0.60—0.85，均在 0.50—0.95 区间内，处于合理范围之内，表明母公司结构资本的测量具有良好的效度。

3. 母公司关系资本的验证性因素分析

运用 AMOS 软件对母公司关系资本正式问卷的样本数据进行验证性

因素分析，整体模型适配度指标结果如表5-4所示。

表5-4   母公司关系资本的 CFA 模型整体适配指标

指 标	χ^2 (p 值)	df	χ^2/df	RMR	GFI	AGFI	RMSEA	NFI	RFI	IFI	TLI	CFI
修正前	58.994 (0.000)	19	3.105	0.045	0.907	0.825	0.121	0.894	0.844	0.926	0.889	0.924
修正后	21.232 (0.170)	16	1.327	0.033	0.965	0.922	0.048	0.962	0.933	0.990	0.983	0.990

表5-4中，修正前的结果显示，母公司关系资本变量的一阶验证性因素分析的 χ^2 值为58.994，显著性概率值 $p=0.000<0.05$，达到显著性水平；其他整体适配度指标中，除 RMR 值、GFI 值、IFI 值和 CFI 值达到模型适配标准外，其余整体适配度指标均未达标准，表明测量模型与样本数据的整体适配度欠佳。依据 AMOS 提示的修正建议，对模型进行变量间参数释放之后的结果显示，整体适配度指标值均达模型可接受标准，模型适配度的 χ^2 值为21.232，显著性水平 p 值为0.170，未达显著性水平，表示修正后的测量模型的整体适配情形良好。修正后的母公司关系资本一阶 CFA 标准化估计值模型如图5-4所示。

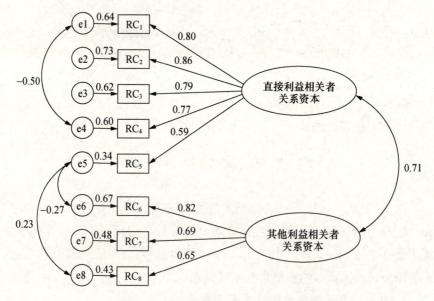

图5-4 母公司关系资本的 CFA 模型

图 5 - 4 显示，母公司关系资本变量的两个构面"直接利益相关者关系资本"和"其他利益相关者关系资本"的参数估计均具有统计上的显著性，标准化因素载荷值介于 0.59—0.86，均在 0.50—0.95 区间内，表明采用 8 个观测变量测量母公司关系资本变量能够通过效度检验。

4. 母公司转移意愿与能力的验证性因素分析

对母公司转移意愿与能力的验证性因素分析模型的整体适配度指标结果如表 5 - 5 所示。

表 5 - 5　　　母公司转移意愿与能力的 CFA 模型整体适配指标表

指标	χ^2 (p 值)	df	χ^2/df	RMR	GFI	AGFI	RMSEA	NFI	RFI	IFI	TLI	CFI
修正前	114.753 (0.000)	26	4.414	0.085	0.845	0.732	0.155	0.840	0.778	0.871	0.819	0.870
修正后	28.978 (0.115)	21	1.380	0.034	0.959	0.912	0.052	0.960	0.931	0.989	0.980	0.988

表 5 - 5 中，修正前的结果显示，母公司转移意愿与能力变量的一阶验证性因素分析的 χ^2 值为 114.753，显著性概率值 $p = 0.000 < 0.05$，达到显著性水平；其余整体适配度指标均未达标准，表明测量模型与样本数据的整体适配度不佳。依据 AMOS 提示的修正建议进行修正后的结果显示，整体适配度指标值均到达模型可接受标准，模型适配度的 χ^2 值为 28.978，显著性水平 p 值为 0.115，未达显著性水平，而 RMSEA 值为 $0.052 < 0.08$，表示修正后的测量模型与样本数据之间适配合理。修正后的母公司转移意愿与能力的一阶 CFA 标准化估计值模型如图 5 - 5 所示。

图 5 - 5 中，母公司转移意愿与能力的两个潜变量"母公司转移意愿"和"母公司转移能力"的参数估计均具有统计上的显著性，标准化因素载荷值介于 0.61—0.79，均在 0.50—0.95 区间内，表明采用 9 个观测变量测量母公司转移意愿与能力变量具有合理的效度。

5. 子公司吸收意愿与能力的验证性因素分析

对子公司吸收意愿与能力的验证性因素分析模型的整体适配度指标结果如表 5 - 6 所示。

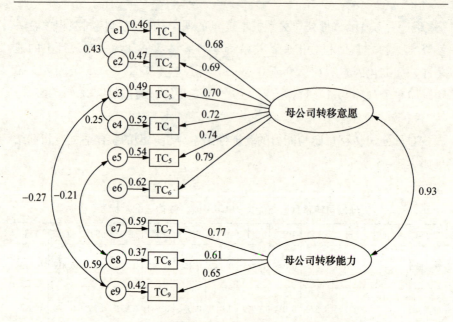

图5-5　母公司转移意愿与能力的 CFA 模型

表5-6　　　　　子公司吸收意愿与能力的 CFA 模型整体适配指标

指　标	χ^2（p值）	df	χ^2/df	RMR	GFI	AGFI	RMSEA	NFI	RFI	IFI	TLI	CFI
修正前	37.285 (0.007)	19	1.962	0.044	0.941	0.889	0.082	0.943	0.916	0.971	0.957	0.971
修正后	17.511 (0.353)	16	1.094	0.029	0.972	0.936	0.026	0.973	0.953	0.998	0.996	0.998

表5-6中，修正前的结果显示，子公司吸收意愿与能力变量的一阶验证性因素分析的 χ^2 值为37.285，显著性概率值 $p=0.007<0.05$，达到显著性水平，表明测量模型与样本数据的整体适配度欠佳；而其他整体适配度指标中，除 χ^2/df、AGFI 值和 RMSEA 值未达可接受标准外，其余整体适配度指标均达标准，表示测量变量间还可以释放参数。依据 AMOS 的修正建议进行修正后的结果显示，整体适配度指标值均达模型可接受标准，模型适配度的 χ^2 值为17.511，显著性水平 p 值为0.353，未达显著性水平，而 RMSEA 值为0.026 <0.05，表示修正后的测量模型与样本数据之间适配良好。修正后的子公司吸收意愿与能力的一阶 CFA 标准化估计值模型如图5-6所示。

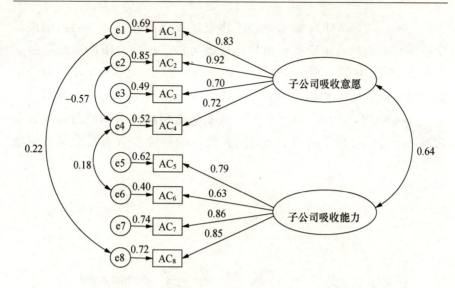

图 5 - 6　子公司吸收意愿与能力的 CFA 模型

图 5 - 6 中，子公司吸收意愿与能力的两个潜变量"子公司吸收意愿"和"子公司吸收能力"的参数估计均具有统计上的显著性，标准化因素载荷值介于 0.63—0.92，均处于 0.50—0.95 区间内，表明子公司吸收意愿与能力变量的测量具有良好的效度。

6. 子公司经营绩效的验证性因素分析

采用 AMOS 软件对子公司经营绩效进行验证性因素分析，模型的整体适配度指标结果如表 5 - 7 所示。

表 5 - 7　　　　　　　　子公司经营绩效的 CFA 模型整体适配指标

指　标	χ^2 (p值)	df	χ^2/df	RMR	GFI	AGFI	RMSEA	NFI	RFI	IFI	TLI	CFI
修正前	116.298 (0.000)	5	23.260	0.091	0.745	0.234	0.395	0.793	0.586	0.800	0.597	0.798
修正后	3.256 (0.196)	2	1.628	0.013	0.991	0.931	0.066	0.994	0.971	0.998	0.989	0.998

表 5 - 7 中，修正前的结果显示，子公司经营绩效变量的一阶验证性因素分析的 χ^2 值为 116.298，显著性概率值 p 为 0.000，达到显著性水平；且其余整体适配度指标均未达标准，表明测量模型与样本数据的适

配度不良。依据 AMOS 提示的修正建议进行部分参数释放后的结果显示，绝对和相对适配度指标值均达模型可接受标准，模型适配度的 χ^2 值为 3.256，显著性水平 p 值为 0.196 > 0.05，未达显著水平，接受虚无假设，表示样本数据的协方差矩阵与模型隐含的协方差矩阵能够契合。而 *RMSEA* 值为 0.066 < 0.08，表示修正后的测量模型与样本数据之间适配合理。修正后的子公司经营绩效的一阶 CFA 标准化估计值模型如图 5 - 7 所示。

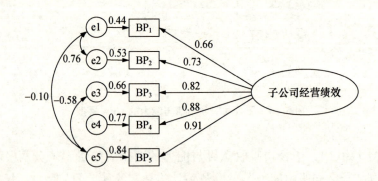

图 5 - 7　子公司经营绩效的 CFA 模型

如图 5 - 7 所示，子公司经营绩效潜变量的参数估计均具有统计上的显著性，标准化因素载荷值介于 0.66—0.91，均处于 0.50—0.95 区间内，表明对子公司经营绩效潜变量的测量具有合理的效度。

（二）问卷信度检验

信度（Reliability）反映测量工具所测结果的稳定性与一致性，量表信度越大，则其测量的标准误越小。前已述及，量表信度一般通过 Cronbach's α 系数予以评价。本书对正式调查中的问卷结果进行内部一致性信度检验，检验结果如表 5 - 8 所示。

表 5 - 8　　　　　　　　正式调查问卷信度分析结果

变　量	结构面（因素）	题项数	Cronbach's α	评　价
母公司人力资本		10	0.893	合理
	员工知识与能力	7	0.866	合理
	组织人才吸引力	3	0.798	合理

续表

变　量	结构面（因素）	题项数	Cronbach's α	评　价
母公司结构资本		11	0.913	合理
	管理系统与文化	5	0.854	合理
	创新与知识管理	6	0.897	合理
母公司关系资本		8	0.871	合理
	直接利益相关者关系资本	5	0.859	合理
	其他利益相关者关系资本	3	0.771	合理
母公司转移意愿与能力		9	0.894	合理
	转移意愿	6	0.878	合理
	转移能力	3	0.809	合理
子公司吸收意愿与能力		8	0.888	合理
	吸收意愿	4	0.857	合理
	吸收能力	4	0.862	合理
子公司经营绩效		5	0.904	合理

表 5 - 8 中的信度检验结果显示，母公司人力资本、结构资本和关系资本以及母公司转移意愿与能力、子公司吸收意愿与能力和子公司经营绩效潜变量的 α 系数均在 0.8 以上，而其因素结构面的 α 系数均在 0.7 以上，表示这些变量的内部一致性信度甚佳。

二　描述性统计分析

在研究模型中，除控制变量以外，其余变量皆为不可直接观测的潜在变量，因此，需要对解释变量、中介或调节变量及被解释变量分别予以赋值。[①] 在进行相应赋值后，本书对研究中所涉及的变量进行了描述性统计分析。

（一）控制变量的描述性统计分析

采用 SPSS 统计分析软件对子公司经营绩效和母子公司间转移机制的控制变量进行频次分布统计分析，结果如表 5 - 9 所示。

---

① 一般常用的赋值方法主要有两类：一类是采用因子分析方法，计算其因子值作为潜在变量的计算值；另一类是采用均值方法，直接计算潜在变量的计算值。本书采用后者对潜在变量进行赋值。

表5-9　　　　样本企业控制变量的描述性统计分析结果

变　量	样本类别	样本数（个）	百分比（%）	累积百分比（%）
子公司资产规模	100 万元以下	3	2.1	2.1
	100 万—500 万元	14	9.7	11.8
	500 万—1000 万元	11	7.6	19.4
	1000 万—5000 万元	19	13.2	32.6
	5000 万—1 亿元	19	13.2	45.8
	1 亿—5 亿元	39	27.1	72.9
	5 亿元以上	39	27.1	100.0
	合　计	144	100.0	
子公司财务杠杆（子公司资产负债率）	10% 以下	30	20.8	20.8
	10%—30%	33	22.9	43.8
	30%—50%	40	27.8	71.5
	50%—70%	31	21.5	93.1
	70% 以上	10	6.9	100.0
	合　计	144	100.0	
子公司股权性质	子公司为国有控股企业	39	27.1	27.1
	子公司为非国有控股企业	105	72.9	100.0
	合　计	144	100.0	
子公司行业特性	子公司为知识密集型行业	48	33.3	33.3
	子公司为其他行业	96	66.7	100.0
	合　计	144	100.0	
子公司成长年限	5 年以下	26	18.1	18.1
	5—10 年	45	31.2	49.3
	10—15 年	29	20.1	69.4
	15—20 年	12	8.3	77.8
	20—25 年	17	11.8	89.6
	25 年以上	15	10.4	100.0
	合　计	144	100.0	
母子公司间的关系亲近度（母公司对子公司的取得方式）	独资	87	60.4	60.4
	非独资	57	39.6	100.0
	合　计	144	100.0	

续表

变　　量	样本类别	样本数（个）	百分比（%）	累积百分比（%）
母子公司间的 行业相似性	母子公司为同行业企业	119	82.6	82.6
	母子公司为不同行业企业	25	17.4	100.0
	合　计	144	100.0	
母子公司间的 地域远近度	母子公司处于同一省份	77	53.5	53.5
	母子公司不处于同一省份	67	46.5	100.0
	合　计	144	100.0	
母子公司间的合作 持久度（母公司 取得子公司年限）	5 年以下	33	22.9	22.9
	5—10 年	47	32.6	55.6
	10—15 年	30	20.8	76.4
	15—20 年	8	5.6	81.9
	20—25 年	15	10.4	92.4
	25 年以上	11	7.6	100.0
	合　计	144	100.0	

1. 子公司资产规模

表 5 - 9 的分析结果显示，在 144 份问卷中，样本子公司规模"100 万元以下"的占 2.1%，"100 万—500 万元"占 9.7%，"500 万—1000 万元"占 7.6%，"1000 万—5000 万元"占 13.2%，"5000 万—1 亿人"占 13.2%，而子公司规模在"1 亿—5 亿元"和"5 亿元以上"均有 39 个样本，占 27.1%。由此可知，资产规模较大的子公司所占比重更大，说明样本中大多数子公司资产规模较大，这可能是由于企业集团通常具有一定规模，而其子公司规模也相对较大。

2. 子公司财务杠杆

从表 5 - 9 中可知，样本中子公司资产负债率为"10% 以下"的，占 20.8%，"10%—30%"的，占 22.9%，"30%—50%"的，占 27.8%，"50%—70%"的，占 21.5%，而 70% 以上的占 6.9%，这表明子公司资产负债率的比重分布比较均衡。具体而言，相对国有控股样本子公司，民营样本子公司资产负债率更高；金融保险业样本子公司的资产负债率相对较低，而民营高科技行业样本子公司的资产负债率则普遍偏高，主要是由于民营企业融资相对困难，而高新技术产业研发支出比重较大，所以运用债务融资比重相对较大。

3. 子公司股权性质

从样本子公司股权性质而言，被调查样本子公司为国有或国有控股的企业共计 39 家，占 27.1%，而非国有控股股份制、民营、中外合资或合作及外商独资等样本子公司共计 105 家，占 72.9%，其中，非国有控股子公司约占 15.8%，民营子公司约占 16.0%，中外合资或合作子公司约占 11.8%，而外商独资子公司约占 29.3%。

4. 子公司行业特性

从被调查样本子公司行业分布而言，子公司属于信息技术业、电子电器制造业和生物制药业等知识密集型高科技行业的样本共计 48 个，占 33.3%，其中，信息技术业样本约占 12.5%，电子电器制造业样本约占 17.3%，生物制药业样本约占 3.5%，而样本子公司属于其他非绝对知识密集型行业的样本共计 96 个，占 66.7%。

5. 子公司成长年限

从被调查子公司成立年限而言，样本子公司中，成立年限"5 年以下"的样本占 18.1%，"5—10 年"的样本占 31.2%，"10—15 年"的样本占 20.1%，"15—20 年"的样本占 8.3%，"20—25 年"的样本占 11.8%，而"25 年以上"的样本占 10.4%，这表明被调查的样本子公司成立年限在 15 年以下的占绝大多数，相对而言，被调查对象母公司所拥有的主要子公司都相对较为年轻，而在此年龄阶段的公司多数发展较为迅速。

6. 母子公司间关系亲近度

对被调查对象母子公司关系亲近度的分析结果显示，母公司独资取得子公司的样本数共计 87 个，占 60.4%，而母公司非独资取得子公司的样本数共计 57 个，占 39.6%，其中并购取得的约占 18.1%，合资设立的约占 21.5%，说明被调查企业集团中，大多数母公司采用独资设立子公司的方式，这使得母公司对子公司的控制力更强、影响力更大。

7. 母子公司间行业相似性

对样本中母子公司间行业相似性的描述性统计分析结果显示，母子公司所处行业分布较广，但母子公司处于同一行业的样本共计 119 家，占 82.6%，而母子公司分属于不同行业的样本共计 25 家，占 17.4%，这表明企业集团的发展具有产业群聚现象，被调查样本企业集团母子公司之间通过行业内的分工合作，实现整体运筹，以最大限度地发挥资源的利用效率和效果。

8. 母子公司间地域远近度

问卷对母子公司所在地采用非限项填写方式，因此结果呈现多样化。在被调查样本中，母子公司分布于北京、上海、广东、湖北、江苏、香港、台湾地区和海外各地，对母子公司地域差距的分析结果显示，母子公司在同一省份的样本共77家，占总样本的53.5%，而母子公司不在同一省份的样本共67家，占46.5%，母子公司间地理距离的样本分布较均衡。

9. 母子公司间合作持久度

对母公司取得子公司年限的分析显示，母公司取得子公司"5年以下"的样本占22.9%，"5—10年"的样本占32.6%，"10—15年"的样本占20.8%，"15—20年"的样本占5.6%，"20—25年"的样本占10.4%，而"25年以上"的样本占7.6%。由于被调查样本中母公司取得子公司的方式大多数采用独资设立方式，因此，这一结果基本与子公司成立年限相配比，样本母子公司间合作年限基本处于15年以下。

（二）潜在变量的描述性统计分析

对被调查样本企业中的解释变量、中介或调节变量及被解释变量分别进行分类样本和全样本描述性统计分析，分析结果如表5-10所示。

表5-10　　　　　　样本企业潜在变量的描述性统计分析结果　　　　　单位：个

变　量	样本类别		样本数	最小值	最大值	均值	标准差
母公司 人力资本	母公司性质	国有控股	53	1.80	5.00	3.5604	0.72863
		非国有控股	91	1.00	5.00	3.6077	0.71247
	母公司行业	知识密集型行业	41	1.00	5.00	3.4390	0.76612
		其他行业	103	1.00	5.00	3.6505	0.69011
	全样本		144	1.00	5.00	3.5903	0.71628
母公司 结构资本	母公司性质	国有控股	53	1.36	5.00	3.4015	0.75700
		非国有控股	91	1.09	5.00	3.6089	0.76948
	母公司行业	知识密集型行业	41	1.09	5.00	3.5232	0.79421
		其他行业	103	1.36	5.00	3.5363	0.76243
	全样本		144	1.09	5.00	3.5326	0.76883

续表

变量	样本类别		样本数	最小值	最大值	均值	标准差
母公司 关系资本	母公司性质	国有控股	53	2.25	5.00	4.0025	0.68172
		非国有控股	91	1.00	5.00	4.0382	0.62618
	母公司行业	知识密集型行业	41	1.00	5.00	3.8993	0.74987
		其他行业	103	2.25	5.00	4.0751	0.59491
	全样本		144	1.00	5.00	4.0251	0.64504
母公司 转移意愿 与能力	母子公司间 的取得方式	独资	87	1.00	5.00	3.5189	0.69667
		非独资	57	1.56	5.00	3.6107	0.71151
	母子公司间 的行业差异	同行业	119	1.67	5.00	3.6382	0.64978
		不同行业	25	1.00	4.89	3.1604	0.81248
	母子公司间 的地域差异	同一省份	77	1.56	5.00	3.5200	0.72263
		不同省份	67	1.00	5.00	3.5957	0.67966
	母子公司间 的合作时间	5 年以下	33	1.56	5.00	3.6309	0.84808
		5—10 年	47	1.00	4.56	3.5623	0.59658
		10—15 年	30	2.44	4.78	3.7157	0.62121
		15—20 年	8	2.56	5.00	3.4738	0.71644
		20—25 年	15	2.11	4.56	3.4293	0.74181
		25 年以上	11	1.67	4.00	3.0909	0.69845
	全样本		144	1.00	5.00	3.5552	0.70155
子公司 吸收意愿 与能力	母子公司间 的取得方式	独资	87	1.00	5.00	3.4898	0.71646
		非独资	57	2.38	4.88	3.5604	0.57608
	母子公司间 的行业差异	同行业	119	1.63	5.00	3.6226	0.60917
		不同行业	25	1.00	4.13	3.0184	0.69436
	母子公司间 的地域差异	同一省份	77	1.63	5.00	3.4917	0.65961
		不同省份	67	1.00	5.00	3.5476	0.67108
	母子公司间 的合作时间	5 年以下	33	2.38	5.00	3.7494	0.72105
		5—10 年	47	1.00	4.63	3.3489	0.65358
		10—15 年	30	2.88	4.50	3.6610	0.46351
		15—20 年	8	2.38	5.00	3.5338	0.79426
		20—25 年	15	2.63	4.75	3.4780	0.68399
		25 年以上	11	1.63	4.00	3.1955	0.67263
	全样本		144	1.00	5.00	3.5177	0.66323

续表

变　量	样本类别		样本数	最小值	最大值	均值	标准差
子公司 经营 绩效	子公司性质	国有控股	39	1.60	5.00	3.3538	0.83283
		非国有控股	105	1.60	5.00	3.5448	0.79879
	子公司行业	知识密集型行业	48	1.60	5.00	3.5000	0.73802
		其他行业	96	1.60	5.00	3.4896	0.84697
	子公司规模	100万元以下	3	3.00	4.00	3.4000	0.52915
		100万—500万元	14	1.60	5.00	3.2000	0.84124
		500万—1000万元	11	2.00	5.00	3.0909	0.90050
		1000万—5000万元	19	2.00	5.00	3.3474	0.75083
		5000万—1亿元	19	2.60	5.00	3.5053	0.68433
		1亿—5亿元	39	1.60	5.00	3.4462	0.86385
		5亿以上	39	2.00	5.00	3.8308	0.74345
	子公司 资产负债率	10%以下	30	2.00	5.00	3.6400	0.87636
		10%—30%	33	2.00	5.00	3.5576	0.69598
		30%—50%	40	1.60	4.40	3.3750	0.73056
		50%—70%	31	1.60	5.00	3.4903	0.93785
		70%以上	10	1.80	5.00	3.3200	0.89044
	子公司 成长年限	5年以下	26	1.60	5.00	3.4077	0.87723
		5—10年	45	1.80	5.00	3.3956	0.82516
		10—15年	29	2.40	5.00	3.5103	0.59901
		15—20年	12	2.60	5.00	3.7333	0.85422
		20—25年	17	1.60	5.00	3.7529	0.83225
		25年以上	15	2.00	5.00	3.4133	0.95758
	全样本		144	1.60	5.00	3.4931	0.80970

1. 母公司人力资本

表5-10的结果显示，在对144份样本问卷的分析中，全部样本母公司人力资本最低得分为1分，最高得分为5分，而均值为3.5903，处于中等得分水平。依照母公司性质不同，国有控股的53个样本母公司人力资本最低得分略高于非国有控股的91个样本，而平均得分相对略高于国有控股母公司，说明国有控股母公司人力资本得分相对集中。依照母公司行业分布不同，41家知识密集型行业母公司与103家其他行业母公司的

人力资本最低得分与最高得分均一致，达到了最低和最高标准，而其他行业母公司的人力资本得分略高于知识密集型行业母公司，但差异较小，基本处于中等得分水平。这表明被调查样本母公司所拥有的人力资本平均处于行业中等水平。

2. 母公司结构资本

对样本母公司结构资本的描述性统计分析结果显示，母公司结构资本全样本最低得分1.09分，最高得分5分，均值为3.5326，处于中等水平，整体得分分布比母公司人力资本略集中。从母公司性质而言，国有控股母公司结构资本最低得分高于非国有控股母公司，但最高得分一致，平均得分却略低于非国有控股母公司，表明国有控股样本母公司结构资本得分相对集中。从母公司行业分布而言，母公司为知识密集型行业的样本对象在结构资本的最低得分和平均得分都略低于其他行业样本，这表明被调查的样本中知识密集型行业母公司所拥有的结构资本在所处行业中的水平相对略低于其他行业在其行业的地位，主要是因为知识密集型行业对智力资本投入的要求更高。总体而言，不论母公司性质和行业差异，样本母公司结构资本平均处于行业中等水平。

3. 母公司关系资本

对被调查样本母公司关系资本的描述性统计分析结果显示，全部样本母公司关系资本最低得分1分，最高得分5分，平均得分为4.0251，高于母公司的人力资本和结构资本的平均得分。从母公司性质而言，国有控股母公司关系资本最低得分高于非国有控股样本公司，而平均得分却略低于非国有控股母公司，这表明国有控股母公司关系资本的得分相对更集中。从母公司行业而言，其他非绝对知识密集型行业母公司关系资本最低得分和平均得分均高于知识密集型行业母公司，表明其他行业母公司关系资本得分相对集中，且在其行业所处水平高于知识密集型行业样本母公司关系资本在其所处行业中的地位。总体而言，样本母公司关系资本平均状况处于较好水平，优于其人力资本和结构资本状况。

4. 母公司转移意愿与能力

对样本母公司转移意愿与能力的描述性分析结果显示，相对于非独资取得方式而言，母公司独资取得子公司时，母公司的转移意愿与能力最低得分和平均得分略低，但相互差异不大，这主要是由于非独资设立子公司时母公司转移意愿与能力得分更集中。相对于处于不同行业，母子公司处于同行业时，母公司转移意愿与能力平均得分略高，表明母公司更愿意和更有能力向同行业转移智力资本。而母子公司位于同一省份时，母公司转移意愿与能力的得分更集中。此外，就合作时间而言，母子公司合作时间在15—20年时，母公司转移意愿与能力平均得分最高，这可能由于此期间母子公司合作关系更稳定、更有效。总体而言，母公司转移意愿与能力的平均得分处于中等水平，且样本得分的分散程度较小。

5. 子公司吸收意愿与能力

对样本子公司吸收意愿与能力的分析结果显示，母公司非独资取得子公司时，子公司的吸收意愿与能力得分相对更集中，且平均得分略高于独资设立子公司，但差异较小。母子公司处于同行业时，子公司吸收意愿与能力的平均得分高于母子公司不同行业的状况，这可能是由于同行业中的智力资本转移更易实现。而母子公司处于同一省份时，子公司吸收意愿与能力的得分则相对更集中。此外，母公司取得子公司低于5年时，子公司吸收意愿与能力得分要略高于其他时间段，这可能是由于子公司刚纳入集团范围时，对从母公司进行知识吸收的意愿最强烈，而随着时间推移，这种意愿与能力趋于稳定，在合作10—15年时，吸收能力稳定且有效。总体而言，子公司吸收意愿与能力的平均得分处于中等水平，且样本得分的离散程度较小。

6. 子公司经营绩效

对子公司经营绩效的描述性统计结果显示，被调查样本子公司中，非国有控股与国有控股子公司经营绩效最低得分与最高得分一致，而其平均得分略低于国有控股子公司。同时，知识密集型行业子公司经营绩效平均得分略高于其他行业子公司经营绩效的平均得分。而依照子公司规模不同，子公司经营绩效的平均得分呈现凹形分布。子公司资产负债率处于不同水平时，子公司经营绩效平均得分基本与资产负债率呈现负向变动关系。当子公司成立年限在10—20年时，子公司经营绩效的得分将更为集中。总体而言，全部样本和分类样本子公司的经营绩效得分基本处于中等水平。

三　相关分析

为了对研究假设和模型进行检验，本书首先运用 Pearson 和 Spearman 相关分析分别对模型中各个变量之间的相关性进行检验，初步判断本书研究假设与模型设定的合理性。具体分析结果如表5-11所示。

表 5-11　样本企业变量间相关分析结果

相关系数	HC	SC	RC	TC	AC	BP	Size	Lev	State	Ind	Age	RD	ID	GD	CD
母公司人力资本（HC）	1	…	…	…	…	…	…	…	…	…	…	…	…	…	…
母公司结构资本（SC）	0.715**	1	…	…	…	…	…	…	…	…	…	…	…	…	…
母公司关系资本（RC）	0.665**	0.779**	1	…	…	…	…	…	…	…	…	…	…	…	…
母公司转移意愿与能力（TC）	0.562**	0.591**	0.376**	1	…	…	…	…	…	…	…	-0.062	0.246**	-0.060	-0.124
子公司吸收意愿与能力（AC）	0.524**	0.609**	0.494**	0.758**	1	…	…	…	…	…	…	-0.038	0.316**	-0.069	-0.104
子公司经营绩效（BP）	0.346**	0.389**	0.309**	0.367**	0.559**	1	0.247**	-0.103	-0.105	0.006	0.092	…	…	…	…
子公司规模（Size）	…	…	…	…	…	0.295**	1	0.347**	0.028	-0.080	0.304**	…	…	…	…
子公司财务杠杆（Lev）	…	…	…	…	…	-0.089	0.343**	1	0.009	-0.182*	0.069	…	…	…	…
子公司股权性质（State）	…	…	…	…	…	-0.099	0.065	0.009	1	-0.199*	0.154	…	…	…	…
子公司行业特性（Ind）	…	…	…	…	…	0.010	-0.117	-0.174*	-0.199*	1	-0.167*	…	…	…	…
子公司成长年限（Age）	…	…	…	…	…	0.107	0.292**	0.086	0.140	-0.129	1	…	…	…	…
母子公司间关系亲近度（RD）	…	…	…	-0.064	-0.052	…	…	…	…	…	…	1	0.229**	-0.129	0.113
母子公司间行业相似性（ID）	…	…	…	0.259**	0.346**	…	…	…	…	…	…	0.229**	1	-0.133	0.097
母子公司间地域远近度（GD）	…	…	…	-0.054	-0.042	…	…	…	…	…	…	-0.129	-0.133	1	0.033
母子公司间合作持久度（CD）	…	…	…	-0.164	-0.132	…	…	…	…	…	…	0.134	0.129	0.022	1

说明：(1) 样本数 N=144，** 表示在 0.01 水平（双尾）下显著相关，* 表示在 0.05 水平（双尾）下显著相关；

(2) "…" 表示不对这两者之间进行相关分析；

(3) 左下角部分为 Pearson 相关系数，右上角部分为 Spearman 相关系数。

（一）母公司智力资本各维度的相关分析

根据表5-11对母公司智力资本各维度的相关分析结果显示，母公司人力资本与结构资本、人力资本与关系资本及结构资本与关系资本的Pearson相关系数分别为0.715、0.665和0.779，而其Spearman相关系数分别为0.670、0.618和0.752，均在0.01水平下显著正相关，这表明母公司人力资本、结构资本和关系资本之间具有较强的正向相关性，初步验证了本章研究假设H_2。

（二）母公司智力资本各维度与母子公司间转移机制各维度的相关分析

表5-11中，对母公司智力资本三维度与母子公司间转移机制两维度的相关分析结果显示，母公司人力资本、结构资本和关系资本与母公司转移意愿与能力之间及其与子公司吸收意愿与能力之间的Pearson和Spearman相关系数均达0.01水平下的显著性，且母公司转移意愿与能力和子公司吸收意愿与能力也在0.01水平下具有显著正向相关性，这表明母公司人力资本、结构资本和关系资本分别与母公司转移意愿与能力和子公司吸收意愿与能力之间具有较强的相关性，初步验证了本章研究假设H_{3a}、H_{3b}、H_{3c}、H_{3d}、H_{3e}、H_{3f}和H_{3g}。

（三）母公司智力资本各维度与子公司经营绩效之间的相关分析

表5-11中，对母公司智力资本三维度与子公司经营绩效的相关分析结果显示，母公司人力资本、结构资本和关系资本分别与子公司经营绩效的Pearson相关系数为0.346、0.389和0.309，而其Spearman相关系数分别为0.321、0.393和0.296，均达到0.01水平下的显著性。这表明母公司人力资本、结构资本和关系资本分别与子公司经营绩效之间具有较强的正向相关，初步验证了本章研究假设H_1。

（四）母子公司间转移机制各维度与子公司经营绩效之间的相关分析

表5-11中的相关分析结果显示，母公司转移意愿与能力及子公司吸收意愿与能力两者分别与子公司经营绩效的Pearson相关系数为0.367和0.559，而Spearman相关系数分别为0.362和0.503，均具有0.01水平下的显著正向相关关系。这表明母公司转移意愿与能力及子公司吸收意愿与能力分别与子公司经营绩效之间呈现较强的正相关，初步验证了本章研究假设H_{3h}。

（五）子公司经营绩效与其控制变量之间的相关分析

表5-11中的分析结果显示，前述子公司控制变量中，仅子公司规模

与子公司经营绩效之间具有显著正向相关关系，其 Pearson 和 Spearman 相关系数分别为 0.247 和 0.295，达到 0.01 水平下的显著性，呈现较强的正相关性。而子公司财务杠杆、股权性质、行业特性和成长年限与子公司经营绩效之间均不具有相关关系。此外，在控制变量中，子公司财务杠杆和成长年限分别与子公司规模之间呈现显著的正相关关系（0.01 水平下），子公司财务杠杆和股权性质分别与子公司行业特性之间呈现负相关关系（0.05 水平下）。控制变量对子公司经营绩效具体影响的判断将继续通过后续的控制效应检验予以确定。

（六）母子公司间转移机制与其控制变量之间的相关分析

对母子公司间转移机制各维度与其控制变量之间的相关分析结果显示，母公司转移意愿与能力及子公司吸收意愿与能力变量分别与母子公司间行业相似性变量之间的 Pearson 相关系数为 0.259 和 0.346，Spearman 相关系数为 0.246 和 0.316，均达到 0.01 水平下的显著性，呈现显著的正相关关系。而母子公司间关系亲近度、地域远近度和合作持久度与母公司转移意愿与能力和子公司吸收意愿与能力之间均不具有显著相关关系。此外，母子公司间关系亲近度变量与行业相似性变量之间则呈现显著正向相关性（0.01 水平下）。关于母子公司间转移机制与其控制变量之间的具体关系将在后续控制效应检验中进行详细分析。

四　控制效应检验

根据理论分析，由于子公司规模、财务杠杆、股权性质、行业特性和成长年龄之间存在差异，子公司经营绩效也可能存在差异，而母子公司间的投资方式、行业差异、地域差距和合作关系等方面的差异则可能致使母子公司间智力资本转移存在异质性。本书采用独立样本 t 检验或方差分析对子公司经营绩效和母子公司间智力资本转移机制的控制效应进行检验，进一步验证相关分析的结果，为假设模型的检验和结论的形成奠定基础。对控制变量的单因素方差分析和独立样本 t 检验结果分别如表 5 - 12 和表 5 - 13 所示。

（一）对子公司经营绩效的控制效应检验

为检验不同控制变量对子公司经营绩效影响的差异性，本书通过独立样本 t 检验或单因素方差分析进行比较分析。

1. 子公司规模对其经营绩效的控制效应

在对子公司规模的问卷调查中，本书将其细致划分为 7 个等级，结合

表 5 – 12 控制变量的方差分析结果

内 容			方差分析					方差齐性检验		事后比较
变量	控制因素		平方和（SS）	df	平均平方和（MS）	F	Sig.	Levene	Sig.	（Tukey HSD 法）
子公司经营绩效	子公司规模	组间	7.342	2	3.671	5.990	0.003	0.086	0.917	组 1 < 3
		组内	86.411	141	0.613					
		总体	93.753	143						
	子公司财务杠杆	组间	1.423	3	0.474	0.719	0.542	1.037	0.378	
		组内	92.330	140	0.660					
		总体	93.753	143						
	子公司成长年限	组间	1.219	2	0.609	0.928	0.398	1.171	0.313	
		组内	92.534	141	0.656					
		总体	93.753	143						
母公司转移意愿与能力	母子公司间合作持久度	组间	2.684	3	0.895	1.850	0.141	1.844	0.142	
		组内	67.696	140	0.484					
		总体	70.380	143						
子公司吸收意愿与能力	母子公司间合作持久度	组间	4.200	3	1.400	3.339	0.021	1.655	0.180	组 1 > 2
		组内	58.702	140	0.419					
		总体	62.901	143						

表 5 – 13 控制变量的 t 检验结果

内 容		方差齐性检验		均值相等的 t 检验		
变 量	控制因素	F	Sig.	t	df	Sig.（双尾）
子公司经营绩效	子公司股权性质	0.361	0.549	− 1.260	142	0.210
	子公司行业特性	0.885	0.348	0.073	142	0.942
母公司转移意愿与能力	母子公司间关系亲近度	0.687	0.409	− 0.767	142	0.444
	母子公司间行业相似性	0.330	0.567	3.193	142	0.002
	母子公司间地域远近度	0.144	0.705	− 0.644	142	0.520
子公司吸收意愿与能力	母子公司间关系亲近度	1.059	0.305	− 0.623	142	0.534
	母子公司间行业相似性	0.365	0.546	4.398	142	0.000
	母子公司间地域远近度	0.509	0.477	− 0.503	142	0.615

描述性统计分析结果，考虑到每个等级中的样本数量问题，在分析子公司规模对其经营绩效的影响时，将其适当合并分为"规模较小（5000 万元以下）"、"规模中等（5000 万—5 亿元）"和"规模较大（5 亿元以上）"3 个等级，分别以"1—3"组表示，对其进行方差分析。

表 5 - 12 中，进行方差齐性检验的结果显示，方差齐性检验的 p = 0.917 > 0.05，表示在子公司规模影响下，子公司经营绩效各等级内部总体具有同方差性。而对不同子公司规模影响其经营绩效的单因素方差分析结果显示，不同规模的子公司，其经营绩效具有显著差异（F 值 = 5.990，p = 0.003）。因此，在事后多重比较时采用同方差情况下的 Tukey HSD 法进行检验，结果表明，组 1 和组 3 对子公司经营绩效影响的差异较为显著（p = 0.002），两组样本对应的子公司经营绩效的均值差异为 - 0.58396，即子公司资产规模为"5 亿元以上"时比规模在"5000 万元以下"时，子公司经营绩效更好，子公司规模对其经营绩效具有较为显著的正面效应。

2. 子公司财务杠杆对其经营绩效的控制效应

在分析子公司财务杠杆对其经营绩效的影响时，考虑到子公司资产负债率在 70% 以上的样本较少，将其进行适当合并，分为"10% 以下"、"10%—30%"、"30%—50%"和"50% 以上"4 个等级，分别以"1—4"组表示，对其进行方差分析。

表 5 - 12 中，方差齐性检验的显著性 p 值为 0.378，大于 0.05，没有违反方差齐性的假定，表明不同财务杠杆的子公司中，其经营绩效变量具有相同方差。而单因素方差分析的结果显示，不同子公司财务杠杆下，子公司经营绩效变量的 F 值为 0.719，显著性概率值 p 为 0.542，大于 0.05，接受组间均值相等的假定，这表明不同财务杠杆下，子公司经营绩效没有显著差异存在。

3. 子公司股权性质对其经营绩效的控制效应

在分析子公司股权性质对其经营绩效的影响时，依照前述分析，将其分为"国有控股"和"非国有控股"两类，对其进行独立样本 t 检验，以确定其对经营绩效的控制效应。

表 5 - 13 中，子公司股权性质影响其经营绩效的方差齐性检验的结果显示，F 值为 0.361，p 值为 0.549，未达显著，表明不同股权性质的子公司，其经营绩效变量具有同方差性。此时，假定方差相等情况下的 t 值为

-1.260，显著性概率 p 为 0.210 > 0.05，表示不同股权性质的子公司在其经营绩效变量上没有显著差异。

4. 子公司行业特性对其经营绩效的控制效应

对子公司行业特性的控制效应进行检验时，以前述分析，将其分为"知识密集型行业"和"其他行业"两组，采用独立样本 t 检验，分析其对经营绩效的影响。

表5－13中，对子公司行业特性控制效应的方差齐性检验的结果显示，F 值为 0.885，p 值为 0.348，未达显著，表明不同行业的子公司的经营绩效具有相同方差。此时，假定方差相等情况下的 t 值为 0.073，显著性概率 p 为 0.942 > 0.05，表示不同行业的子公司中，其经营绩效变量没有显著差异。

5. 子公司成长年限对其经营绩效的控制效应

在分析子公司成长年限对其经营绩效的影响时，结合描述性统计分析结果，将其合并为"10年以下"、"10—20年"和"20年以上"3个等级，分别以"1—3"组表示，对其进行方差分析。

表5－12中，方差齐性检验的显著性 p 值为 0.313，大于 0.05，没有违反方差齐性的假定，表明不同成长年限的子公司内部的经营绩效变量具有相同的方差。而单因素方差分析的结果显示，不同子公司成长年限下，子公司经营绩效变量没有显著差异存在（F 值 = 0.928，p = 0.398），这表明子公司成长年限对其经营绩效不具有显著影响。

（二）对母子公司间转移机制的控制效应检验

为检验不同控制变量对母子公司间转移机制两个维度母公司转移意愿与能力和子公司吸收意愿与能力的差异性，本书通过独立样本 t 检验或单因素方差分析进行比较。

1. 母子公司间关系亲近度对其转移机制的控制效应

为检验母子公司间关系亲近度分别对母公司转移意愿与能力和子公司吸收意愿与能力的控制效应，本书采用独立样本 t 检验进行分析。表5－13中，方差齐性检验的结果显示，不同母子公司间关系亲近度下，母公司转移意愿与能力变量的 F 值为 0.687，p 值为 0.409，而子公司吸收意愿与能力变量的 F 值为 1.059，p 值为 0.305，均未达显著，表明母子公司间关系亲近度不同，母公司转移意愿与能力和子公司吸收意愿与能力变量均具有同方差性。此时，假定方差相等情况下的 t 检验结果显示，在不同母子公司关系亲近度状况下，母公司转移意愿与能力和子公司吸收意愿与能力变量均没有显著差异，即母子公司间关系亲近度对母公司转移意愿与能力和子公司吸收意愿与能力均不具有显著影响。

2. 母子公司间行业相似性对其转移机制的控制效应

表 5 – 13 中，对母子公司间行业相似性控制效应的方差齐性检验的结果显示，在母子公司间行业相似度不同的状况下，母公司转移意愿与能力变量的 F 值为 0.330，p 值为 0.567，而子公司吸收意愿与能力变量的 F 值为 0.365，p 值为 0.546，均未达显著，表明母公司转移意愿与能力和子公司吸收意愿与能力变量均具有相同方差。此时，假定方差相等情况下的 t 检验结果显示，在母子公司行业相似或不相似状况下，母公司转移意愿与能力变量存在显著差异（t 值 = 3.193，p = 0.002），而子公司吸收意愿与能力变量也存在显著差异（t 值 = 4.398，p = 0.000）。这表明，母子公司间行业相似性对母公司转移意愿与能力和子公司吸收意愿与能力均具有显著影响。

3. 母子公司间地域远近度对其转移机制的控制效应

表 5 – 13 中，对母子公司间地域远近度影响母子公司间转移机制的方差齐性检验结果显示，母子公司间地域远近度不同的情形下，母公司转移意愿与能力和子公司吸收意愿与能力变量的 F 值分别为 0.144 和 0.509，显著性 p 水平分别为 0.705 和 0.477，表示它们均具有同方差性。此时，假定方差相等情况下的 t 检验结果显示，在母子公司地域远近度存在差异的状况下，母公司转移意愿与能力和子公司吸收意愿与能力变量均没有显著差异，即母子公司间地域远近度对母公司转移意愿与能力和子公司吸收意愿与能力均不具有显著影响。

4. 母子公司间合作持久度对其转移机制的控制效应

在分析母子公司间合作持久度对母公司转移意愿与能力和子公司吸收意愿与能力的控制效应时，以描述性统计分析结果为依据，将母子公司间的合作时间分为"5 年以下"、"5—10 年"、"10—15 年"和"15 年以上"4 个等级，分别以"1—4"组表示，对其进行方差分析。

表 5 – 12 中，对母子公司间合作持久度的控制效应的单因素方差分析结果显示，母子公司间合作时间不同时，母公司转移意愿与能力变量不存在显著差异（F 值 = 1.850，p = 0.141 > 0.05），而子公司吸收意愿与能力变量则存在较为显著的差异（F 值 = 3.339，p = 0.021 < 0.05），这表明母

子公司间的合作持久度对子公司吸收意愿与能力具有较为显著的影响。对母子公司间合作时间影响子公司吸收意愿与能力进行方差齐性检验的结果显示，母子公司间合作时间不同时，子公司吸收意愿与能力变量各等级之间具有同方差性（$p = 0.180 > 0.05$）。因此，继续采用 *Tukey HSD* 法进行事后多重比较，结果显示，组1和组2对子公司吸收意愿与能力变量影响的差异最为显著（$p = 0.036$），其均值差异为 0.40046，即母子公司间合作时间"5年以下"比在"5—10年"时，子公司吸收意愿与能力更强烈。

五　路径分析

结构方程模型（Structural Equation Modeling，SEM）由测量模型和结构模型两部分构成，它同时整合了因素分析和路径分析两种统计分析方法。测量模型主要描述潜在变量与其测量指标变量之间的关系，在结构方程模型中即为验证性因素分析，本章前述验证性因素分析即是利用测量模型对解释变量、中介或调节变量和被解释变量分别与其指标变量之间关系的检验。而结构模型则主要描述潜在变量与潜在变量之间的关系。结构方程模型的路径分析可分为路径分析和潜在变量路径分析，路径分析是各自只有一个观察变量的潜在变量间的结构模型，而潜在变量路径分析结合了结构模型和测量模型。考虑到本章前述已对相关测量模型进行了检验，为简化运算，此处路径分析中的潜在变量采用前述均值赋值方法进行综合分析，仅考虑结构模型的检验，而不再对测量模型进行检验。

（一）智力资本及其转移机制的内部结构分析

在分析母公司智力资本对子公司经营绩效的影响路径之前，首先依照前述理论研究假设，采用 AMOS 软件对智力资本内部三个维度及其转移机制的两个维度各自的内部结构关系进行检验，为综合结构模型的构建奠定基础和提供依据。

1. 母公司人力资本、结构资本和关系资本之间的相互关系

根据理论假设 H_2 的分析，母公司人力资本、结构资本和关系资本之间具有两两正向交互作用，为此，本书对此交互关系进行了检验，结果如表5-14所示。

表5 – 14　　　　　　　　母公司智力资本内部结构分析结果

路　径	标准化系数	系数	标准误	C. R.	p
母公司人力资本←→母公司结构资本	0.715	0.391	0.056	6.953	***
母公司结构资本←→母公司关系资本	0.779	0.384	0.052	7.351	***
母公司人力资本←→母公司关系资本	0.665	0.305	0.046	6.624	***

注：*** 表示在 0.001 水平下显著。

表5 – 14 中的分析结果显示，母公司人力资本、结构资本和关系资本之间的两两交互作用的临界比值（C. R. 值）分别为 6.953、7.351 和 6.624，估计值达到 0.001 水平下的正向显著性，这表示它们之间具有显著的两两正向交互作用。

2. 母公司转移意愿与能力和子公司吸收意愿与能力之间的相互关系

根据理论假设 H_{3g} 的分析，母公司转移意愿与能力对子公司吸收意愿与能力具有显著正向影响，为此，本书利用 AMOS 软件进行检验，结果如表5 – 15 所示。

表5 – 15　　　　　母子公司间智力资本转移机制内部结构分析结果

路　径	标准化系数	系数	标准误	C. R.	p
子公司吸收意愿与能力←→母公司转移意愿与能力	0.758	0.716	0.052	13.889	***

表5 – 15 的分析结果显示，母公司转移意愿与能力对子公司吸收意愿与能力影响的临界比值为 13.889，大于 1.96，路径系数达到 0.001 的显著性水平，这表明母公司转移意愿与能力对子公司吸收意愿与能力具有显著的正向影响效应。

（二）智力资本各维度对经营绩效的作用效应检验

根据影响效应原理，自变量对因变量影响的总效应等于直接效应与间接效应之和。依照前述理论分析与假设，为了对母公司智力资本各个维度对子公司经营绩效的影响路径进行分析，并检验母公司转移意愿与能力和子公司吸收意愿与能力在其中的中介效应，本书首先对其总效应进行检验，再通过效应分解依次检验经过中介变量的路径系数，以判断直接效应和中介效应的存在。①

　　1. 总效应检验

　　一般情况下，若要检验中介效应的存在，首先需要对不涉及第三变量情况下的自变量作用于因变量的总效应进行检验，只有当自变量与因变量之间的总效应路径系数显著时，才会考虑中介变量的作用（温忠麟等，2012）。为此，在图5-1假设模型的基础上，本书针对母公司智力资本三个维度分别设计了相应的总效应模型，用以检验母公司人力资本、结构资本和关系资本分别对子公司经营绩效的总效应。总效应模型如图5-8所示。

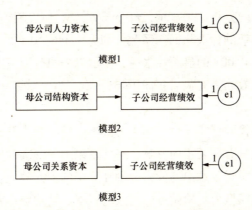

图5-8　母公司智力资本三维度对子公司经营绩效的总效应模型

　　（1）总效应模型1：母公司人力资本对子公司经营绩效的总效应。
　　（2）总效应模型2：母公司结构资本对子公司经营绩效的总效应。
　　（3）总效应模型3：母公司关系资本对子公司经营绩效的总效应。
　　采用AMOS软件分别对母公司人力资本、结构资本和关系资本影响子公司经营绩效的总效应进行分析，结果如表5-16所示。

---

　　①　由于总效应和效应分解模型主要采用饱和模型，此时不考虑假设模型是否适配的问题。在饱和模型中，所有自变量对所有因变量均有影响路径，而因变量相互间也有影响路径。此时模型呈现完全适配的必然现象，探究假设因果模型与样本数据间是否适配问题是没有必要的，也没有实质意义存在（Bollen，1989）。

表 5 - 16   母公司智力资本各维度对子公司经营

绩效的总效应分析结果

模型	路　径	标准化回归系数	系数	标准差	*C. R.*	R^2
模型 1	子公司经营绩效←→母公司人力资本	0.346 ***	0.391	0.089	4.412	0.120
模型 2	子公司经营绩效←→母公司结构资本	0.389 ***	0.410	0.081	5.052	0.151
模型 3	子公司经营绩效←→母公司关系资本	0.309 ***	0.388	0.100	3.886	0.095

注：*** 表示在 0.001 水平下显著，** 表示在 0.01 水平下显著，* 表示在 0.05 水平下显著。

表 5 - 16 中的分析结果显示，母公司人力资本、结构资本和关系资本对子公司经营绩效的标准化回归系数分别为 0.346、0.389 和 0.309，三个回归系数值均达 0.001 的显著性水平，表示母公司智力资本三个维度分别对子公司经营绩效均具有显著正向影响。

2. 效应分解检验

经过总效应检验证实，母公司人力资本、结构资本和关系资本分别对子公司经营绩效具有显著正向影响，在此基础上，继续考虑母公司转移意愿与能力和子公司吸收意愿与能力分别在其中的中介效应。为此，建立如下三个效应分解模型分别检验母公司人力资本、结构资本和关系资本对子公司经营绩效的间接效应。

（1）效应分解模型 1：母公司人力资本—母公司转移意愿与能力—子公司吸收意愿与能力—子公司经营绩效。

为了分析母公司人力资本对子公司经营绩效的间接效应，在分析过程中，分别纳入母公司转移意愿与能力和子公司吸收意愿与能力这两个中介变量，构建了模型 1 - A、模型 1 - B 和模型 1 - C 三个模型，如图 5 - 9 所示。

采用 AMOS 软件对图 5 - 9 中的三个模型分别进行检验，结果汇总如表 5 - 17 所示。

表 5 - 17 中，模型 1 - A 的分析结果显示，当仅仅考虑母公司转移意愿与能力作为中介变量时，母公司人力资本对母公司转移意愿与能力具有显著正向影响，母公司转移意愿与能力对子公司经营绩效同样具有显著正

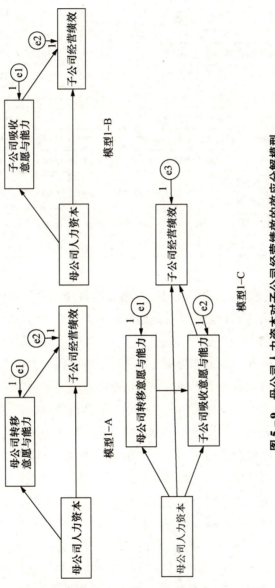

图 5 - 9　母公司人力资本对子公司经营绩效的效应分解模型

表 5 - 17　　　母公司人力资本对子公司经营绩效的效应分解分析结果

模型	路　径	标准化回归系数	系数	标准差	C. R.	R²
模型 1 - A	母公司转移意愿与能力←母公司人力资本	0.562 ***	0.550	0.068	8.126	
	子公司经营绩效←母公司人力资本	0.205 *	0.232	0.105	2.215	0.163
	子公司经营绩效←母公司转移意愿与能力	0.251 **	0.290	0.107	2.718	
模型 1 - B	子公司吸收意愿与能力←母公司人力资本	0.524 ***	0.485	0.066	7.353	
	子公司经营绩效←母公司人力资本	0.073	0.083	0.092	0.904	0.317
	子公司经营绩效←子公司吸收意愿与能力	0.521 ***	0.636	0.099	6.418	
模型 1 - C	母公司转移意愿与能力←母公司人力资本	0.562 ***	0.550	0.068	8.126	
	子公司吸收意愿与能力←母公司人力资本	0.143 *	0.132	0.060	2.206	
	子公司吸收意愿与能力← 母公司转移意愿与能力	0.677 ***	0.640	0.061	10.442	0.317
	子公司经营绩效←母公司人力资本	0.073	0.083	0.092	0.904	
	子公司经营绩效←子公司吸收意愿与能力	0.521 ***	0.636	0.099	6.418	

向影响，而母公司人力资本对子公司经营绩效的路径系数具有弱显著性，此时，母公司人力资本和母公司转移意愿与能力两个变量可以联合解释子公司经营绩效变量的 16.3% 的变异量。模型 1 - B 的分析结果显示，当仅仅考虑子公司吸收意愿与能力作为中介变量时，母公司人力资本对子公司吸收意愿与能力具有显著正向影响，子公司吸收意愿与能力对子公司经营绩效具有显著正向影响，而母公司人力资本对子公司经营绩效的路径系数不显著，此时，母公司人力资本和子公司吸收意愿与能力两个变量可以联合解释子公司经营绩效变量的 31.7% 的变异量。模型 1 - C 的分析结果显示，在同时纳入这两者作为中介变量并考虑它们之间的内部关系时，母公司人力资本对母公司转移意愿与能力具有显著正向影响，对子公司吸收意愿与能力具有弱正向影响，母公司转移意愿与能力对子公司吸收意愿与能力具有显著正向影响，而子公司吸收意愿与能力对子公司经营绩效具有显著正向影响。此时，母公司人力资本、母公司转移意愿与能力和子公司吸收意愿与能力三个变量可以联合解释子公司经营绩效变量的 31.7% 的变异量。由这三个模型的分析可知，在母公司人力资本对子公司经营绩效的作用中，母公司转移意愿与能力发挥不完全中介效应，子公司吸收意愿与

能力发挥完全中介效应，母公司转移意愿与能力的中介效应主要通过子公司吸收意愿与能力来实现。

（2）效应分解模型2：母公司结构资本—母公司转移意愿与能力—子公司吸收意愿与能力—子公司经营绩效。

为了分析母公司结构资本对子公司经营绩效的间接效应，分别构建模型2-A、模型2-B和模型2-C三个模型，如图5-10所示。

对图5-10中的三个模型分别进行检验，结果汇总如表5-18所示。

表5-18　母公司结构资本对子公司经营绩效的效应分解分析结果

模型	路　径	标准化回归系数	系数	标准差	C.R.	R^2
模型2-A	母公司转移意愿与能力←母公司结构资本	0.591***	0.539	0.062	8.757	0.180
	子公司经营绩效←母公司结构资本	0.265**	0.279	0.099	2.825	
	子公司经营绩效←母公司转移意愿与能力	0.210*	0.242	0.108	2.237	
模型2-B	子公司吸收意愿与能力←母公司结构资本	0.609***	0.525	0.057	9.179	0.317
	子公司经营绩效←母公司结构资本	0.077	0.081	0.092	0.887	
	子公司经营绩效←子公司吸收意愿与能力	0.512***	0.625	0.106	5.877	
模型2-C	母公司转移意愿与能力←母公司结构资本	0.591***	0.539	0.062	8.757	0.317
	子公司吸收意愿与能力←母公司结构资本	0.248***	0.214	0.056	3.846	
	子公司吸收意愿与能力←母公司转移意愿与能力	0.612***	0.578	0.061	9.499	
	子公司经营绩效←母公司结构资本	0.077	0.081	0.092	0.887	
	子公司经营绩效←子公司吸收意愿与能力	0.512***	0.625	0.106	5.877	

表5-18中，模型2-A的分析结果显示，当仅仅考虑母公司转移意愿与能力作为中介变量时，母公司转移意愿与能力在母公司结构资本对子公司经营绩效的作用效应中发挥不完全中介效应，此时，母公司结构资本和母公司转移意愿与能力两个变量可以联合解释子公司经营绩效变量的18%的变异量。模型2-B的分析结果显示，当仅仅考虑子公司吸收意愿与能力作为中介变量时，子公司吸收意愿与能力在母公司结构资本对子公司经营绩效的作用效应中发挥完全中介效应，此时，母公司结构资本和子公司吸收意愿与能力两个变量可以联合解释子公司经营绩效变量的31.7%的变异量。

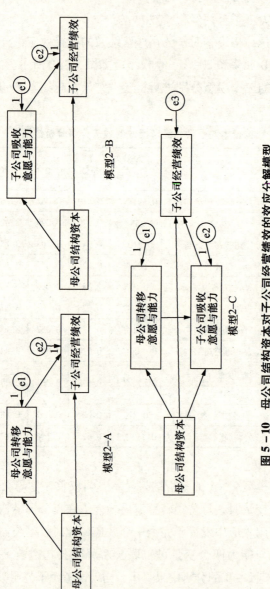

图 5－10　母公司结构资本对子公司经营绩效的效应分解模型

模型 2 - C 的分析结果显示，在同时纳入这两者作为中介变量并考虑它们之间的内部关系时，母公司结构资本对母公司转移意愿与能力具有显著正向影响，对子公司吸收意愿与能力具有显著正向影响，母公司转移意愿与能力对子公司吸收意愿与能力具有显著正向影响，而子公司吸收意愿与能力对子公司经营绩效具有显著正向影响。此时，母公司结构资本、母公司转移意愿与能力和子公司吸收意愿与能力三个变量可以联合解释子公司经营绩效变量的 31.7% 的变异量。由此可知，在母公司结构资本对子公司经营绩效的作用效应中，母公司转移意愿与能力和子公司吸收意愿与能力分别发挥不完全中介效应和完全中介效应，而母公司转移意愿与能力的中介效应主要通过子公司吸收意愿与能力来实现。

（3）效应分解模型 3：母公司关系资本—母公司转移意愿与能力—子公司吸收意愿与能力—子公司经营绩效。

为了分析母公司关系资本对子公司经营绩效的间接效应，分别构建模型 3 - A、模型 3 - B 和模型 3 - C 三个模型，如图 5 - 11 所示。

对图 5 - 11 中的三个模型的检验结果汇总如表 5 - 19 所示。

表 5 - 19　母公司关系资本对子公司经营绩效的效应分解分析结果

模型	路　　径	标准回归化系数	系数	标准差	C. R.	R²
模型 3 - A	母公司转移意愿与能力←母公司关系资本	0.376***	0.409	0.084	4.849	
	子公司经营绩效←母公司关系资本	0.199*	0.250	0.103	2.424	0.169
	子公司经营绩效←母公司转移意愿与能力	0.292***	0.337	0.095	3.544	
模型 3 - B	子公司吸收意愿与能力←母公司关系资本	0.494***	0.508	0.075	6.788	
	子公司经营绩效←母公司关系资本	0.044	0.055	0.100	0.547	0.314
	子公司经营绩效←子公司吸收意愿与能力	0.538***	0.657	0.097	6.753	
模型 3 - C	母公司转移意愿与能力←母公司关系资本	0.376***	0.409	0.084	4.849	
	子公司吸收意愿与能力←母公司关系资本	0.243***	0.250	0.057	4.402	
	子公司吸收意愿与能力←母公司转移意愿与能力	0.666***	0.630	0.052	12.062	0.314
	子公司经营绩效←母公司关系资本	0.044	0.055	0.100	0.547	
	子公司经营绩效←子公司吸收意愿与能力	0.538***	0.657	0.097	6.753	

表 5 - 19 中，模型 3 - A 的分析结果显示，当仅仅考虑母公司转移意愿与能力作为中介变量时，母公司转移意愿与能力在母公司关系资本对子

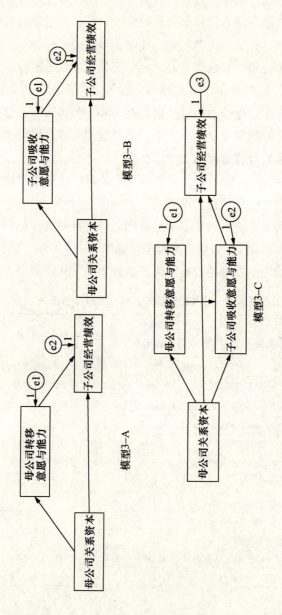

图 5 – 11　母公司关系资本对子公司经营绩效的效应分解模型

公司经营绩效的作用效应中发挥不完全中介效应，此时，母公司关系资本和母公司转移意愿与能力两个变量可以联合解释子公司经营绩效变量的16.9%的变异量。模型 3 - B 的分析结果显示，当仅仅考虑子公司吸收意愿与能力作为中介变量时，子公司吸收意愿与能力在母公司关系资本对子公司经营绩效的作用效应中发挥完全中介效应，此时，母公司关系资本和子公司吸收意愿与能力两个变量可以联合解释子公司经营绩效变量的31.4%的变异量。模型 3 - C 的分析结果显示，在同时纳入这两者作为中介变量并考虑它们之间的内部关系时，在母公司关系资本对子公司经营绩效的作用效应中，母公司转移意愿与能力和子公司吸收意愿与能力同时发挥中介效应，且母公司转移意愿与能力的中介效应主要通过子公司吸收意愿与能力来实现。此时，母公司关系资本、母公司转移意愿与能力和子公司吸收意愿与能力三个变量可以联合解释子公司经营绩效变量的31.4%的变异量。

（三）智力资本、转移机制与经营绩效的综合路径模型检验

基于总效应和效应分解模型检验的结果，母公司人力资本、结构资本和关系资本均对子公司经营绩效没有直接影响，在对这些不显著路径进行剔除之后，本书将解释变量母公司人力资本、结构资本和关系资本、中介变量母公司转移意愿与能力和子公司吸收意愿与能力以及被解释变量子公司经营绩效全部纳入结构模型，并考虑母公司智力资本三个维度之间的交互作用，构建了综合路径分析模型，并对其进行了相应检验。标准化的综合路径模型如图 5 - 12 所示。

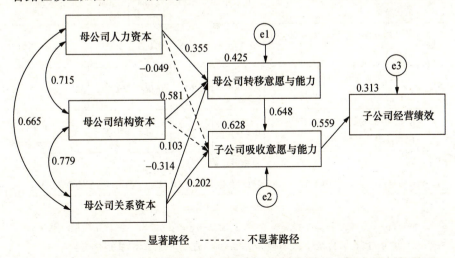

图 5 - 12　智力资本、转移机制与经营绩效的综合路径

对母公司智力资本、母子公司间转移机制和子公司经营绩效综合路径模型的分析结果如表 5 – 20 所示。

表 5 – 20　　智力资本、转移机制与经营绩效的综合路径分析结果

假设	路　径	标准化回归系数	系数	标准差	C. R.	是否支持假设
H$_{2a}$	母公司人力资本⟷母公司结构资本	0. 715 ***	0. 391	0. 056	6. 953	支持
H$_{2b}$	母公司人力资本⟷母公司关系资本	0. 665 ***	0. 305	0. 046	6. 624	支持
H$_{2c}$	母公司结构资本⟷母公司关系资本	0. 779 ***	0. 384	0. 052	7. 351	支持
H$_{3a}$	母公司转移意愿与能力←母公司人力资本	0. 355 ***	0. 348	0. 092	3. 798	支持
H$_{3b}$	母公司转移意愿与能力←母公司结构资本	0. 581 ***	0. 531	0. 102	5. 217	支持
H$_{3c}$	母公司转移意愿与能力←母公司关系资本	– 0. 314 **	– 0. 341	0. 114	– 3. 005	支持
H$_{3d}$	子公司吸收意愿与能力←母公司人力资本	– 0. 049	– 0. 045	0. 073	– 0. 618	不支持
H$_{3e}$	子公司吸收意愿与能力←母公司结构资本	0. 103	0. 089	0. 084	1. 056	不支持
H$_{3f}$	子公司吸收意愿与能力←母公司关系资本	0. 202 *	0. 208	0. 089	2. 333	支持
H$_{3g}$	子公司吸收意愿与能力←母公司转移意愿与能力	0. 648 ***	0. 613	0. 064	9. 641	支持
H$_{3h}$	子公司经营绩效←子公司吸收意愿与能力	0. 559 ***	0. 683	0. 085	8. 067	支持

复相关系数：

母公司转移意愿与能力 R^2 = 0. 425；子公司吸收意愿与能力 R^2 = 0. 628；子公司经营绩效 R^2 = 0. 313

模型适配度指标：

χ^2 = 4. 397（p = 0. 355）；df = 4；χ^2/df = 1. 099；RMR = 0. 012；GFI = 0. 990；$AGFI$ = 0. 948；$RMSEA$ = 0. 026；NFI = 0. 992；RFI = 0. 969；IFI = 0. 999；TLI = 0. 997；CFI = 0. 999

表 5 – 20 中，综合模型的适配分析结果显示，适配度检验的 χ^2 值在自由度等于 4 时为 4.397，显著性概率值 p 为 0.355，未达 0.05 显著性水平，接受虚无假设，表示理论模型与样本数据间可以适配。而从其他适配度指标而言，卡方自由度比值 χ^2/df 为 1.099 < 2.000，RMR 值为 0.012 < 0.05，RMSEA 为 0.026 < 0.05，且 GFI 值为 0.990，AGFI 值为 0.948，NFI 值为 0.992，RFI 值为 0.969，IFI 值为 0.999，TLI 值为 0.997，CFI 值为 0.999，均大于 0.900 的标准，表示假设模型与样本数据可以适配，模型整体适配情形良好。

表 5 – 20 中，复相关系数的检验结果显示，母公司转移意愿与能力、子公司吸收意愿与能力和子公司经营绩效三个内因变量被其外因变量解释的结构方程式的 R^2 分别为 0.425、0.628 和 0.313。根据假设模型图可知，母公司人力资本、结构资本和关系资本三个变量可以联合解释母公司转移意愿与能力变量的 42.5% 的变异量，母公司人力资本、结构资本和关系资本及母公司转移意愿与能力四个变量可以联合解释子公司吸收意愿与能力变量的 62.8% 的变异量，而母公司人力资本、结构资本、关系资本以及母公司转移意愿与能力和子公司吸收意愿与能力五个变量可以联合解释子公司经营绩效变量的 31.3% 的变异量。

图 5 – 12 和表 5 – 20 中的路径分析结果显示，（1）母公司人力资本、结构资本和关系资本之间具有显著的正向内部交互作用，研究假设 H_2 获得支持。（2）母公司人力资本、结构资本和关系资本对母公司转移意愿与能力均有显著直接影响，其中，母公司人力资本和结构资本对其产生强而显著的正向影响（0.355*** 和 0.581***），而母公司关系资本对其产生较强而显著的负向影响（–0.314**）。此结论支持研究假设 H_{3a}、H_{3b} 和 H_{3c}。（3）母公司关系资本对子公司吸收意愿与能力既有显著的直接影响，又有间接影响，但其直接影响呈现弱正向显著性（0.202*），假设 H_{3f} 获得支持。而母公司人力资本和结构资本对子公司吸收意愿与能力均没有显著的直接影响，只有间接影响，假设 H_{3d} 和 H_{3e} 没有获得支持。（4）母公司转移意愿与能力对子公司经营绩效不具有显著的直接影响，但对子公司吸收意愿与能力具有显著的直接正向影响（0.648***），假设 H_{3g} 获得支持。（5）子公司吸收意愿与能力对子公司经营绩效具有显著的直接正向影响（0.559***），研究假设 H_{3h} 成立。综上所述，综合路径分析结果表明，母公司人力资本、结构资本和关系资本对子公司经营绩效不

具有直接影响，但对其具有间接影响。

（四）智力资本、转移机制与经营绩效路径分析模型的修正与检验

在上述综合路径模型中，两条假设路径"母公司人力资本→子公司吸收意愿与能力"和"母公司结构资本→子公司吸收意愿与能力"未获数据支持，为简化模型，本书拟在上述综合路径模型的基础上，删除这两条不显著路径，对综合路径模型进行修正。修正后的标准化路径模型如图5－13所示。

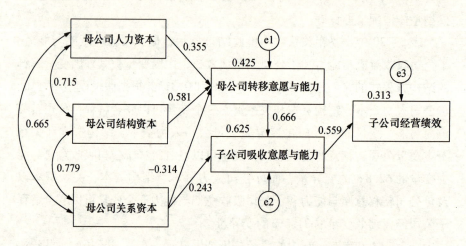

图5－13　修正后的智力资本、转移机制与经营绩效综合路径

进行修正后的母公司智力资本、母子公司间转移机制和子公司经营绩效综合模型的路径分析结果和标准化效应分析结果分别如表5－21和表5－22所示。

表5－21　修正后的智力资本、转移机制与经营绩效综合路径分析结果

假设	路　径	标准化回归系数	系数	标准差	C. R.	是否支持假设
H_{2a}	母公司人力资本⟷母公司结构资本	0.715 ***	0.391	0.056	6.953	支持
H_{2b}	母公司人力资本⟷母公司关系资本	0.665 ***	0.305	0.046	6.624	支持
H_{2c}	母公司结构资本⟷母公司关系资本	0.779 ***	0.384	0.052	7.351	支持

续表

假设	路 径	标准化回归系数	系数	标准差	C.R.	是否支持假设
H_{3a}	母公司转移意愿与能力←母公司人力资本	0.355***	0.348	0.092	3.798	支持
H_{3b}	母公司转移意愿与能力←母公司结构资本	0.581***	0.531	0.102	5.217	支持
H_{3e}	母公司转移意愿与能力←母公司关系资本	−0.314**	−0.341	0.114	−3.005	支持
H_{3f}	子公司吸收意愿与能力←母公司关系资本	0.243***	0.250	0.057	4.402	支持
H_{3g}	子公司吸收意愿与能力←母公司转移意愿与能力	0.666***	0.630	0.052	12.062	支持
H_{3h}	子公司经营绩效←子公司吸收意愿与能力	0.559***	0.683	0.085	8.067	支持

复相关系数：

母公司转移意愿与能力 $R^2 = 0.425$；子公司吸收意愿与能力 $R^2 = 0.625$；子公司经营绩效 $R^2 = 0.313$

模型适配度指标：

$\chi^2 = 5.644$（$p = 0.464$）；$df = 6$；$\chi^2/df = 0.941$；$RMR = 0.013$；$GFI = 0.987$；$AGFI = 0.955$；$RMSEA = 0.000$；$NFI = 0.989$；$RFI = 0.973$；$IFI = 1.001$；$TLI = 1.002$；$CFI = 1.000$

表 5－22 修正模型的标准化效应分析结果

	标准化效应		
	直接效应	间接效应	总效应
母公司人力资本→母公司转移意愿与能力	0.355	—	0.355
母公司结构资本→母公司转移意愿与能力	0.581	—	0.581
母公司关系资本→母公司转移意愿与能力	−0.314	—	−0.314
母公司人力资本→子公司吸收意愿与能力	—	0.237	0.237
母公司结构资本→子公司吸收意愿与能力	—	0.387	0.387
母公司关系资本→子公司吸收意愿与能力	0.243	−0.209	0.034
母公司转移意愿与能力→子公司吸收意愿与能力	0.666	—	0.666
母公司人力资本→子公司经营绩效	—	0.132	0.132
母公司结构资本→子公司经营绩效	—	0.217	0.217
母公司关系资本→子公司经营绩效	—	0.019	0.019
母公司转移意愿与能力→子公司经营绩效	—	0.373	0.373
子公司吸收意愿与能力→子公司经营绩效	0.559	—	0.559

表 5 – 21 中，修正后的综合模型的适配度分析结果显示，χ^2 值在自由度等于 6 时为 5.644，显著性概率值 p 为 0.464，未达 0.05 显著性水平，表示理论模型与样本数据间可以适配。而其他适配度指标均达模型适配标准，表示模型整体适配情形良好。

表 5 – 21 中，复相关系数的检验结果显示，在删除两条路径后，仅子公司吸收意愿与能力内因变量被其外因变量解释的结构方程式的 R^2 由 0.628 变为 0.625，其余两个内因变量的 R^2 并无变化。根据假设模型图可知，母公司人力资本、结构资本、关系资本以及母公司转移意愿与能力和子公司吸收意愿与能力五个变量依然可以联合解释子公司经营绩效变量的 31.3% 的变异量。

由图 5 – 13 和表 5 – 21、表 5 – 22 可知，（1）母公司智力资本内部各维度之间的关系。母公司人力资本、结构资本和关系资本之间具有显著的正向交互作用。（2）母公司智力资本对子公司经营绩效的影响。母公司人力资本、结构资本和关系资本对子公司经营绩效均没有显著的直接影响，但有间接影响，且母公司人力资本、结构资本和关系资本对子公司经营绩效的标准化间接效应值分别为 0.132、0.217 和 0.019。（3）母公司智力资本对母子公司间转移机制的影响。母公司人力资本、结构资本和关系资本均对母公司转移意愿与能力有显著的直接影响，其标准化直接效应值分别为 0.355、0.581 和 –0.314。而母公司人力资本和结构资本对子公司吸收意愿与能力均没有显著的直接影响，只有间接影响，其标准化间接效应值分别为 0.237 和 0.387。但母公司关系资本对子公司吸收意愿与能力既有显著的直接影响，又有间接影响，其标准化的直接效应值为 0.243，间接效应值为 –0.209，总效应值为 0.034。（4）母子公司间转移机制对子公司经营绩效的影响。母公司转移意愿与能力对子公司经营绩效不具有显著的直接影响，但对子公司吸收意愿与能力具有显著的直接正向影响，其标准化直接效应值为 0.666。因此，它对子公司经营绩效具有间接影响，其标准化间接效应值为 0.373。而子公司吸收意愿与能力对子公司经营绩效具有显著的直接正向影响，其标准化直接效应值为 0.559。

（五）纳入控制变量的智力资本、转移机制与经营绩效的路径分析

在上述综合路径分析的基础上，将子公司经营绩效和母子公司间转移机制的控制变量纳入路径分析考虑。路径分析结果显示，上述解释变量、中介变量和被解释变量之间的路径并未受到实质影响，结果保持稳健。

六　调节效应检验

调节效应属于交互效应的一种，这两者在概念上是不完全相同的。交互效应分析中两个自变量可以是对称的也可以是非对称的，任何一个都可以视为调节变量。而调节效应是有明确因果关系的交互效应，在一个确定模型中，自变量与调节变量是不能互换的。但是，从统计分析意义上，这两者具有同一性，对调节效应的检验就是检验自变量与调节变量的交互效应的显著性。

当自变量与调节变量均为连续变量时，应通过层次回归分析检验调节效应，其具体步骤为，首先进行自变量与调节变量对因变量的回归分析，然后再将自变量与调节变量乘积项纳入模型进行回归分析（温忠麟等，2012）。上述对 144 份问卷的全样本路径分析显示，母公司人力资本、结构资本和关系资本均对子公司经营绩效没有直接影响，而是通过母公司转移意愿与能力和子公司吸收意愿与能力对子公司经营绩效产生间接影响。由此分析，以全样本考察母公司转移意愿与能力和子公司吸收意愿与能力在母公司智力资本对子公司经营绩效的作用中是否具有调节效应已无意义，假设 H_4 和 H_5 未获支持。

第四节　实证结果评析

根据全样本问卷数据的实证检验与分析，本书对实证检验中已获支持的假设和未经证实的假设结果进行了分析、评价与解释。

一　对实证支持结果的分析

根据路径分析模型检验结果，母公司人力资本、结构资本和关系资本对子公司经营绩效均具有显著正向影响，而母公司智力资本各维度主要通过母公司转移意愿与能力和子公司吸收意愿与能力间接作用于子公司经营绩效。实证结果支持了以下路径：

（一）母公司人力资本←→母公司结构资本←→母公司关系资本

实证检验结果表明，母公司人力资本、结构资本和关系资本之间具有显著的正向交互作用，这与 Saint - Onge（1996）等的理论研究相符。同时，母公司智力资本各个维度内部的交互作用，对子公司经营绩效具有显著正向影响。

（二）母公司人力资本→母公司转移意愿与能力→子公司吸收意愿与能力→子公司经营绩效

路径分析结果显示，母公司人力资本对母公司转移意愿与能力具有显著正向影响（直接效应 0.355），母公司转移意愿与能力对子公司吸收意愿与能力具有显著正向影响（直接效应 0.666），而子公司吸收意愿与能力对子公司经营绩效具有显著正向影响（直接效应 0.559）。这一结果表明，在所调查的企业集团中，在母公司人力资本对母公司转移意愿与能力的影响中，促进作用占据主导地位，且母公司转移意愿与能力和子公司吸收意愿与能力在母公司人力资本对子公司经营绩效的影响中发挥中介效应。这三条路径构成了母公司人力资本对子公司经营绩效的间接效应为 0.132（0.355 × 0.666 × 0.559）。

（三）母公司结构资本→母公司转移意愿与能力→子公司吸收意愿与能力→子公司经营绩效

路径分析结果显示，母公司结构资本对母公司转移意愿与能力具有显著正向影响（直接效应 0.581），这表明，在被调查的企业集团中，母公司结构资本对母公司转移意愿与能力的促进效应占据主导地位。而母公司转移意愿与能力对子公司吸收意愿与能力具有显著正向影响（直接效应 0.666），子公司吸收意愿与能力对子公司经营绩效具有显著正向影响（直接效应 0.559）。这三条路径构成了母公司结构资本对子公司经营绩效的间接效应为 0.217（0.581 × 0.666 × 0.559）。

（四）母公司关系资本→母公司转移意愿与能力→子公司吸收意愿与能力→子公司经营绩效

路径分析结果显示，母公司关系资本对母公司转移意愿与能力具有显著负向影响（直接效应 - 0.314），这表明，在被调查的企业集团中，母公司关系资本对母公司转移意愿与能力的阻碍效应占主导地位。若母公司关系资本越丰富时，母公司与外界企业交往越多，与外界知识分享机会将更大，这可能阻碍了母公司对企业集团内部进行知识分享的意愿。当母公司对子公司拥有绝对控股权且母子公司之间合作时间较长时，母子公司之间关系稳固，则这种负向效应逐渐淡化。而母公司转移意愿与能力对子公司吸收意愿与能力具有显著正向影响（直接效应 0.666），子公司吸收意愿与能力对子公司经营绩效具有显著正向影响（直接效应 0.559）。这三条路径构成了母公司关系资本对子公司经营绩效的间接效应为 - 0.117

（-0.314×0.666×0.559）。

（五）母公司关系资本→子公司吸收意愿与能力→子公司经营绩效

路径分析结果显示，母公司关系资本对子公司吸收意愿与能力具有显著正向影响（直接效应0.243），而子公司吸收意愿与能力对子公司经营绩效具有显著正向影响（直接效应0.559）。这一结果表明，在所调查的企业集团中，越来越多的子公司意识到关系资本的重要性，母公司所拥有的关系资本成为子公司吸收意愿的显著诱因。此时，通过子公司吸收意愿与能力的中介作用，母公司关系资本对子公司经营绩效的间接效应为0.136（0.243×0.559）。

综上所述，在母公司智力资本对子公司经营绩效的作用路径中，母公司人力资本和结构资本对子公司经营绩效的影响均是通过母公司转移意愿与能力和子公司吸收意愿与能力的共同中介作用发挥间接效应，而母公司关系资本对子公司经营绩效的影响既可以通过母公司转移意愿与能力和子公司吸收意愿与能力的共同中介作用发挥间接效应，又可以仅通过子公司吸收意愿与能力的独立中介作用发挥间接效应。同时，母公司智力资本三维交互作用对子公司经营绩效具有显著正向影响。其中，母公司结构资本对子公司经营绩效的作用力最大，母公司人力资本对子公司经营绩效的作用力次之，而母公司关系资本对子公司经营绩效的作用力最小。

二　对未经证实假设的解释

路径分析结果表明，母公司智力资本各个维度对子公司经营绩效的影响并非直接效应，研究假设中的以下路径未经证实：

其一，母公司人力资本、结构资本和关系资本对子公司经营绩效不具有显著的直接影响，即"母公司人力资本→子公司经营绩效""母公司结构资本→子公司经营绩效"和"母公司关系资本→子公司经营绩效"三条直接路径未获数据支持。根据问卷结果显示，在所调查的企业集团中，尽管某些企业集团中的管理人员同时兼任母子公司职务，且母子公司大多为同行业企业，业务关联性较强，但母子公司之间依然为独立企业，人员和业务方面总体上较为独立，而许多母子公司在沟通模式和经营理念上都存在一定差异。因此，母公司人力资本、结构资本和关系资本虽对子公司经营绩效具有显著正向影响，但这种正向效应并不能直接产生，而只能通过母公司的转移和子公司的吸收得以实现，母公司转移意愿与能力和子公司吸收意愿与能力在其中发挥重要的中介作用，尤其是子公司吸收意愿与能力对子公司经营绩效具有重要影响。这也表明，企业集团内部成员企业之间的智力资本转移对实现企业集团智力资本绩效创造的整体贡献具有重要意义。

其二，母公司人力资本和结构资本对子公司吸收意愿与能力不具有显著的直接影响，即"母公司人力资本→子公司吸收意愿与能力"和"母公司结构资本→子公司吸收意愿与能力"这两条路径未获数据支持。这一结果表明，在所调查的企业集团中，母公司的人力资本和结构资本并未成为子公司吸收意愿与能力的显著直接诱因，子公司是否愿意吸收来自母公司的智力资本主要还是受到母公司转移意愿与能力的影响，而母公司人力资本和结构资本对子公司吸收意愿与能力的影响需要通过母公司的转移意愿与能力才能实现，这两者的间接效应系数分别为 0.237（0.355 × 0.666）和 0.387（0.581 × 0.666）。因此，在母公司人力资本和结构资本对子公司经营绩效的作用中，母公司转移意愿与能力和子公司吸收意愿与能力必须同时发挥中介效应。

第六章　适应中国企业集团智力资本转移的机制构建

智力资本能够创造组织的经济价值，因此，组织为了保护智力资本，尤其是其中包含的特殊的、内隐的知识，将会增加智力资本转移的难度。根据实证研究的结论，企业集团内部智力资本转移机制在智力资本绩效创造中具有显著的中介作用，因此，为了实现企业集团内部知识与资源的整合，最大限度地发挥智力资本的绩效创造作用，组织必须构建适当的转移机制以管理智力资本，促进转移机制在智力资本绩效创造中的作用的发挥。

第一节　智力资本转移：内部博弈的过程

在企业集团中，转移主体双方对智力资本转移与吸收策略的选择既要基于对各自成本、风险与收益的考虑，又要对其他转移主体的智力资本转移策略进行权衡，而转移机制的建立有助于规范双方在转移中的成本、风险与收益的平衡，促进企业集团内部成员企业间的智力资本转移。因此，企业集团内部智力资本转移和转移机制的建立体现了企业集团内部转移主体双方博弈的过程。

一　企业集团内部智力资本转移的风险收益分析

从交易成本理论出发，相对于其他组织间智力资本转移，企业集团内部成员企业间的智力资本转移有助于降低交易成本，实现整体利益的协同。然而，企业集团成员企业转移方与接收方在内部智力资本转移过程中的成本、风险与收益是并存的，成本、风险与收益是转移主体双方进行智力资本转移与吸收的主要驱动因素。

（一）转移方的风险收益分析

企业集团成员企业间的智力资本转移是建立在转移主体双方互惠和自

愿基础上的利益驱动。作为转移方，在智力资本转移过程中需要承担一定的成本或风险，同时亦能获取一定的收益。

1. 转移方的转移风险：显性成本和隐性风险

根据成本收益理论，转移方的智力资本转移成本是其在转移过程中所耗费的人力、物力和财力等资源的总和。转移成本或风险可分为两类：一是显性成本。显性成本是转移方在转移过程中直接消耗的成本，主要包括识别挖掘成本和传送沟通成本等。智力资本本质上是由隐性知识为主构成的动态无形资源的集合，而隐性知识的转移具有缓慢性、高成本性和不确定性。为实现智力资本的有效转移，转移方首先需要对自身所拥有的智力资本的存量和结构内容进行适当挖掘，判断识别所需转移的智力资本，为此所耗费的成本即为识别挖掘成本。除此之外，转移方还需要对所需转移的智力资本进行合理的解释编码、建立适当的转移渠道等，以便于接收方的理解和吸收，由此，将会产生对参与转移人员的培训费用、建立畅通转移渠道的费用和与接收方进行有效沟通所形成的成本等。这些支出共同构成了转移方智力资本转移的显性成本部分。二是隐性风险。隐性风险是转移方在转移发生后由于核心知识外溢所致的专有价值和内部优势权力的丧失所可能形成的机会成本风险。就企业集团整体而言，内部成员企业属于同一组织，应当具有共同的利益，但同时这些成员企业之间也存在着相互竞争。根据调研结果显示，企业集团成员企业之间大多数属于同行业关联企业或上下游企业，若从成员个体利益出发，成员企业将自身所拥有的优势人力资本、结构资本和关系资本转移给其他成员企业，将可能丧失核心技术和特殊关系等专有权所带来的收益，降低成员企业在企业集团中的整体竞争力和优势地位。

2. 转移方的转移收益：显性收益和隐性收益

企业集团智力资本转移过程中，转移方在耗费成本或承担风险的同时，必定会有一定的收益补偿，才能促使转移得以实现。转移方的转移收益主要包括：一是显性收益。显性收益主要体现于转移方在企业集团综合绩效提升中的投资收益增长等。智力资本不同于一般资源，越是转移分享则越能使其价值得以充分发挥，使其成本避免重复浪费。前述实证研究证实，企业集团内部智力资本不仅能提升成员企业自身经营绩效，而且对其他成员企业绩效具有显著的交叉影响。此外，知识的交流能够碰撞出更多新的知识，为企业创造更多优势资源。企业集团内部智力资本的转移能够促使企业集团协同效应的产生，提升企业集团的整体绩效，从而提升转移方的投资收益。二是隐性收益。隐性收益主要源于企业集团综合绩效提升所形成的声誉效应。利用智力资本在企业集团内部转移所产生的协同效应，企业集团综合绩效的提升将促使集团整体声誉的不断累积与提升，进而为企业集团成员企业提供更多的外部合作机会，这将可能为转移方创造更多获取收益和增加价值的机会。

（二）接收方的风险收益分析

企业集团成员企业之间存在合作竞争关系，接收方在智力资本吸收过程中需要支付吸收的成本或承担吸收的风险，也会通过智力资本的吸收获取额外的收益。

1. 接收方的吸收风险：显性成本和隐性风险

与转移方的转移风险类似，企业集团内部接收方在吸收智力资本的过程中所承担的成本或风险亦可分为两个部分。一是显性成本。显性成本反映了接收方为了有效吸收从转移方所转移的智力资本而需要支付的直接成本，这些直接成本主要包括接收和整合智力资本所需要支付的成本。在转移方转移智力资本之后，接收方需要投入时间和资源对所接收的智力资本进行理解、消化、转换和应用。例如，培训内部员工学习吸收新知识、对所接收的知识和信息进行建档，建立合适的奖惩制度促进新知识在内部的交流、学习与融合等，这些构成了接收方的直接吸收成本。二是隐性风险。隐性风险主要体现于接收方在智力资本吸收后可能导致的对企业集团内部其他成员企业的权利示弱和过分依赖风险。权利示弱风险是企业集团内部企业自利行为的体现，需要通过内部激励约束机制予以防范，而过分依赖风险是否实际发生则依赖接收方对智力资本的整合与吸收能力，若接收方能够对其他企业所转移的智力资本进行有效的吸收，并整合应用于企业自身经营，则这一风险可以合理规避。

2. 接收方的吸收收益：显性收益与隐性收益

企业集团中，接收方吸收智力资本所产生的收益可概括为两个方面：一是显性收益。企业集团中接收方通过吸收其他成员企业的智力资本，利用内部协同效应，既可以弥补与其他成员企业之间的知识势差，增加和提升自身智力资本，又可以有效地降低智力资本的获取成本，缩短新技术和新知识的获取时间，这可能比接收方企业开发智力资本更加经济有效。前述实证研究结果也证实，母公司智力资本通过转移与吸收，可以作用于子公司经营绩效。同时，通过将所吸收的智力资本与自身智力资本之间的整合运用，可以实现对接收方原有智力资本的优化改进，有助于创造形成新的智力资本结构内容，达到协同效应与效率收益。二是隐性收益。接收方的隐性收益主要体现于对接收方未来创新能力的提升和集团内部信任关系的增进。接收方通过对从集团内部转移智力资本的吸收运用，有助于促使企业技术水平和研发能力的不断提升和强化，进一步提升其吸收整合能力，逐步构建和维系企业竞争优势，进而促进未来绩效的改善与提高。与此同时，企业集团内部智力资本的转移与吸收促使接收方与转移方之间增进了彼此的联系，增进了彼此的信任关系，这对企业集团未来协同收益的创造具有长期影响。

二　企业集团内部智力资本转移的演化博弈分析

演化博弈理论（Evolutionary Game Theory）是将博弈论与动态演化过程分析相结合的一种理论。它源于生物进化理论，不同于博弈论重点关注静态均衡与比较静态均衡，它更强调动态均衡。演化博弈分析方法摒弃了完全理性和完全信息条件假设，而从演化过程考察理性的形成，将博弈群体的行为调整视为一个动态系统。其基本思路是：博弈最优均衡是均衡过程中博弈群体策略调整的函数，在一定博弈群体中，由于博弈参与个体的有限理性，博弈方在初始博弈时难以达到最优均衡，而需要经过大量反复博弈过程对博弈个体策略进行修正和改进才能使所有博弈个体趋于某个稳定的最优策略，即演化稳定策略（Evolutionary Stable Strategy，ESS）。当博弈群体中的绝大多数个体选择演化稳定策略时，采用其他策略的突变小群体将无法侵入这一群体；换言之，在自然选择压力之下，它们或者变更策略进而选择演化稳定策略，或者退出系统而消失于演化过程中。演化博弈着重于对所有博弈个体的长期动态行为的研究，并以此预测博弈个体的群体行为。

根据演化博弈理论，结合企业集团内部智力资本转移的风险收益分析，建立成员企业间智力资本转移的博弈模型假设如下：

从转移方视角而言，假设智力资本的转移方向接收方转移智力资本是基于自身利益的考量，向接收方转移智力资本可以帮助本企业获取的显性收益，设为 R_{zx}；向接收方转移智力资本还可以帮助本企业获取基于企业声誉提升的隐性收益，设为 R_{zy}。然而，转移方向集团其他成员转移智力资本还需要付出一定的成本，其中，由于本企业向其他成员转移智力资本所付出的知识编码和传递成本，会表现为本企业会计账簿上的显性成本，设为 C_{zx}；而由于转移发生后可能导致的专有价值和内部优势权力丧失所形成的隐性成本，则设为 C_{zy}。

从接收方视角而言，假设接收方由于吸收了集团内其他成员转移的智力资本促使本企业的智力资本水平提升，由此引起的本企业效益提升的显性收益，设为 R_{jx}；而接收方由于吸收了转移的智力资本，改善了与集团其他成员之间的联系，提升了企业集团内部的整合度，为接收方可能带来的隐性收益，设为 R_{jy}。与此同时，接收方接收了转移的智力资本，将其消化、吸收并整合至本企业所需要付出的显性成本，设为 C_{jx}；而接收方可能由于智力资本吸收所导致的对集团其他成员的权利示弱和过分依赖的隐性机会成本，则设为 C_{jy}。

依据上述假设，构建二元演化博弈的收益矩阵如表6-1所示：

表6-1 企业集团内部智力资本转移与吸收的二元演化博弈收益

接收方 ＼ 转移方	转移	不转移
吸收	$R_{jx} + R_{jy} - C_{jx} - C_{jy}$，$R_{zx} + R_{zy} - C_{zx} - C_{zy}$	$- C_{jx} - C_{jy}$，0
不吸收	0，$- C_{zx} - C_{zy}$	0，0

从转移方角度考虑，以 U_{yz} 表示转移方向接收方转移智力资本获取的平均收益，U_{uz} 表示转移方没有意愿向接收方转移智力资本时获取的平均收益，而 $\overline{U_z}$ 表示智力资本转移方的总和平均收益。p 表示转移方愿意向接收方转移智力资本的概率，$(1-p)$ 表示转移方缺乏向接收方转移智力资本的意愿的概率。q 表示接收方愿意吸收转移方所转移的智力资本的概率，$(1-q)$ 表示接收方缺乏意愿吸收转移方所转移的智力资本的概率。则可形成如下方程：

$$U_{yz} = q \times (R_{zx} + R_{zy} - C_{zx} - C_{zy}) + (1-q) \times (- C_{zx} - C_{zy}) = q(R_{zx} + R_{zy}) - (C_{zx} + C_{zy}) \tag{6-1}$$

$$U_{uz} = q \times 0 + (1-q) \times 0 = 0 \tag{6-2}$$

$$\overline{U_z} = p \times U_{yz} + (1-p) \times U_{uz} = pq(R_{zx} + R_{zy}) - p(C_{zx} + C_{zy}) \tag{6-3}$$

将式（6-3）代入复制动态方程，得出：

$$\frac{dp}{dt} = p(U_{yz} - \overline{U_z}) = pq(1-p)(R_{zx} + R_{zy}) + p(p-1)(C_{zx} + C_{zy}) \quad (6-4)$$

从接收方角度考虑，以 U_{yj} 表示接收方吸收转移方所转移的智力资本所获取的平均收益，U_{uj} 表示接收方缺乏意愿吸收转移方所转移的智力资本获取的平均收益，而 $\overline{U_j}$ 表示智力资本接收方获得的总和平均收益。则可以获取如下方程：

$$U_{yj} = p \times (R_{jx} + R_{jy} - C_{jx} - C_{jy}) + (1-p) \times (-C_{jx} - C_{jy}) = p(R_{jx} + R_{jy}) - (C_{jx} + C_{jy}) \quad (6-5)$$

$$U_{uj} = p \times 0 + (1-p) \times 0 = 0 \quad (6-6)$$

$$\overline{U_j} = q \times U_{yj} + (1-q) \times U_{uj} = qp(R_{jx} + R_{jy}) - q(C_{jx} + C_{jy}) \quad (6-7)$$

将式（6-7）代入复制动态方程，得出：

$$\frac{dq}{dt} = q(U_{yj} - \overline{U_j}) = qp(1-q)(R_{jx} + R_{jy}) + q(q-1)(C_{jx} + C_{jy}) \quad (6-8)$$

联合方程解出的动态博弈模型共有 5 个不动点（0，0），（0，1），（1，0），（1，1），$\left(\dfrac{C_{jx} + C_{jy}}{R_{jx} + R_{jy}}, \dfrac{C_{zx} + C_{zy}}{R_{zx} + R_{zy}}\right)$，为了检验不动点的稳定性，构造出如下行列式：

$$J = \begin{bmatrix} q(1-2p)(R_{zx} + R_{zy}) + (2p-1)(C_{zx} + C_{zy}) & p(1-p)(R_{zx} + R_{zy}) \\ q(1-q)(R_{jx} + R_{jy}) & p(1-2q)(R_{jx} + R_{jy}) + (2q-1)(C_{jx} + C_{jy}) \end{bmatrix} \quad (6-9)$$

式（6-9）中，当存在 $(R_{zx} + R_{zy}) > (C_{zx} + C_{zy})$，$(R_{jx} + R_{jy}) > (C_{jx} + C_{jy})$ 时，局部稳定分析的结果表明：动态博弈模型的 5 个不动点中仅有两个是 ESS，分别是智力资本的转移方和智力资本的接收方进行博弈的两种极端情况。即一种情况是转移方有意愿和能力向接收方转移智力资本，且接收方也有意愿和能力吸收转移方所转移的智力资本；而另一种情况是智力资本的转移方和接收方均没有转移和吸收智力资本的意愿和能力。此外，还有两个不稳定点分别是（0，1）和（1，0）及一个鞍点 $\left(\dfrac{C_{jx} + C_{jy}}{R_{jx} + R_{jy}}, \dfrac{C_{zx} + C_{zy}}{R_{zx} + R_{zy}}\right)$。由此，可以得到演化博弈系统的相图如图 6-1 所示。

图 6-1 中，演化博弈系统相图描述了智力资本的转移方和接收方演化博弈的动态过程，由不稳定点（0，1）和（1，0）和鞍点 $\left(\dfrac{C_{jx} + C_{jy}}{R_{jx} + R_{jy}}, \dfrac{C_{zx} + C_{zy}}{R_{zx} + R_{zy}}\right)$ 连成的折线可以得出系统收敛于不同状态的临界线。当初始状态位于左斜对角线下方的区域时，系统将收敛于 ESS 均衡点（0，0），

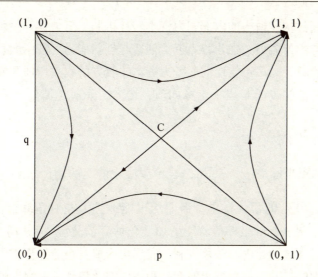

图6－1　智力资本转移方与接收方二元演化博弈相图

即智力资本的转移方和接收方均没有意愿和能力转移和吸收智力资本，企业集团不能形成协同效应。当初始状态位于左斜对角线的上方，系统将收敛于 ESS 均衡点（1，1），即智力资本的转移方和接收方均有意愿和能力转移和吸收智力资本，企业集团智力资本整体绩效创造提升，企业集团将获取协同效应的收益。在这两种状态中，一种是企业集团内部智力资本转移主体双方都乐于见到的均衡状态，而另一种是企业集团内部智力资本转移主体博弈双方均会受到损失的状态，也是希望极力避免的状态。若假定博弈的初始条件（p_0，q_0）是随机分布的，且分布在相图平面中，则可通过调整 C 点的参数坐标使相图平面左对角线以下的面积下降而使左对角线以上的面积上升，使得初始条件（p_0，q_0）有更大的概率落于左对角线上方而使初始状态达到理想的 ESS 均衡点（1，1）的可能性上升，靠近 ESS 均衡点（0，0）的概率下降，以达到智力资本转移演化博弈的理想状态。对 C 点参数坐标的调整具体可从以下方面进行：

1. C 点横坐标的调整

C 点的横坐标是 $\left(\dfrac{C_{jx}+C_{jy}}{R_{jx}+R_{jy}}\right)$，若希望演化博弈的均衡结果有更大概率演化至（1，1）的最优结果，需要尽可能扩大左对角线右边的面积，即减少 C 点横坐标的坐标值就能增加博弈结果演化至（1，1）最优结果的可能性。通过构建适当的内部智力资本转移机制，努力提升集团成员企业知识吸收与学习能力，强化智力资本创造与创新能力，利用激励约束机制合理分配收益，以尽可能地促使智力资本接收方的收益增加及成本和风险的减少，将能够减低 C 点横坐标的值，增大二元演化博弈至最优结果的可能性。

2. C 点纵坐标的调整

C 点的纵坐标是 $\left(\dfrac{C_{zx} + C_{zy}}{R_{zx} + R_{zy}}\right)$，若希望演化博弈的均衡结果有更大概率演化至（1，1）的最优结果，需要尽可能地扩大左对角线上部的面积，即减少 C 点纵坐标的坐标值就能增加演化博弈演化至（1，1）最优结果的可能性。通过构建内部转移机制，实现集团成员企业知识编码、表达和传递等能力的提升、信息技术的充分利用、彼此信任关系程度的增强和成本收益分配比例的适当调整，促使信息透明度更高，可以尽可能地增加智力资本转移方的收益，减少转移方的成本和风险，将能够减低 C 点纵坐标的值，增大演化博弈至最优结果的概率。

上述演化博弈分析结果显示，企业集团内部转移主体双方的演化博弈均衡依赖于转移机制的建立，适当的转移机制的建立能够促使转移方转移意愿与能力和接收方吸收意愿与能力的提升，促进集团内部转移主体博弈双方的最优演化稳定策略的选择。

第二节　智力资本转移机制：市场、层级与社区／网络

企业集团智力资本转移体现为一种跨边界的知识转移。虽然传统知识管理研究往往集中于特定组织内部的知识分享（如 Nonaka，1994；Nonaka and Takeuchi，1995；Argote and Ingram，2000），然而，另一种强调跨组织边界知识分享研究的趋势也已呈现（如 Powell et al.，1996；Dyer and Nobeoka，2000；Oxley，2004）。知识管理文献指出了跨组织边界知识共享的三大机制是：市场、层级和社区／网络（Tang，2007）。

一　市场机制

市场在知识共享或智力资本转移中的作用主要通过价格机制得以实

现。知识可以作为商品在经济市场中进行买卖。在经济市场中，组织间的知识分享受到价格机制的控制（Adler，2001），而组织间知识共享归因于成本和收益的计算（如 Appleyard，1996）。一般而言，当组织内部开发创造智力资本比从外部购买的成本更高时，组织将会选择从外部购买。例如，一个组织可以通过专利许可或技术转让协议，从外部购买知识；当内部开发相同的知识更为昂贵时，大型制药企业经常从专门的生物技术企业购买新技术或专利。在理想状况下，为了获取并非内部可获取的必要资源，组织将与其他组织从事纯粹的市场交易。

二　层级机制

层级作为跨组织知识共享的主要机制之一，是市场机制的补充，在知识共享或智力资本转移中，通过组织层级垂直整合实现知识共享，有助于缓解市场机制中交易成本过高的问题，促进跨边界的内部知识共享或智力资本转移的实现。当由于存在高度不确定性或两个组织间需要进行反复互动交流而使得市场交易成本过高时，交易可能会直接发生在组织层级内部。换言之，组织更倾向于选择垂直整合，使知识共享由内部层级权利所控制，而不是受外部市场机制所控制。例如，当一个大型制药企业发现，企业需要和专用生物技术公司反复谈判协商对其技术、技能和其他资源的收购时，制药企业可能会决定在企业内部建立这种能力，或将专用生物技术公司作为一个整体予以并购，使其知识、技能和人力资源内在化，以降低交易成本。

三　社区/网络机制

社区/网络考虑社会关系的重要性，以信任建立知识分享机制。在当今知识经济时代，伴随着前所未有的高速创新和知识扩张，组织不可能完全以垂直整合获取知识。与此同时，市场交易机制阻碍了跨组织边界的知识分享。因此，一些理论学家强调将社区/网络作为知识共享的替代机制，这种观点强调组织间知识共享的社会互动交流和社会契约。Granovetter（1985）认为，了解社会关系背景下的经济交易是重要的。社会组织中包含了各种类型的关系，市场化进程和其他经济行为也受到社会、经济关系的影响，其原因至少包括以下两个方面：第一，纯粹的市场行为是不存在的。许多商业交易，包括相当复杂的交易，都是基于持久的合作伙伴关系基础上进行的（Macaulay，1963）。第二，从事交易的人们通常避免诉诸合同条款来解决冲突，依赖市场准则解决冲突可能对业务关系造成极其严重的损害。

　　依照相似路线，实践社区（Community of Practice，COP）的文献提供了遵循社区逻辑的另一种知识管理。实践社区是指将对某一特定知识领域感兴趣的人员联系在一起的非正式网络。通过围绕这一知识领域的日常沟通交流和互动，达到知识分享、解决问题和个人发展的目的。实践社区促进最佳实务和隐性知识的转移，协助参与成员的专业发展，有利于招募和留住人才，并最终引导新的商机，以使组织受益（Wenger and Snyder，2000）。Adler（2001）认为，社区是当今经济环境中知识管理的一个更适当的隐喻。因此，信任，而非价格，在知识分享社区中是最有效的控制机制（Adler，2001）。Bell 等（2002）对三个大型跨国公司进行参与式行动研究的结果显示，三个公司的流程知识分享都同时遵循市场和社区逻辑。

　　具体而言，公司根据市场基础理论做出与其他公司分享知识的决定，而其实际知识共享实践则显现出社区要素。一些研究者一直在争论不同环境下促进知识流动的不同知识管理机制的相对有效性。例如，Almeida 等（2002）分析半导体行业的专利引用模式发现，相对战略联盟或市场，跨国公司的层级形式在促进跨边界知识分享中更为有效，因为它允许更灵活的多重渠道的同时使用。

　　借鉴跨组织边界知识分享机制的研究成果，企业集团智力资本转移机制的构建应当基于上述三个主要机制，综合考虑其他因素，以使集团成员企业趋于演化稳定策略的选择。

第三节　构建智力资本转移机制：原则与对策

　　根据演化博弈分析结果，在设计企业集团智力资本转移机制时，应当考虑最大限度地降低转移与吸收成本，增长转移与吸收收益，寻求企业集团成员企业间智力资本转移的最优均衡。在知识经济中，智力资本的转移和扩散与智力资本的创造同等重要。对企业集团而言，成员企业各自智力资本存量多寡虽然是其所关心的，但如何通过适当的智力资本管理系统以实现成员企业间的智力资本转移，更大限度地发挥资源配置与利用的效率与效果，并进而提升经营绩效，无疑也应是企业集团所关心的问题。

一　建立企业集团智力资本转移机制的原则

根据理论与实证研究结论，要实现企业集团智力资本的整体绩效创造，充分发挥智力资本转移机制的作用，在企业集团智力资本绩效创造中，智力资本转移机制的建立必须遵循以下原则：

（一）以智力资本创造为前提

在企业集团中，无论是实现某一成员企业智力资本对自身的绩效创造，抑或是对其他成员企业的绩效创造，智力资本的创造与开发都是前提和条件。知识经济时代，智力资本是企业未来竞争优势的来源，智力资本在企业价值创造和绩效贡献中的比例日益增加，企业价值不仅只限于由财务资本决定，而是转变为通过智力资本来决定，智力资本创造与开发成为企业发展竞争优势的核心投资。资源基础理论强调组织竞争优势来源于组织所拥有的异质资源，企业集团智力资本作为获取竞争优势的异质资源，其累积依赖成员企业智力资本的创造与开发，再通过网络与通信等沟通途径，促使智力资本的转移、共享与应用，从而发挥最大效用。因此，智力资本创造是智力资本转移的前提和条件。在建立智力资本转移机制时，应当将促进企业集团成员企业各自的智力资本创造作为前提条件予以考虑。

（二）以智力资本转移为手段

在企业集团智力资本绩效创造中，建立智力资本转移机制应当明确智力资本转移是实现智力资本累积和绩效创造的手段与方法。在知识经济时代，企业的组织发展策略已从外部产业结构逻辑逐渐转向内部资源的构建和智力资本的累积与创新，进而建构企业在产业内的独特竞争优势。然而，以企业集团而言，成员企业独自进行智力资本的创造需要耗费大量的成本，当智力资本的创造成本不足以抵偿其所获取的收益时，此时智力资本的创造与开发是无效的。企业集团的发展不仅依赖成员企业各自拥有的异质资源，更依赖整体资源的整合运用。智力资本转移体现了企业集团的内部协同合作，不仅可以节省智力资本的获取成本，而且可以弥补异质资源的稀缺性。企业集团内部智力资本转移是企业集团内部自稳定与自复制的过程，它是实现企业集团整体智力资本累积的重要方式之一，也是实现智力资本转化的重要手段之一。因此，在建立智力资本转移机制时，应当将促进智力资本在企业集团成员企业之间的转移作为重要手段予以考虑。

（三）以智力资本转化为目的

在企业集团智力资本绩效创造过程中，智力资本创造是前提，智力资本转移是手段，而智力资本的转化才是最终的目的。智力资本是能够为组织获取竞争优势的异质资源，然而，若组织不能动态运用这些异质资源为企业持续创造价值，则组织并不能实现可持续发展。对企业集团而言，不能实现智力资本转化的智力资本创造和转移均是无效的。在经营管理过程中，企业集团可以将隐性知识显性化，通过人的劳动过程，将智力资本投入转化为技术等智力成果，将技术成果等产权化为专利或专有技术等，以知识产权保护方式享有其独占收益，或将这一智力成果或知识产权转化为产品，借助集团信誉效应，吸引更多利益相关者的聚集，促使企业集团获取在信誉扩张中的产品销售成本降低和收益增长，实现智力资本价值增值和价值转化。智力资本只有转化为价值或绩效，才能真正实现企业集团整体的自组织演化与发展。因此，企业集团建立智力资本转移机制时，应当将实现智力资本的转化作为最终目的予以考虑。

二 建立企业集团智力资本转移机制的对策

企业集团智力资本转移机制的构建有赖于企业集团在微观层面的管理策略和政府在宏观层面的法律法规引导与政策协调。通过微观和宏观层面策略与制度的完善与配合，企业集团智力资本转移机制才能在实践中体现。

（一）微观层面：企业集团的管理策略

企业集团作为复杂社会系统中的组织，不可能通过机制构建使其成为完全的自适应系统，然而，企业集团应当重点关注机制的构建，这将有助于其管理效率和效果的提升，促使企业集团获取持续竞争优势以实现可持续发展。作为智力资本绩效创造的实践主体，企业集团可以通过整体战略规划和管理策略构建适应其发展的智力资本转移机制，最大限度地降低转移过程中的成本和提升收益，以实现智力资本对整体绩效的贡献。

1. 引导机制的建立

引导机制是企业集团通过从意识提升及对整体环境的培育或内部情境的营造构建成员企业间智力资本转移机制。企业集团智力资本转移与其内部情境因素密不可分，整体环境的建设与培育对成员企业间智力资本的成功转移具有重要促进作用。引导机制主要包括对意识、组织文化和组织结构等层面的建设。

（1）整体意识的提升。企业集团内部应当从战略层面重视和把握成员企业间的智力资本转移问题。例如，由高层管理人员全面负责内外部智力资本转移问题，设立专门的机构或部门对知识共享与转移问题进行具体规划与实施，由该机构负责制定企业集团智力资本转移的相关程序规范、奖励制度，并进行智力资本转移渠道建设等。与此同时，企业集团在强化知识或智力资本主管在整个企业集团中的控制与协调作用的基础上，建立各个成员企业生产、销售和管理等不同部门的部门知识经理负责制，由其负责对成员企业间的生产、销售或管理等不同部门之间的智力资本转移与流动进行协调，以保证内部转移的畅通。

（2）开放文化的营造。企业集团需要从整体上营造开放的文化氛围，以促进成员企业间和成员企业各自内部的知识共享与交流。开放的企业文化应当是有助于企业集团实现内部协同和规避外部风险的文化，可以通过共同的信念、价值观和行为准则来实现。根据调查结果显示，企业集团母子公司虽然基本具有相同的文化理念，但在价值观和经营理念的执行上却往往是存在一定差异的。尽管企业集团母子公司之间可以通过层级权利控制实现内部知识共享，但这种管理结构控制不足以形成集团内部智力资本转移的稳固基础。企业集团应当建立鼓励内部创新与合作的管理哲学，鼓励成员公司间或各个企业内部知识分享与交流的文化氛围，如集团成员公司间员工兴趣小组，或者管理人员经常性的正式或非正式座谈交流等，以此激发成员公司间的相互信任与互助学习。开放的企业文化促进成员企业间的交流与沟通，有助于解决信息不对称问题，帮助识别知识势差，增强企业集团各个企业内部员工之间、员工与企业之间以及集团成员公司间的凝聚力，促进集团内部之间的学习与协同及对外部环境的自适应性。

（3）组织结构的优化。组织结构的优化主要是通过企业集团扁平的柔性组织结构的建立，强调企业集团行为上的学习，优化企业集团成员企业间的交流合作。传统的金字塔垂直层级式组织结构过分关注规则导向、控制与命令，容易导致成员企业之间或成员企业内部交流机会的减少以及信息传递失真或失效等不良后果，建立扁平的柔性化组织结构改革了企业边界，打破了层级障碍，有利于企业集团整体运作效率的提高和效果的改善。扁平的柔性组织结构的设计有多种方式，在企业集团内部建立团队合作模式，如由各个成员公司的技术人员组成技术小组，相互学习和合作，激发团队整体创新思想。或者，通过网络式组织结构，建立集团母子公司间信息沟通系统，实现知识与信息的横向和纵向的全方位交流与共享。Senge（1990）的学习型组织理论强调，组织应力求精简、扁平化、弹性因应、终身学习和不断自我组织再造，以面对外在环境的变化，维持竞争力。这种扁平的柔性组织结构体现了企业集团内部的非线性关系，有助于形成学习型组织，适应外界环境的变化。

2. 动力机制的建立

动力机制是企业集团通过提升成员企业间转移与吸收的意愿构建智力资本内部转移机制。意愿是实现企业集团成员企业间智力资本有效转移的前提条件，而要提升成员企业间转移与吸收的意愿，就需要在成员企业间建立良好的信任关系和完善的转移渠道与转移平台。

（1）信任关系的培育。信任关系是提升企业集团成员企业间智力资本转移与吸收意愿的重要因素之一，它可以避免成员企业出于自身利益考虑而导致的机会主义行为。相对于外部组织关系，企业集团成员企业之间所具有的层级控制关系使其彼此间的信任关系更易于实现，但由于成员企业间出于各自风险收益的考虑，它们之间依然不可能轻易实现信任，更无法达到绝对信任。从理论上而言，企业集团母子公司之间的控制程度可能会影响内部转移方转移的意愿和接收方吸收的意愿，但实际中，这种层级权威的强制手段无法保持持续稳固的信任关系，而实证研究结果却表明，长期和持久的内部相互合作与交流可以强化成员企业间的相互依赖与信任关系。因此，培育企业集团内部成员企业间的信任关系应当不仅局限于层级控制的硬性手段，更应当通过组织文化与转移渠道建设以及转移主体双方合理的收益分配与风险控制的激励与约束机制促进成员企业间的相互合作，以培育相互信任的合作氛围，建立更为紧密的信任关系。

（2）转移渠道的完善。企业集团应当从多角度构建传统与现代、正式与非正式及人员间与非人员间沟通模式相结合的智力资本转移渠道，形成智力资本内部技术交流与转移平台，创造内部转移的动力。徐笑君（2004）经过对 50 家企业的调研发现，企业使用最多的知识共享手段是电话、Intranet[①] 和传真，之后是常规会议、Internet、数据库、共享技术文档和高管人员互访等[②]。伴随信息技术的飞速发展，充分利用现代信息网络建立知识共享技术平台和智力资本转移渠道是现代企业竞争制胜的必要条件之一，因此，通过构建内部知识管理系统、远程培训和视像会议等

---

① Intranet 指组织内部网络。
② 徐笑君：《智力资本管理：创造组织新财富》，华夏出版社 2004 年版，第 86 页。

现代交流平台，有利于建立成员企业员工间的内部联系。根据本书的调研显示，当前一些大型企业集团内部已经建立了网络办公平台和共享知识资料库等，但小型企业集团则还有待加强。此外，企业集团不仅应当建立如培训、报告、知识库、研讨会、内部人才中心、智力专家团、岗位轮调、成员企业间联合项目小组和正式网络交流，还应当提供一定经费与技术设施鼓励与支持非正式转移渠道的建立，如 BBS 论坛、网络聊天室等虚拟社区或在成员企业间建立跨组织专业社团或兴趣小组等非正式团队，以促进成员企业间隐性知识的转移与分享。

3. 保障机制的建立

保障机制是企业集团通过增强成员企业间转移与吸收的能力构建智力资本内部转移机制。能力是实现企业集团成员企业间智力资本有效转移的必要保障，提升成员企业间转移与吸收的能力，需要成员企业在转移中充分利用信息技术、选择合适的转移渠道和强化各自内部的学习能力。

（1）信息技术的利用。信息技术的发展为智力资本转移渠道的多元化创造了条件，也为转移主体的转移与吸收能力的提升奠定了基础。智力资本转移与共享技术是由一系列信息技术构成的，成员企业可以通过利用知识库、数据挖掘技术、知识地图、概念地图以及知识树等，为知识识别与编码提供技术支持，以对所需智力资本进行恰当识别和编码，形成成员企业间共享与转移路径。利用信息技术的支持与辅助作用，虽然无法完全解决隐性知识的管理困境，但是可以普遍提升转移主体识别、提取和传输知识与信息的能力，减少转移过程中的成本和风险，进而促进知识与智力的识别、获取、存储、转移与创造。

（2）转移渠道的选择。智力资本转移渠道的完善影响了转移主体双方的转移与吸收意愿，而转移主体双方对转移渠道的选择则进一步影响了其转移与吸收的能力。智力资本转移渠道的选择与转移成本之间相互影响，例如，电话、E－mail 和传真等方式转移成本较低，而专家咨询、视像会议和专利转让等转移成本则相对较高，因此，选择恰当的转移渠道，实现高效益低成本转移是智力资本转移主体双方面临的重要问题。恰当的转移渠道的选择能够在很大程度上弥补智力资本特性对其转移绩效的不利影响。一般而言，在所转移的智力资本中，对于可编码表达的显性度高的知识，可以非人员间的互动转移为主，辅以人员间的互动转移。例如，利用文件传达、操作手册、技术转让或数据库、电子邮件、BBS 等虚拟实践社区实现转移。而对于不易编码表达的隐性度高的知识，则以人员间互动转移为主，结合所转移智力资本特性，通过人员传授或亲身体验等实现转移。例如，利用工作轮换、经验交流会、定期或不定期培训、现场指导、师徒制或团队合作等渠道实现转移。同时，转移渠道的选择还应考虑成员企业地理位置或行业特点等的差异化，成员企业若处于不同文化背景或不同行业，则智力资本的转移应以转移架构为主，而不转移具体内容；若它们处于相同文化的地区和同行业，则可同时转移架构与具体内容。

（3）学习能力的强化。企业集团可以通过营造开放的企业文化，优化集团内部结构，从整体上建立学习型组织。与此同时，成员企业还应当从各自内部实现学习能力与机制的强化，以提升成员企业自身的转移能力与吸收能力。第一，集团各个成员需要在各自内部加强教育投入，对员工进行系统培训，招募知识水平和经验能力较丰富的员工，增加企业在先验知识上的存量和广度，也加强员工的学习能力，为企业智力资本转移与吸收能力的提升创造条件。第二，集团成员应注重有效学习方法的开发，鼓励企业员工创新，重视企业与外部其他企业的交流合作。通过不断创新及其与外部的交流合作，企业能够不断发现所需要的知识与信息，提升内部学习能力，实现集团成员企业之间的转移。第三，集团成员应当激励各自内部员工的知识转移与吸收，以提升内部转移与吸收的能力。通过薪酬奖励等方式鼓励员工之间的相互交流，激励独立企业内部员工知识转移的积极性，可以促进外部转移知识的内部消化与吸收，促进企业整体吸收能力的进一步提升。实质上，各个成员企业在学习能力上的强化依赖于它们各自内部智力资本的开发与创造过程。

4. 控制机制的建立

控制机制是企业集团通过对成员企业间智力资本转移过程的内部监督和控制构建智力资本内部转移机制。企业集团可以通过改进风险收益分配机制，完善冲突解决机制和建立风险防范机制，以控制成员企业间智力资本转移的过程，促进集团内部智力资本的有效转移。

（1）风险收益分配机制的改进。根据风险收益分析结果，企业集团转移主体之间在智力资本转移过程中所获取的收益和承担的成本、风险具有差异性。对转移方而言，转移方在转移过程中需要承担直接的显性成本，但其所获取的收益并不明显，显性收益主要来自投资收益的分享；相对而言，接收方在内部转移中的获利却更为明显。因此，这种转移中的差异化和不公平性需要通过一定的风险收益分配机制予以激励和补偿。风险收益分配机制的改进可以从以下方面展开：

第一，企业集团总部可以通过召集成员企业设立专项基金的方式，对智力资本转移过程予以适当补贴，以降低转移中的成本耗费。总部可以制定适当的制度与标准对该专项基金的收支状况和具体补偿范围、标准等进行规范，由总部所设立的专门知识管理机构或部门统筹管理该专项基金的具体使用。

第二，企业集团总部可以通过制定制度等方式将智力资本内部转移作为成员企业绩效考核的指标之一，在成员企业间建立内部薪酬分配体系，使成员企业间的利益在一定程度上相互关联。将成员企业间的内部智力资本转移与成员企业的绩效评估相联系，并进一步作为成员企业管理层进行奖励、内部选派与轮换的评价指标之一，有助于成员企业与企业集团整体保持一致目标，缓解成员企业因转移所可能导致的权利丧失而形成的利益冲突。例如，企业集团某一成员企业管理层的奖励不仅来自于自身企业，还应依据实现内部转移的绩效来进行适当比例的分配。然而，由于企业绩效受很多因素的共同影响，很难直接判断接收方绩效中哪些来源于内部转移，这一方式的实施必须建立良好的转移评价标准，而不能仅仅只是以是否形成知识报告等作为考评标准。为此，企业集团可以通过对成员企业进行适当的行为监控以评价智力资本内部转移的情况。

第三，企业集团总部可以通过内部选派或轮调管理人员或技术人员等方式协调成员企业间的关系，促进成员企业间信任机制的建立。一方面，总部选派或轮调管理人员更容易促使其从集团整体利益考虑成员企业的经营，使其经营理念不仅局限于狭隘的单一成员企业视角。另一方面，经过内部选派或轮调的管理人员可能在集团内部建立了更强、更长期的关系网络，更有利于集团内部各个成员企业之间的知识分享与转移。此外，技术人员的适当轮换也可以促进内隐知识在集团内部的转移。当然，无论是管理人员还是技术人员的轮换都应当以成员企业间处于同类型行业为前提，且这种轮换不应过于频繁，否则不利于管理水平的提升。

（2）冲突解决机制的完善。作为企业联合形式，企业集团虽以一个整体存在，但是其成员企业作为独立法人企业在各自的知识结构、企业文化和关系网络方面的差异性使其在智力资本内部转移过程中不可避免地存在一定冲突，而如何将这些冲突转化为转移过程中的催化剂，关键在于建立适当的冲突解决机制，合理协调成员企业之间的关系。为此，企业集团可以从以下方面着手：一方面，在智力资本内部转移过程中，充分发挥母公司的协调功能。由于不同成员企业间所拥有的优势智力资本的差异性，智力资本转移过程中的相关决策应当由转移主体双方共同决定，但若转移主体双方均只考虑自我利益的满足，导致无法实现双方转移过程中的利益"双赢"，此时，母公司应当充分发挥在其他成员企业间的冲突协调功能，在统一协调机制下实现智力资本内部转移的有效运作。而母公司的协调功能应当不仅局限于以层级权威来实现，更应以平等交流和文化融合来解决内部冲突，尤其对并购取得的成员企业更是如此。另一方面，建立以人为本的管理与决策模式。企业的知识和智力是依附于人而存在的，成员企业间智力资本的转移与共享离不开各自员工间的交流与沟通，而智力资本转移的冲突自然离不开人际冲突。为此，建立以人为本的管理与决策模式，充分听取员工在智力资本转移过程中的意见，调动知识员工交流与沟通的积极性，将有助于降低员工在知识转移过程中的顾虑，促进智力资本的有效转移。

（3）风险防范机制的建立。企业集团成员企业在智力资本转移过程中，需要注意将智力资本转移与核心知识或智力的保护相结合，增强风险防范意识，建立风险防范机制。一方面，企业集团成员企业应当明确各自对智力成果或知识产权等的责权利关系，以对各方利益进行恰当保护，在此基础上完善成员企业间智力资本转移的风险收益分配机制，促进智力资本的内部转移。另一方面，企业集团成员企业应当完善内部风险防范控制体系，尤其是在以并购等非独资设立方式取得的成员企业间的智力资本转移过程中，既要增强成员各自的风险抵抗能力，又要建立科学合理的风险预警机制，注重智力成果或知识产权保护，选择恰当的转移渠道和方式，以防止智力资本内部转移中致使核心知识向集团外的外溢，保障智力资本在企业集团内部绩效创造的实现。

（二）宏观层面：政府的政策协调

构建适当的企业集团智力资本转移机制，促进企业集团智力资本绩效创造，不仅依赖企业集团内部管理策略的制定与完善，更有赖于政府从外部环境上的政策引导与激励措施的协调。

1. 市场机制的利用

市场机制是以市场竞争配置资源的方式，即通过资源在市场上的自由竞争和自由交换实现配置的机制。政府在社会经济发展中应当重视市场机制的作用，作为市场环境的监管者，通过规范市场环境和制定市场规则，引导市场的规范运行，发挥市场在资源配置中的主导作用，迫使企业真正意识到优胜劣汰的现况，激励企业积极面对激烈的市场竞争，将自主创新作为生存的根本，将知识转移与分享作为发展的手段。市场利益驱动企业之间的合作，相对于外部市场机制，企业集团存在的重要理由之一是更有效的知识转移。利用市场机制促进企业在竞争中自主实现智力资本的创造，推动企业集团内部的智力资本转移，以低成本获取更多知识，提升创新能力，进而促进智力资本的转化，获取更多市场利益，有助于企业集团的生存与发展。

2. 产学研合作的引导

教育部和财政部启动实施的"2011计划"强调，"以协同创新中心为载体，构建四类协同创新模式。大力推进学校和学校、学校和科研院所、学校和行业企业以及学校和区域发展、和国际合作的深度融合"[①]。而中共十八大报告中也指出，"深化科技体制改革，加快建设国家创新体系，着力构建以企业为主体、市场为导向、产学研相结合的技术创新体系"[②]。高校与科研机构既是知识与人才的主要来源，又是知识转移的重要承担者。实现产学研合作，发挥高校与科研机构在企业创新网络中的重要作用，有助于企业创新能力的增长和创新成果的转化，进而促进国家创新能力的增强。政府在宏观调控中，应当通过规划指导和提供服务，引导产学研三者的有效合作。例如，政府通过组建高新技术区，提供各项优惠政策吸引企业、高校及科研机构进驻，鼓励高校、科研机构与企业组成联合研发小组或者共同投资组建子公司或分公司等，将各类优秀人才纳入企业集团中，促进企业集团的知识创新与智力资本创造、转移与分享，进而实现智力资本的绩效创造。

3. 中介服务市场的规范

现代信息技术的迅速发展，既为企业的发展创造了无限的机遇，也使

---

①　2011年4月24日，胡锦涛同志在清华大学百年校庆上发表讲话时提出了"推动协同创新"的理念和要求。为落实胡锦涛同志重要讲话精神，2012年5月7日教育部、财政部联合召开视频会议，正式启动实施《高等学校创新能力提升计划》，也就是"2011计划"。

②　参见胡锦涛同志在中国共产党第十八次全国代表大会上的报告《坚定不移沿着中国特色社会主义道路前进，为全面建成小康社会而奋斗》。

其发展面临更大的挑战。由于企业不可能拥有发展所需要的全部资源，故而，微利时代的企业发展除了充分利用自身资源，更需要利用外部资源促使内部能力的提升。例如，企业可以通过信息系统、资源搜索引擎或信用评价体系等不断更新知识，提升创新能力。无论是企业对外的知识转移，还是企业集团内部的智力资本转移，各类中介服务机构在其中都发挥了桥梁作用。例如，百度、Google 等搜索引擎实现了知识与信息在国内或全球范围的转移与分享，而各类信息咨询服务机构则为企业识别知识势差创造了条件。因此，政府应当加强对中介服务市场的规范与管理，支持中介服务机构开展业务，鼓励中介服务机构丰富和完善服务项目，充分发挥中介机构在知识或智力资本转移中的桥梁作用。

4. 法律制度的完善

为了营造良好的外部环境，促进企业集团智力资本绩效创造，政府需要建立健全相关法律、法规和制度，以此规范智力资本的创造、转移与转化。第一，完善无形资产或智力资本信息披露制度。当前财务信息披露体系中对无形资产的披露范围有限，且披露内容也不规范，政府应当从会计和财务制度上建立规范的智力资本信息披露体系，帮助企业正确识别智力资本势差，促进智力资本转移。第二，完善知识产权保护制度。前已述及，企业集团应当将智力资本转移与知识产权保护相结合。而知识产权的保护离不开国家法律法规的完善，我国虽已制定如《专利法》等知识产权保护的法律法规，但在细节上还存在许多不完善之处，这也是导致我国大型企业集团在跨国经营中失利的原因之一，因此，政府有必要开展对海外跨国公司对华知识产权战略的研究，如专利情报分析等，完善我国知识产权保护制度。第三，完善人才引进与迁移政策。政府可以通过人事政策或户籍政策等一系列福利政策的改进促进海外人才的引进，促进人才的国内流动，减少流动成本，实现海外人才和高端人才的迁移及伴随而来的知识转移。第四，制定知识或技术转移等方面的相关法规。借鉴发达国家在知识或技术转移方面的政策，制定适应我国的法律法规，如制定《技术转移法》等。除此之外，政府还可以完善信用评价和声誉评价制度及科技投入的财税激励等方面的制度，以协调企业智力资本的转移。

胡锦涛同志在中共十八大报告上强调，"经济体制改革的核心问题是处理好政府和市场的关系，必须更加尊重市场规律，更好发挥政府作用。"① 作为市场经济发展中的重要角色，政府除了利用市场规则引导市场机制的有效发挥，还需要通过宏观调控和政策指导，搞好政府基础服务工作，为企业技术创新与知识管理创造良好的外部环境。通过市场机制和政府调控的优化组合，充分发挥市场机制和政府调控的双重作用，促进企业在竞争中自主实现智力资本的创造、转移和转化。

① 参见胡锦涛同志在中国共产党第十八次全国代表大会上的报告《坚定不移沿着中国特色社会主义道路前进，为全面建成小康社会而奋斗》。

结　语

一　研究结论与创新

根据摩根士丹利世界指数（Morgan Stanley's World Index）调查数据显示，全球各企业在世界股票市场平均值是账面价值的两倍（Edvinsson and Malone, 1997）。这一差距表明，企业重要的隐性价值"智力资本"被忽略了。伴随知识经济的发展，智力资本越来越受到重视，而信息技术的进步加速了知识的创造与扩散。以中国华为公司为例，华为的数万员工中，研发人员占据近1/3，且其每年销售额中的10%用于科研投入。① 华为于2001年就以平均两日推出一项专利的速度，居于国内乃至世界通信设备技术领域的前列，但华为并不过分强调"自主"开发与创新，2003年以后，华为逐步转向开放合作和互利共赢的模式，与超过一百家通信、软件及其他专业技术公司建立伙伴关系，以便更好地满足顾客需求，绕过部分技术壁垒，促进研发实力的增长。可见，华为的竞争优势不在于低成本，而在于专利取胜和合作创新。有鉴于此，基于企业集团协同效应和自组织演化，对智力资本绩效创造路径及转移机制在其中的作用进行研究，对于企业集团实现协同创新、提升整体绩效和创造竞争优势具有重要的理论价值和现实意义。

本书以企业集团为研究对象，在回顾智力资本作用机制研究的基础上，结合理论与实证研究，考虑转移机制的作用，对成员企业间智力资本绩效创造路径进行了分析。首先，从资源基础理论、动态能力理论、交易成本理论和自组织理论方面构建了企业集团智力资本绩效创造的逻辑内涵。其次，在对企业集团的边界和智力资本的概念进行梳理界定的基础上，从自组织理论视角对企业集团智力资本绩效创造的作用机理进行了分析。再次，对企业集团智力资本绩效创造的路径演化进行了理论分析，并

① 《盈利模式24式》，《当代经理人》2010年第5期，第34页。

继续采用问卷调查方法，以母子公司为例对该路径进行了实证检验。最后，在理论分析与实证检验的基础上，构建适应中国企业集团的智力资本转移机制。经过上述研究，本书主要形成了如下结论：

第一，资源基础理论、动态能力理论、交易成本理论和自组织理论共同构成了企业集团智力资本绩效创造的理论体系。单一企业理论无法全面完整解释企业集团智力资本绩效创造过程的现实情况。将资源基础理论、动态能力理论、交易成本理论和自组织理论有机结合，相互补充，分别为静态智力资本、动态智力资本运用、企业集团内部智力资本转移和企业集团智力资本绩效创造过程奠定了理论基础，有助于构建企业集团智力资本绩效创造过程的逻辑内涵框架体系。

第二，对智力资本概念进行界定，形成了智力资本的定义与结构。当前具有代表性的智力资本定义观点主要有人力资本观、无形资产观、竞争优势观、价值创造观和会计计量观等，而具有代表性的智力资本结构观点主要有二维结构论、三维结构论、四维结构论和五维结构论等。综合上述观点，本书认为，智力资本是以智力为基础的无形的资本，它是组织能够通过掌控、利用和施加影响，为组织创造财富、实现价值增值、获取竞争优势，以知识为载体，以能力为实质的动态的无形资源，它可以分为人力资本、结构资本和关系资本三个维度。

第三，企业集团智力资本绩效创造体现了企业集团实现整体资源配置和资源共享的自组织演化过程。企业集团在本质上是一个自组织系统，它的产生是市场机制下自组织的必然产物，而通过自组织发育起来的企业集团的演化离不开自组织能力。企业集团智力资本绩效创造具有自组织性，但其自组织演化的实现受企业集团自组织能力的影响和制约。企业集团的健康发展应当有效发挥自组织能力，顺应企业集团发展的自组织演化轨迹，创造自组织的初始条件，开放系统，远离平衡态，加强外界物质、能量和信息的输入，同时推动智力资本创造、转移和转化三个主要的自组织过程的运行，实现企业集团内部资源配置和资源分享，推动企业集团的自组织演化。

第四，在理论上，企业集团成员企业的智力资本不仅对自身经营绩效产生影响，而且对其他成员企业的经营绩效也将产生影响，其中，转移机制发挥重要作用。就企业集团而言，作为一个整体，成员企业的智力资本亦属于企业集团整体的资源，以不同方式对自身和其他成员企业经营绩效均能产生影响，进而影响企业集团整体绩效。因此，企业集团智力资本绩效创造路径可分为直接路径"转移方智力资本—接收方经营绩效"和间接路径"转移方智力资本—转移机制—接收方经营绩效"两条基本路径。

第五，在实务上，以母子公司为例，企业集团母公司的智力资本对子公司的经营绩效具有间接效应，母子公司间转移机制在其中发挥中介作用。通过实地调研获取初步证据，在问卷数据分析的基础上，以母子公司为例的实证研究结果表明，母公司人力资本、结构资本和关系资本对子公司经营绩效虽不具有直接影响，但却通过母公司转移意愿与能力和子公司吸收意愿与能力的中介作用对子公司经营绩效产生不同程度的间接影响，即在母公司智力资本对子公司经营绩效的影响路径中，转移机制发挥完全中介作用。

第六，企业集团应当构建适当的转移机制，发挥企业集团协同效应，实现企业集团的协同创新。企业集团智力资本转移实质上体现了内部转移主体双方博弈的过程，适当的转移机制的建立能够促使转移双方转移与吸收的意愿与能力的提升，促进转移主体博弈双方最优演化稳定策略的选择。企业集团应当在权衡市场、层级和社区/网络三大跨组织边界知识共享机制的基础上，以智力资本创造为前提、以智力资本转移为手段、以智力资本转化为目的，从企业集团微观管理策略和政府宏观政策协调两方面入手，构建适应中国企业集团的智力资本转移机制。

本书的创新之处主要体现在以下几个方面：

第一，将自组织理论与企业集团智力资本绩效创造有效串联，丰富了智力资本绩效创造的理论研究。以往研究多从静态角度对智力资本理论进行分析，而从动态角度分析智力资本运用能力的研究相对较少。本书将管理学、经济学、法学和统计学等学科知识交叉融合，着重分析动态智力资本运用与管理能力，并重点将母子公司构成的企业集团作为一个整体，运用自组织理论对其智力资本绩效创造的作用机理进行了分析。

第二，综合采用逻辑推理、实地调研、问卷调查和统计分析等方法，从理论和实务两方面分析论证了企业集团成员企业智力资本对经营绩效的交叉影响，拓宽了智力资本研究范畴。以往研究仅单纯分析某一独立企业智力资本与自身经营绩效的关系，较少以企业集团作为分析对象，对某一成员智力资本影响其他成员企业经营绩效进行分析，且相关实证研究更是少见，本书拓宽了智力资本研究范畴，可补充以往对单一独立企业智力资本与经营绩效关系的研究，为企业集团内部的智力资本管理提供了理论与实践的双重指导。

第三，在实地调研企业集团智力资本转移情况的基础上，将转移机制纳入企业集团智力资本绩效创造的研究中，验证了转移机制在企业集团智力资本绩效创造路径中的作用，构建了适应中国企业集团的智力资本转移机制。本书除对企业集团内部转移方智力资本对接收方经营绩效的直接影响进行分析以外，还对其间接路径进行了探讨。将母公司转移意愿与能力和子公司吸收意愿与能力纳入理论与实证分析中，有助于梳理成员企业间智力资本、转移意愿与能力、吸收意愿与能力及经营绩效之间的关系，整合不同研究范畴，同时从企业集团微观层面和政府宏观层面构建了适应中国企业集团的智力资本转移机制，为企业集团整体智力资本的有效管理与运用提供了参考。

二　研究局限与展望

尽管本书结合规范与实证研究，选择一个新视角，以企业集团为研究对象考虑转移机制的作用，对智力资本绩效创造路径进行了研究，并形成了一些有意义的研究结论。然而，由于企业对智力资本和智力资本转移数据披露得不全面和不充分，本书采用实地访谈和问卷调查获取研究数据，无法确保每位填答者均能认真对待问卷，且所需数据涉及企业集团母子公司，需要对母子公司情况均较为了解的高层管理人员填写，导致问卷回收率不高。同时，数据获取的限制也导致本书无法考虑文化背景等因素的影响，区分企业集团性质对跨国公司与一般企业集团智力资本绩效创造路径进行分类研究。囿于上述数据获取等方面的因素，本书只是对企业集团智力资本绩效创造问题的一项探索性研究，依然有待后续研究的进一步完善。

鉴于本书研究的局限性，后续研究还需要进一步拓展：其一，考虑文化差异，探讨跨国公司与一般企业集团智力资本转移的差异，针对跨国公司进行区别研究。其二，通过田野研究，选取更多企业集团进行深度考察和剖析，在此基础上，利用各种途径进一步扩充样本量，以获取更广泛的研究数据，增强研究结论的说服力。其三，在对企业集团智力资本绩效创造路径分析的基础上，对智力资本绩效贡献程度进行研究，并逐步扩展研究内容，结合系统论建立完整的智力资本系统理论体系，这些方面将是未来需要进一步研究的方向。

附　录

A：调查问卷

尊敬的先生/女士：

您好！非常感谢您能在百忙之中拨冗填写此份问卷。本问卷调研是国家自然科学基金课题的一部分，旨在了解企业集团母公司智力资本及母子公司间智力资本转移机制对子公司经营绩效的影响情况。我们诚恳地邀请您填答，您的意见和回答将为本研究提供坚实的基础。

本问卷仅供学术研究之用，采用匿名填答方式，所填资料对外绝对保密。敬请您依照贵公司实际情况安心作答。

诚挚感谢您的大力支持与协助！祝家安业安！

填卷说明：

1. 本问卷请由贵集团高管人员填写。

2. 本问卷所提及的子公司请您选取贵集团最重要的一个子公司作为考察对象。

3. 智力资本是组织能够通过掌控、利用和施加影响，为组织创造财富、实现价值增值、获取竞争优势，以知识为载体，以能力为实质的动态的无形资源。它由人力资本、结构资本和关系资本构成。

第一部分：母公司智力资本情况

以下问题旨在了解企业集团母公司人力资本、结构资本和关系资本的情况，请您依照贵公司最近五年内的实际状况，在最适当的空格中画"√"。

母公司智力资本					
母公司人力资本	完全不同意	有点不同意	普通	有点同意	完全同意
HC_1：母公司员工的平均教育程度在同业水平之上					

母公司智力资本					
母公司人力资本	完全不同意	有点不同意	普通	有点同意	完全同意
HC_2：母公司员工拥有职业证照的比例在同业水平之上					
HC_3：母公司员工的平均专业年资在同业水平之上					
HC_4：母公司领导者的专业能力在同业水平之上					
HC_5：母公司员工经常能提出工作上的新构想与建议					
HC_6：母公司员工对工作是相当满意的					
HC_7：母公司员工整体的流动率很低					
HC_8：母公司员工在团队中的合作关系良好					
HC_9：母公司拥有完善的人才招募计划					
HC_{10}：母公司尽全力进行人才的培训与教育					
HC_{11}：母公司提供优越的奖励制度鼓励员工创新					
母公司结构资本	完全不同意	有点不同意	普通	有点同意	完全同意
SC_1：母公司整体运作流程十分顺畅					
SC_2：母公司营运流程有助于产品创新					
SC_3：母公司应用信息技术连接组织内部工作					
SC_4：母公司拥有完善的资料库系统以供咨询					
SC_5：母公司能顺应外在环境变化而快速调整组织结构					
SC_6：母公司文化氛围鼓励员工间的交流合作					
SC_7：母公司的价值观和企业文化被员工普遍认同					
SC_8：母公司每年投入的研发费用在同业平均水平之上					

母公司智力资本					
母公司结构资本	完全不同意	有点不同意	普通	有点同意	完全同意
SC$_9$：母公司研发人员比例处于同业平均水平之上					
SC$_{10}$：母公司拥有的专利、商标等在同业平均水平之上					
SC$_{11}$：母公司提供良好的知识产权管理制度					
母公司关系资本	完全不同意	有点不同意	普通	有点同意	完全同意
RC$_1$：顾客对母公司产品和服务表示满意					
RC$_2$：母公司与大客户建立了长期信任关系					
RC$_3$：母公司重视顾客的反应和意见					
RC$_4$：母公司品牌形象处于同业平均水平之上					
RC$_5$：母公司与主要供应商保持着长期交易关系					
RC$_6$：母公司供应商提供品质良好的原材料或服务					
RC$_7$：母公司与其他同行进行有效合作					
RC$_8$：母公司与合作伙伴的互动交流频繁					
RC$_9$：母公司与专家或研究机构进行有效合作					
RC$_{10}$：母公司与政府部门保持良好关系					
RC$_{11}$：母公司与债权人、投资者保持良好关系					

第二部分：母子公司间智力资本转移机制情况

以下问题旨在了解企业集团母公司智力资本转移意愿与能力和子公司智力资本吸收意愿与能力的情况，请您依照贵公司最近五年内的实际状况，在最适当的空格中画"√"。

母子公司间智力资本转移机制					
母公司智力资本转移意愿与能力	完全不同意	有点不同意	普通	有点同意	完全同意
TC$_1$：母公司投入相当多的时间，培训员工和制定具有诱因的规章法规，激励智力资本的转移					

母子公司间智力资本转移机制

母公司智力资本转移意愿与能力	完全不同意	有点不同意	普通	有点同意	完全同意
TC_2：母公司投入相当多资源，建立转移智力资本的标准（如母子公司间转移知识的程序规范和奖励制度等）					
TC_3：母公司经常通过人员间的互动机制向子公司转移智力资本（如研讨会议、专题报告、个别示范说明、现场指导、岗位轮调或师徒制等）					
TC_4：母公司通过非人员间的互动机制向子公司转移智力资本（如操作手册、备忘录等书面资料或知识资料库等）					
TC_5：母公司经常与子公司交换重要信息（如产品和市场发展趋势或供应来源等）					
TC_6：母公司建立了适当的管理制度控制智力资本的转移过程					
TC_7：母公司对参与转移智力资本的员工进行充分教育训练，使其拥有关于智力资本的专业知识					
TC_8：母公司的沟通模式和商业习惯与子公司很相似					
TC_9：母公司的价值观和经营理念与子公司很相似					
子公司智力资本吸收意愿与能力	完全不同意	有点不同意	普通	有点同意	完全同意
AC_1：子公司投入相当多时间训练员工学习母公司转移的智力资本					
AC_2：子公司投入相当多资源以接受母公司转移的智力资本					
AC_3：子公司鼓励内部将接收的各类智力资本补注更新、建档为书面文字					
AC_4：子公司已建立知识资料库以储存获取的智力资本					
AC_5：子公司注重对从母公司获取的智力资本的分析与学习					

续表

母子公司间智力资本转移机制					
子公司智力资本吸收意愿与能力	完全不同意	有点不同意	普通	有点同意	完全同意
AC_6：子公司能迅速完整地吸收学习由母公司所转移的智力资本					
AC_7：子公司从外界吸收智力资本的经验很丰富					
AC_8：子公司能将从母公司获取的智力资本与自身智力资本有效融合					
AC_9：子公司能将从母公司吸收的智力资本整合运用于自身					

第三部分：子公司经营绩效情况

以下问题旨在了解企业集团子公司经营绩效的情况，请您依照贵公司过去三年内的实际状况，在最适当的空格中画"√"。

子公司经营绩效					
子公司经营绩效	完全不同意	有点不同意	普通	有点同意	完全同意
BP_1：子公司的营业净利率（ROS）在同业平均水平之上					
BP_2：子公司的总资产报酬率（ROA）在同业平均水平之上					
BP_3：子公司是行业的领导者					
BP_4：子公司竞争能力的提升在同业平均水平之上					
BP_5：子公司市场占有率的提升在同业平均水平之上					

第四部分：其他资料

1. 贵集团母公司性质为（　　），子公司性质为（　　）。
①国有或国有控股　②股份制（非国有控股）　③民营
④中外合资、合作　⑤外商独资　　　　　　　⑥其他_____
2. 贵集团母公司所处行业为（　　），子公司所处行业为（　　）。
①信息技术业　　②电子电器制造业　　③机械设备制造业

④生物制药业　　　　⑤其他制造业　　　　　　⑥建筑业

⑦金融保险业　　　　⑧社会服务业　　　　　　⑨其他_____

3. 贵集团母公司对子公司的取得方式为（　　）。

①独资设立　　　　　②并购　　　　　　　　　③合资

④其他_____

4. 贵集团子公司过去三年的平均资产负债率为（　　）。

①10%以下　　　　②10%—30%　　　　　　③30%—50%

④50%—70%　　　　⑤70%以上

5. 贵集团子公司资产规模为（　　）。

①小于100万元　　　　②100万—500万元

③500万—1000万元　　④1000万—5000万元

⑤5000万—1亿元　　　⑥1亿—5亿元

⑦5亿元以上

6. 贵集团子公司成立至今已约（　　），母公司取得子公司至今已约

（　　）。

①小于5年　　　　　②5—10年　　　　　　　③10—15年

④15—20年　　　　　⑤20—25年　　　　　　⑥25年以上

7. 贵集团母公司所在地是（　　），子公司所在地是（　　）。

B：问卷预试分析结果摘要

附录 B1 问卷项目分析结果摘要

变量	题项	极端值比较 决断值	题项与总分相关 题项与总分相关	修正题项与总分相关（CITC）	同质性检验 题项删除后的 α 值	共同性	因素载荷量	未达标准指标数	备注
母公司人力资本	HC₁	6.934	0.703**	0.626	0.862	0.521	0.722	0	保留
	HC₂	6.757	0.669**	0.594	0.865	0.480	0.693	0	保留
	HC₃	6.380	0.683**	0.601	0.864	0.477	0.691	0	保留
	HC₄	8.376	0.792**	0.729	0.855	0.663	0.814	0	保留
	HC₅	7.429	0.678**	0.590	0.865	0.462	0.679	0	保留
	HC₆	6.930	0.632**	0.539	0.868	0.369	0.608	0	保留
	HC₇	5.138	0.507**	0.376	0.881	0.200	0.447	3	删除
	HC₈	6.140	0.677**	0.600	0.864	0.478	0.691	0	保留
	HC₉	8.319	0.718**	0.642	0.861	0.529	0.727	0	保留
	HC₁₀	7.717	0.700**	0.624	0.863	0.484	0.696	0	保留
	HC₁₁	7.484	0.630**	0.534	0.869	0.376	0.613	0	保留
母公司结构资本	SC₁	6.714	0.639**	0.559	0.885	0.402	0.634	0	保留
	SC₂	9.031	0.708**	0.628	0.881	0.487	0.698	0	保留
	SC₃	6.709	0.641**	0.555	0.885	0.409	0.639	0	保留
	SC₄	7.268	0.697**	0.629	0.881	0.497	0.705	0	保留
	SC₅	8.186	0.684**	0.592	0.884	0.444	0.667	0	保留
	SC₆	6.780	0.672**	0.595	0.883	0.442	0.665	0	保留

续表

变量	题项	极端值比较 决断值	题项与总分相关 题项与总分相关	修正题项与总分相关（CITC）	同质性检验 题项删除后的 α 值	共同性	因素载荷量	未达标准指标数	备注
母公司结构资本	SC₇	5.841	0.580**	0.492	0.889	0.322	0.567	0	保留
	SC₈	7.495	0.740**	0.670	0.878	0.564	0.751	0	保留
	SC₉	9.344	0.753**	0.685	0.877	0.579	0.761	0	保留
	SC₁₀	8.176	0.753**	0.682	0.878	0.587	0.766	0	保留
	SC₁₁	9.063	0.745**	0.674	0.878	0.572	0.756	0	保留
母公司关系资本	RC₁	8.574	0.768**	0.702	0.881	0.596	0.772	0	保留
	RC₂	10.468	0.793**	0.736	0.879	0.652	0.807	0	保留
	RC₃	7.540	0.703**	0.627	0.885	0.512	0.716	0	保留
	RC₄	8.276	0.731**	0.662	0.883	0.540	0.735	0	保留
	RC₅	8.017	0.710**	0.645	0.885	0.524	0.724	0	保留
	RC₆	8.699	0.819**	0.767	0.877	0.696	0.834	0	保留
	RC₇	9.536	0.743**	0.677	0.882	0.565	0.752	0	保留
	RC₈	7.324	0.774**	0.711	0.880	0.607	0.779	0	保留
	RC₉	4.987	0.555**	0.443	0.897	0.264	0.514	1	保留
	RC₁₀	5.312	0.534**	0.446	0.895	0.256	0.506	0	保留
	RC₁₁	5.462	0.562**	0.457	0.896	0.291	0.540	1	保留
母公司转移意愿与能力	TC₁	7.939	0.727**	0.650	0.880	0.545	0.738	0	保留
	TC₂	8.181	0.762**	0.689	0.876	0.597	0.773	0	保留
	TC₃	7.898	0.732**	0.649	0.879	0.551	0.743	0	保留
	TC₄	9.111	0.781**	0.711	0.874	0.621	0.788	0	保留
	TC₅	7.687	0.744**	0.654	0.879	0.557	0.746	0	保留
	TC₆	7.865	0.739**	0.658	0.879	0.539	0.734	0	保留
	TC₇	8.639	0.789**	0.721	0.874	0.636	0.797	0	保留
	TC₈	5.891	0.645**	0.536	0.889	0.384	0.619	0	保留
	TC₉	6.703	0.679**	0.583	0.885	0.431	0.657	0	保留
子公司吸收意愿与能力	AC₁	8.831	0.786**	0.718	0.916	0.611	0.782	0	保留
	AC₂	9.822	0.782**	0.730	0.915	0.618	0.786	0	保留
	AC₃	6.498	0.708**	0.627	0.921	0.490	0.700	0	保留
	AC₄	8.450	0.820**	0.765	0.913	0.679	0.824	0	保留
	AC₅	10.773	0.848**	0.798	0.910	0.724	0.851	0	保留
	AC₆	7.244	0.787**	0.727	0.915	0.626	0.791	0	保留

续表

变量	题项	极端值比较	题项与总分相关		同质性检验			未达标准指标数	备注
		决断值	题项与总分相关	修正题项与总分相关（CITC）	题项删除后的 α 值	共同性	因素载荷量		
子公司吸收意愿与能力	AC_7	8.016	0.749**	0.671	0.919	0.555	0.745	0	保留
	AC_8	7.985	0.788**	0.728	0.915	0.628	0.792	0	保留
	AC_9	9.946	0.825**	0.773	0.912	0.692	0.832	0	保留
子公司经营绩效	BP_1	13.082	0.832**	0.739	0.907	0.702	0.838	0	保留
	BP_2	10.849	0.883**	0.822	0.892	0.796	0.892	0	保留
	BP_3	10.336	0.863**	0.768	0.903	0.727	0.853	0	保留
	BP_4	13.628	0.884**	0.817	0.892	0.780	0.883	0	保留
	BP_5	12.575	0.880**	0.802	0.895	0.770	0.878	0	保留
判断准则		≥3.000	≥0.400	≥0.400	≤变量 α 系数（注）	≥0.200	≥0.450		

注：此处为该变量的内部一致性 Cronbach's α 系数，其中母公司人力资本变量的 α 系数为 0.876，母公司结构资本变量的 α 系数为 0.891，母公司关系资本变量的 α 系数为 0.895，母公司转移意愿与能力变量的 α 系数为 0.891，子公司吸收意愿与能力变量的 α 系数为 0.924，子公司经营绩效变量的 α 系数为 0.916。

** 表示在 0.01 水平（双尾）下显著相关；* 表示在 0.05 水平（双尾）下显著相关。

附录 B2 问卷探索性因素分析结果摘要表

KMO 和 Bartlett 检验结果

1. 母公司人力资本子量表

KMO 系数		0.865
Bartlett 球形检验	近似卡方	396.592
	df	45
	Sig.	0.000

续表

2. 母公司结构资本子量表

KMO 系数		0.854
Bartlett 球形检验	近似卡方	512.990
	df	55
	Sig.	0.000

3. 母公司关系资本子量表

KMO 系数		0.840
Bartlett 球形检验	近似卡方	546.187
	df	55
	Sig.	0.000

4. 母公司转移意愿与能力子量表

KMO 系数		0.857
Bartlett 球形检验	近似卡方	426.288
	df	36
	Sig.	0.000

5. 子公司吸收意愿与能力子量表

KMO 系数		0.884
Bartlett 球形检验	近似卡方	581.429
	df	36
	Sig.	0.000

6. 子公司经营绩效子量表

KMO 系数		0.814
Bartlett 球形检验	近似卡方	369.576
	df	10
	Sig.	0.000

母公司人力资本探索性因素分析结果

因素命名	题项	因素（旋转后的因素载荷）			特征值	解释变异量（%）	累积解释变异量（%）
		因素1	因素2	共同性			
员工知识与能力	HC_1	0.874	0.043	0.765	3.564	35.638	35.638
	HC_2	0.785	0.126	0.632			
	HC_4	0.766	0.355	0.712			
	HC_3	0.694	0.228	0.534			
	HC_9	0.610	0.393	0.527			
	HC_8	0.562	0.411	0.485			
	HC_5	0.542	0.425	0.474			

因素命名	题项	因素（旋转后的因素载荷）			特征值	解释变异量（%）	累积解释变异量（%）
		因素 1	因素 2	共同性			
组织人才吸引力	HC$_6$	0.141	0.806	0.670	2.553	25.535	61.173
	HC$_{10}$	0.179	0.781	0.675			
	HC$_{11}$	0.285	0.770	0.642			

母公司结构资本探索性因素分析结果

因素命名	题项	因素（旋转后的因素载荷）			特征值	解释变异量（%）	累积解释变异量（%）
		因素 1	因素 2	共同性			
创新与知识管理	SC$_{10}$	0.896	0.148	0.825	3.562	32.381	32.381
	SC$_{11}$	0.828	0.209	0.730			
	SC$_8$	0.810	0.221	0.705			
	SC$_9$	0.765	0.286	0.667			
	SC$_4$	0.547	0.446	0.498			
	SC$_3$	0.505	0.394	0.410			
管理系统与文化	SC$_5$	0.187	0.790	0.659	3.134	28.488	60.869
	SC$_6$	0.196	0.777	0.642			
	SC$_2$	0.289	0.723	0.606			
	SC$_7$	0.141	0.692	0.499			
	SC$_1$	0.318	0.595	0.455			

母公司关系资本探索性因素分析结果

1. 第一次因素分析			2. 第二次因素分析			3. 第三次因素分析		
题项	因素（旋转后的因素载荷）		题项	因素（旋转后的因素载荷）		题项	因素（旋转后的因素载荷）	
	因素 1	因素 2		因素 1	因素 2		因素 1	因素 2
RC$_2$	0.833	0.249	RC$_2$	0.834	0.255	RC$_2$	0.840	0.233
RC$_1$	0.799	0.235	RC$_1$	0.801	0.243	RC$_1$	0.809	0.229
RC$_3$	0.772	0.179	RC$_3$	0.781	0.192	RC$_3$	0.788	0.159
RC$_{11}$	0.717	−0.036	RC$_{11}$	0.722	−0.027	RC$_{11}$	0.717	−0.009
RC$_6$	0.644	0.530	RC$_5$	0.617	0.370	RC$_5$	0.626	0.365
RC$_5$	0.627	0.375	RC$_9$	0.031	0.813	RC$_4$	0.539	0.531
RC$_9$	0.022	0.800	RC$_7$	0.317	0.781	RC$_9$	0.049	0.812
RC$_7$	0.332	0.791	RC$_{10}$	0.103	0.694	RC$_7$	0.339	0.767
RC$_{10}$	0.100	0.687	RC$_8$	0.508	0.612	RC$_{10}$	0.117	0.733
RC$_8$	0.510	0.610	RC$_4$	0.525	0.539			
RC$_4$	0.519	0.528						

4. 第四次因素分析

因素命名	题项	因素（旋转后的因素载荷）			特征值	解释变异量（%）	累积解释变异量（%）
		因素 1	因素 2	共同性			
直接利益相关者关系资本	RC$_2$	0.847	0.234	0.773	3.065	38.310	38.310
	RC$_1$	0.806	0.205	0.691			
	RC$_3$	0.795	0.157	0.657			
	RC$_{11}$	0.722	0.004	0.521			
	RC$_5$	0.634	0.374	0.542			
其他利益相关者关系资本	RC$_9$	0.064	0.827	0.688	2.074	25.921	64.231
	RC$_7$	0.349	0.760	0.699			
	RC$_{10}$	0.127	0.742	0.567			

母公司转移意愿与能力探索性因素分析结果

因素命名	题项	因素（旋转后的因素载荷）			特征值	解释变异量（%）	累积解释变异量（%）
		因素 1	因素 2	共同性			
转移意愿	TC$_3$	0.848	0.069	0.723	3.716	41.293	41.293
	TC$_5$	0.764	0.201	0.624			
	TC$_2$	0.752	0.266	0.636			
	TC$_1$	0.742	0.219	0.599			
	TC$_4$	0.725	0.333	0.637			
	TC$_7$	0.688	0.406	0.638			
转移能力	TC$_9$	0.195	0.888	0.827	2.317	25.742	67.035
	TC$_8$	0.174	0.852	0.756			
	TC$_6$	0.480	0.602	0.593			

子公司吸收意愿与能力探索性因素分析结果

1. 第一次因素分析

题项	因素（旋转后的因素载荷）			特征值	解释变异量（%）	累积解释变异量（%）
	因素 1	因素 2	共同性			
AC$_8$	0.844	0.266	0.783	3.423	38.032	38.032
AC$_7$	0.843	0.199	0.750			
AC$_6$	0.780	0.331	0.717			
AC$_9$	0.777	0.392	0.758			

续表

1. 第一次因素分析

题项	因素（旋转后的因素载荷）			特征值	解释变异量（%）	累积解释变异量（%）
	因素1	因素2	共同性			
AC_3	0.173	0.830	0.719			
AC_2	0.293	0.829	0.773			
AC_1	0.317	0.798	0.737	3.252	36.132	74.164
AC_4	0.462	0.707	0.714			
AC_5	0.598	0.605	0.724			

2. 第二次因素分析

因素命名	题项	因素（旋转后的因素载荷）			特征值	解释变异量（%）	累积解释变异量（%）
		因素1	因素2	共同性			
吸收能力	AC_8	0.850	0.270	0.796			
	AC_7	0.849	0.206	0.763	3.093	38.658	38.658
	AC_9	0.781	0.393	0.764			
	AC_6	0.775	0.321	0.704			
吸收意愿	AC_2	0.305	0.842	0.802			
	AC_3	0.172	0.825	0.710	2.900	36.247	74.905
	AC_1	0.325	0.807	0.757			
	AC_4	0.458	0.697	0.696			

子公司经营绩效探索性因素分析结果

因素命名	题项	因素（旋转后的因素载荷）		特征值	解释变异量（%）	累积解释变异量（%）
		因素1	共同性			
经营绩效	BP_2	0.892	0.796			
	BP_4	0.883	0.780			
	BP_5	0.878	0.770	3.775	75.496	75.496
	BP_3	0.853	0.727			
	BP_1	0.838	0.702			

附录 B3　问卷信度分析结果摘要

变量	结构面（因素）	题号	修正的项目总相关（CITC）	题项删除后的 α 值	总 Cronbach's α 值
母公司人力资本					0.881
	员工知识与能力	HC_1	0.714	0.841	0.869
		HC_2	0.655	0.849	
		HC_3	0.606	0.855	
		HC_4	0.768	0.832	
		HC_5	0.570	0.861	
		HC_8	0.583	0.858	
		HC_9	0.617	0.854	
	组织人才吸引力	HC_6	0.588	0.695	0.765
		HC_{10}	0.628	0.651	
		HC_{11}	0.577	0.708	
母公司结构资本					0.891
	管理系统与文化	SC_1	0.542	0.798	0.816
		SC_2	0.656	0.765	
		SC_5	0.660	0.764	
		SC_6	0.653	0.767	
		SC_7	0.530	0.802	
	创新与知识管理	SC_3	0.534	0.879	0.877
		SC_4	0.601	0.869	
		SC_8	0.732	0.847	
		SC_9	0.709	0.851	
		SC_{10}	0.779	0.838	
		SC_{11}	0.739	0.846	
母公司关系资本					0.835

续表

变量	结构面（因素）	题号	修正的项目总相关（CITC）	题项删除后的 α 值	总 Cronbach's α 值
	直接利益相关者关系资本	RC$_1$	0.702	0.801	0.846
		RC$_2$	0.778	0.780	
		RC$_3$	0.669	0.810	
		RC$_5$	0.571	0.835	
		RC$_{11}$	0.560	0.841	
	其他利益相关者关系资本	RC$_7$	0.562	0.603	0.719
		RC$_9$	0.579	0.587	
		RC$_{10}$	0.495	0.687	
母公司转移意愿与能力					0.891
	转移意愿	TC$_1$	0.675	0.866	0.883
		TC$_2$	0.703	0.861	
		TC$_3$	0.723	0.858	
		TC$_4$	0.698	0.862	
		TC$_5$	0.676	0.867	
		TC$_7$	0.695	0.862	
	转移能力	TC$_6$	0.542	0.804	0.790
		TC$_8$	0.649	0.694	
		TC$_9$	0.708	0.631	
子公司吸收意愿与能力					0.910
	吸收意愿	AC$_1$	0.760	0.832	0.877
		AC$_2$	0.797	0.817	
		AC$_3$	0.678	0.864	
		AC$_4$	0.706	0.853	
	吸收能力	AC$_6$	0.734	0.867	0.890
		AC$_7$	0.753	0.862	
		AC$_8$	0.789	0.848	
		AC$_9$	0.763	0.857	
子公司经营绩效					0.916
	经营绩效	BP$_1$	0.739	0.907	0.916
		BP$_2$	0.822	0.892	
		BP$_3$	0.768	0.903	
		BP$_4$	0.817	0.892	
		BP$_5$	0.802	0.895	

参考文献

一 中文参考文献

[1] [美] 巴尼、[新西兰] 克拉克：《资源基础理论：创建并保持竞争优势》，张书军、苏晓华译，格致出版社 2011 年版。

[2] [美] 贝克尔：《人力资本理论：关于教育的理论和实证分析》，郭虹等译，中信出版社 2007 年版。

[3] [美] 列夫：《无形资产——管理、计量和呈报》，王志台等译，中国劳动社会保障出版社 2003 年版。

[4] [美] 迈克尔·波特：《竞争优势》，陈小悦译，华夏出版社 2005 年版。

[5] [美] 帕特里克·沙利文：《智力资本管理：企业价值萃取的核心能力》，陈劲等译，知识产权出版社 2006 年版。

[6] [美] 希尔、琼斯：《战略管理》，孙忠译，中国市场出版社 2008 年版。

[7] [美] 伊查克·爱迪思：《企业生命周期》，赵睿译，中国社会科学出版社 1997 年版。

[8] [瑞典] 威布尔：《演化博弈论》，王永钦译，上海人民出版社 2006 年版。

[9] [英] 安妮·布鲁金：《智力资本：应用与管理》，赵洁平译，东北财经大学出版社 2003 年版。

[10] [英] 亚当·斯密：《国富论》，戴光年编译，武汉出版社 2010 年版。

[11] [英] 伊迪丝·彭罗斯：《企业成长理论》，赵晓译，上海人民出版社 2007 年版。

[12] Raymond van Wijk、Justin J. P. Jansen、Marjorie A. Lyles：《组织间和组织内知识转移：对其前因后果的元分析及评估》，毕克贵译，《管

理世界》2012 年第 4 期。

[13] 柏丹、李智博、逯笑微：《智力资本评估方法述评》，《科学学与科学技术管理》2005 年第 2 期。

[14] 蔡凡、万希：《西方智力资本测量方法述评》，《中国科技论坛》2005 年第 3 期。

[15] 蔡吉祥：《无形资产学》，海天出版社 1999 年版。

[16] 蔡莉、尹苗苗：《新创企业学习能力、资源整合方式对企业绩效的影响研究》，《管理世界》2009 年第 10 期。

[17] 曹裕、陈晓红、李喜华：《企业不同生命周期阶段智力资本价值贡献分析》，《管理科学学报》2010 年第 5 期。

[18] 陈佳贵、黄速建等编著：《企业经济学》，经济科学出版社 1998 年版。

[19] 陈劲、谢洪源、朱朝晖：《企业智力资本评价模型和实证研究》，《中国地质大学学报》（社会科学版）2004 年第 4 卷第 6 期。

[20] 陈小悦、徐晓东：《股权结构、企业绩效与投资者利益保护》，《经济研究》2001 年第 11 期。

[21] 陈晓红、李喜华、曹裕：《智力资本对企业绩效的影响：基于面板数据模型的分析》，《系统工程理论与实践》2010 年第 30 卷第 7 期。

[22] 成桂芳、宁宣熙：《虚拟企业知识协作自组织过程机理研究》，《科技进步与对策》2007 年第 24 卷第 4 期。

[23] 辞海编辑委员会编纂：《辞海》（1999 年版缩印本），上海辞书出版社 2000 年版。

[24] 邓春华：《智力资本会计研究基础：本质·构成要素·计量原则》，《财政研究》2005 年第 6 期。

[25] 董保宝、葛宝山、王侃：《资源整合过程、动态能力与竞争优势：机理与路径》，《管理世界》2011 年第 3 期。

[26] 董必荣：《智力资本研究现状评析》，《科技管理研究》2009 年第 10 期。

[27] 杜莹、刘立国：《股权结构与公司治理效率：中国上市公司的实证分析》，《管理世界》2002 年第 11 期。

[28] 范徵：《知识资本评价指标体系与定量评估模型》，《中国工业经

济》2000 年第 9 期。

[29] 方琳瑜、宋伟、姚远：《我国中小企业自主知识产权的成长机制研究》，《科学学研究》2009 年第 27 卷第 8 期。

[30] 付菁华：《内部社会资本对跨国母子公司内部知识转移绩效的影响研究——以跨国在华子公司为例》，博士学位论文，复旦大学，2010 年。

[31] 傅传锐：《智力资本对企业竞争优势的影响——来自我国 IT 上市公司的证据》，《当代财经》2007 年第 4 期。

[32] 傅元略：《企业智力资本与企业资本结构优化》，《中国工业经济》2002 年第 3 期。

[33] 盖地、杜静然：《会计准则变迁的自组织演化机理研究》，《会计研究》2010 年第 6 期。

[34] 葛秋萍、吕园园：《国有高科技企业的知识转移阻碍因子与突破——基于武汉邮电科学院的实证研究》，《情报杂志》2012 年第 31 卷第 5 期。

[35] 关涛：《跨国公司知识转移：知识特性与组织情境研究》，《科学学研究》2010 年第 28 卷第 6 期。

[36] 郭翠菱：《母公司人力资本与创新资本移转对子公司经营绩效之影响：以大陆台商为例》，《会计评论》2009 年第 49 期。

[37] 郭骁、夏洪胜：《企业代际路径可持续发展的演进机理——基于自组织理论的分析》，《中国工业经济》2007 年第 5 期。

[38] 洪茹燕、吴晓波：《智力资本驱动的动态能力与企业竞争优势实现机理研究》，《科学管理研究》2006 年第 24 卷第 2 期。

[39] 黄俊、陈信元：《集团化经营与企业研发投资——基于知识溢出与内部资本市场视角的分析》，《经济研究》2011 年第 6 期。

[40] 黄培伦、曾春艳、尚航标：《智力资本、动态能力与企业持续竞争优势的关系研究》，《科技管理研究》2010 年第 15 期。

[41] 江妮、孙锐：《企业知识创新网络自组织演化研究》，《科技管理研究》2009 年第 9 期。

[42] 蒋琰、茅宁：《多元资本结构在中国企业的实证研究》，《中国工业经济》2007 年第 1 期。

[43] 蒋琰、茅宁：《智力资本与财务资本：谁对企业价值创造更有

效——来自于江浙地区企业的实证研究》，《会计研究》2008 年第
7 期。

[44] 焦豪、魏江、崔瑜：《企业动态能力构建路径分析：基于创业导向
和组织学习的视角》，《管理世界》2008 年第 4 期。

[45] 金帆：《智力资本出资的理论分析与制度设计》，《中国工业经济》
2005 年第 1 期。

[46] 雷井生：《中小企业创新网络中知识转移机制研究》，博士学位论
文，中南大学，2010 年。

[47] 李春利：《基于情境理论的知识转移情境的动力机制研究》，《图书
馆学研究》（理论版）2011 年第 10 期。

[48] 李登武、李世英：《资本结构与公司价值：理论综述》，《当代经济
科学》2004 年第 26 卷第 1 期。

[49] 李冬琴：《智力资本与企业绩效的关系研究》，博士学位论文，浙江
大学，2005 年。

[50] 李冬伟：《智力资本与企业价值关系研究》，博士学位论文，大连理
工大学，2010 年。

[51] 李嘉明、黎富兵：《企业智力资本与企业绩效的实证分析》，《重庆
大学学报》（自然科学版）2004 年第 27 卷第 12 期。

[52] 李京勋、李龙振：《跨国公司母公司知识和海外子公司绩效——吸
收能力、信任和沟通频率的调节作用》，《国际经贸探索》2011 年
第 27 卷第 7 期。

[53] 李经路：《智力资本价值贡献问题研究动态》，《经济问题探索》
2011 年第 11 期。

[54] 李丽君：《智力资本化运作——知识经济时代一场企业资本的革
命》，《中国软科学》1999 年第 5 期。

[55] 李兴旺：《动态能力理论的操作化研究：识别、架构与形成机制》，
经济科学出版社 2006 年版。

[56] 李业：《企业生命周期的修正模型及思考》，《南方经济》2000 年第
2 期。

[57] 梁莱歆、官小春：《智力资本计量方法综述——兼论高科技企业智
力资本的计量》，《科学学与科学技术管理》2004 年第 4 期。

[58] 林筠、何婕：《企业智力资本对渐进式和根本性技术创新影响的路

径探究》，《研究与发展管理》2011 年第 23 卷第 1 期。

[59] 林妙雀、郦芃羽：《智力资本与创新策略对组织绩效影响之研究——以赴大陆投资之台商电子资讯业加以实证》，科技整合管理国际研讨会，2004 年 5 月。

[60] 刘超、原毅军：《智力资本对企业绩效影响的实证研究》，《东北大学学报》（社会科学版）2008 年第 10 卷第 1 期。

[61] 刘剑雄：《企业家人力资本与中国私营企业制度选择和创新》，《经济研究》2008 年第 6 期。

[62] 刘琦、杜荣：《面向组织绩效的知识共享影响因素及促进途径研究》，《情报理论与实践》2012 年第 35 卷第 7 期。

[63] 刘亚军：《企业智力资本、吸收能力及创新文化对技术创新绩效的影响——基于制造业的研究》，博士学位论文，天津大学，2010 年。

[64] 卢勃、李学伟、王浩：《企业集团自适应效益型组织研究》，《中国软科学》2005 年第 8 期。

[65] 卢馨、黄顺：《智力资本驱动企业绩效的有效性研究——基于制造业、信息技术业和房地产业的实证分析》，《会计研究》2009 年第 2 期。

[66] 牛盼强、谢富纪、董意凤：《基于知识双螺旋模型的我国产学研合作技术转移机制研究》，《科学学与科学技术管理》2010 年第 5 期。

[67] 潘旭明：《跨组织学习与知识转移机制研究》，《经济评论》2007 年第 6 期。

[68] 钱锡红、杨永福、徐万里：《企业网络位置、吸收能力与创新绩效——一个交互效应模型》，《管理世界》2010 年第 5 期。

[69] 邱国栋、朱宇：《智力资本的二分法——从资产和负债两个角度看待智力资本》，《财经问题研究》2003 年第 1 期。

[70] 邱伟年、曾楚宏、王斌：《组织吸收能力研究：理论回顾与整合框架》，《社会科学》2012 年第 8 期。

[71] 曲晓辉、傅元略等：《企业集团财务与会计问题研究》，中国财政经济出版社 2007 年版。

[72] 冉秋红：《智力资本计量方法述评》，《经济管理》2004 年第 16 期。

[73] 芮明杰、郭玉林：《智力资本激励的制度安排》，《中国工业经济》2002 年第 9 期。

［74］ 孙洛平、孙海琳：《产业集聚的交易费用理论》，中国社会科学出版社 2006 年版。

［75］ 谭劲松：《智力资本会计研究》，中国财政经济出版社 2001 年版。

［76］ 汤湘希等：《无形资产会计问题探索》，武汉大学出版社 2010 年版。

［77］ 万希：《从自组织理论视角看智力资本的开发》，《经济管理》2005 年第 4 期。

［78］ 万希：《智力资本对我国运营最佳公司贡献的实证分析》，《南开管理评论》2006 年第 9 卷第 3 期。

［79］ 汪旭晖：《跨国零售企业母子公司知识转移机制——以沃尔玛为例》，《中国工业经济》2012 年第 5 期。

［80］ 王斌、刘文娟：《行动、组织学习与公司成长——以北京双鹤药业股份有限公司股权投资为例》，《管理世界》2009 年第 6 期。

［81］ 王国顺等：《企业理论：能力理论》，中国经济出版社 2006 年版。

［82］ 王国顺等：《企业理论：契约理论》，中国经济出版社 2006 年版。

［83］ 王舒：《企业自组织和产业催化理论——企业集团发展战略研究》，《经济研究》1997 年第 3 期。

［84］ 王行靳、高冰：《基于自组织理论的农村组织创新机制研究》，《安徽农业科学》2011 年第 39 卷第 20 期。

［85］ 温忠麟、刘红云、侯杰泰：《调节效应和中介效应分析》，教育科学出版社 2012 年版。

［86］ 吴明隆：《结构方程模型——AMOS 的操作与应用》，重庆大学出版社 2010 年第 2 版。

［87］ 吴明隆：《问卷统计分析实务——SPSS 操作与应用》，重庆大学出版社 2010 年版。

［88］ 吴彤：《自组织方法论研究》，清华大学出版社 2001 年版。

［89］ 武博、闫帅：《知识型企业智力资本对知识创新绩效的影响研究——兼论组织学习能力的中介作用》，《求索》2011 年第 9 期。

［90］ 夏锋、张宏亮、夏宁：《余值法对企业智力资本价值衡量》，《社科纵横》2004 年第 3 期。

［91］ 肖冬平、顾新：《基于自组织理论的知识网络结构演化研究》，《科技进步与对策》2009 年第 26 卷第 19 期。

［92］ 徐爱萍：《智力资本三维提升组织绩效的路径与机理分析》，《武汉

理工大学学报》（社会科学版）2010 年第 4 期。

[93] 徐程兴：《企业智力资本财务价值计量模型探究》，《科学学研究》2004 年第 22 卷第 1 期。

[94] 徐万里、钱锡红：《企业吸收能力研究进展》，《经济理论与经济管理》2010 年第 8 期。

[95] 徐笑君：《智力资本管理：创造组织新财富》，华夏出版社 2004 年版。

[96] 许红胜、王晓曼：《智力资本、企业能力及财务绩效关系研究——以电力、蒸汽、热水的生产和供应产业为例》，《东南大学学报》（哲学社会科学版）2010 年第 12 卷第 3 期。

[97] 阎海峰、陈利萍、沈锦杰：《智力资本、吸收能力与组织创新关系研究》，《研究与发展管理》2009 年第 21 卷第 5 期。

[98] 阎海峰、程鹏：《吸收能力研究评述》，《管理评论》2009 年第 21 卷第 8 期。

[99] 杨波：《虚拟企业知识转移的机制与效用研究》，博士学位论文，江西财经大学，2011 年。

[100] 杨建锋、王重鸣、李家贵：《组织学习对组织绩效的影响机制研究》，《科学学与科学技术管理》2010 年第 7 期。

[101] 殷斌、郭东强：《企业转型过程中的知识转移信任机制研究》，《科技管理研究》2012 年第 7 期。

[102] 于左：《企业集团的性质、资源分配行为与公共政策》，中国社会科学出版社 2008 年版。

[103] 余绪缨：《智力资产与智力资本会计的几个理论问题》，《经济学家》2004 年第 4 期。

[104] 原毅军、柏丹：《智力资本的价值评估与战略管理》，大连理工大学出版社 2009 年版。

[105] 袁丽：《关于智力资本基本概念》，《中国软科学》2000 年第 2 期。

[106] 袁庆宏：《企业智力资本管理》，经济管理出版社 2001 年版。

[107] 袁艺、袁一骏：《智力资本测量模型评述》，《外国经济与管理》2002 年第 24 卷第 8 期。

[108] 曾洁琼：《企业智力资本计量问题研究》，《中国工业经济》2006 年第 3 期。

[109] 张宏亮：《余值法：企业智力资本贡献的测量器》，《经济论坛》2003 年第 20 期。

[110] 张仁德、王昭凤主编：《企业理论》，高等教育出版社 2003 年版。

[111] 张文魁主编：《中国大企业集团年度发展报告（紫皮书）2011：紧环境下的中国大企业集团》，中国发展出版社 2012 年版。

[112] 张文魁主编：《中国大企业集团年度发展报告（紫皮书）2012：大企业集团如何应对增速下滑》，中国发展出版社 2013 年版。

[113] 张兆国、宋丽梦、吕鹏飞：《试论知识资本的涵义》，《武汉大学学报》（人文社会科学版）2000 年第 53 卷第 6 期。

[114] 张宗益、韩海东：《基于协同机理的智力资本转化路径研究》，《商业研究》2010 年第 12 期。

[115] 赵海林：《智力资本披露程度研究——基于海尔集团的案例分析》，《财经问题研究》2012 年第 3 期。

[116] 赵坤、孙锐：《知识型企业知识状态系统的自组织和他组织》，《科学学研究》2007 年第 25 卷第 2 期。

[117] 周长辉、曹英慧：《组织的学习空间：紧密度、知识面与创新单元的创新绩效》，《管理世界》2011 年第 4 期。

[118] 周芳、郭岩：《供应链企业的社会资本知识分享与创新绩效研究》，《财经问题研究》2012 年第 12 期。

[119] 周业安：《金融抑制对中国企业融资能力影响的实证研究》，《经济研究》1999 年第 2 期。

[120] 朱学义、黄元元：《我国智力资本会计应用初探》，《会计研究》2004 年第 8 期。

[121] 朱瑜、王雁飞、蓝海林：《智力资本理论研究新进展》，《外国经济与管理》2007 年第 29 卷第 9 期。

[122] 朱瑜：《组织学习与创新视角的企业智力资本与绩效关系研究》，经济科学出版社 2009 年版。

二　外文参考文献

[1] Argote, L., Ingram, P., "Knowledge Transfer: A Basis for Competitive Advantage in Firms", *Organizational Behavior and Human Decision Processes*, Vol. 82, No. 1, 2000.

[2] Barsky, N. P., Marchant, G., "The Most Valuable Resource – Measur-

ing and Managing Intellectual Capital", *Strategic Finance*, Vol. 81, No. 8, 2000.

[3] Bassi, L. J., Van Buren, M. E., "Valuing Investment in Intellectual Capital", *International Journal of Technology Management*, Vol. 18, No. 5/6/7/8, 1999.

[4] Bollen, L. et al., "Linking Intellectual Capital and Intellectual Property to Company Performance", *Management Decision*, Vol. 43, No. 9, 2005.

[5] Bontis, N., "Intellectual Capital: An Exploratory Study that Develops Measures and Models", *Management Decision*, Vol. 36, No. 2, 1998.

[6] Bontis, N. et al., "Intellectual Capital and Business Performance in Malaysian Industries", *Journal of Intellectual Capital*, Vol. 1, No. 1, 2000.

[7] Booth, R., "The Measurement of Intellectual Capital", *Financial Management*, Vol. 76, No. 10, 1998.

[8] Boulton, R. E. S. et al., *Cracking the Value Code: How Successful Businesses are Creating Wealth in the New Economy*, New York: Harper Collins Publishers, 2000.

[9] Brennan, N., Connell, B., "Intellectual Capital: Current Issues and Policy Implications", *Journal of Intellectual Capital*, Vol. 1, No. 3, 2000.

[10] Burt, R. S., "The Contingent Value of Social Capital", *Administrative Science Quarterly*, Vol. 42, No. 2, 1997.

[11] Cañibano, L., García – Ayuso, M., and Sánchez, P., "Accounting for Intangibles: A Literature Review", *Journal of Accounting Literature*, Vol. 19, 2000.

[12] Carpenter, M. A., Sanders, W. G., and Gregersen, H. B., "Bundling Human Capital with Organizational Context: The Impact of International Assignment Experience on Multinational Firm Performance and CEO Pay", *Academy of Management Journal*, Vol. 44, No. 3, 2001.

[13] Chan, K. H., "Impact of Intellectual Capital on Organisational Performance: An Empirical Study of Companies in the Hang Seng Index (Part 2)", *The Learning Organization*, Vol. 16, No. 1, 2009.

[14] Chang, W. S., Hsieh, J. J., "Intellectual Capital and Value Creation – Is Innovation Capital a Missing Link?", *International Journal of Business*

and Management, Vol. 6, No. 2, 2011.

[15] Chen, C. J., "The Effects of Knowledge Attribute, Alliance Character-istics, and Absorptive Capacity on Knowledge Transfer Performance", *R&D Management*, Vol. 34, No. 3, 2004.

[16] Chen, M. C., Cheng, S. J., and Hwang, Y., "An Empirical Inves-tigation of the Relationship between Intellectual Capital and Firms' Mar-ket Value and Financial Performance", *Journal of Intellectual Capital*, Vol. 6, No. 2, 2005.

[17] Cheng, M. Y. et al., "Invested Resource, Competitive Intellectual Capital, and Corporate Performance", *Journal of Intellectual Capital*, Vol. 11, No. 4, 2010.

[18] Choudhury, J., "Performance Impact of Intellectual Capital: A Study of Indian it Sector", *International Journal of Business and Management*, Vol. 5, No. 9, 2010.

[19] Chu, S. K. W. et al., "Charting Intellectual Capital Performance of the Gateway to China", *Journal of Intellectual Capital*, Vol. 12, No. 2, 2011.

[20] Cohen, S., Kaimenakis, N., "Intellectual Capital and Corporate Per-formance in Knowledge – intensive SMEs", *The Learning Organization*, Vol. 14, No. 3, 2007.

[21] Cohen, W. M., D. A. Levinthal, "Absorptive Capacity: A New Per-spective on Learning and Innovation", *Administrative Science Quarterly*, Vol. 35, No. 1, 1990.

[22] Crossan, M. M., Inkpen, A. C., "Promise and Reality of Learning through Alliances", *The International Executive*, Vol. 36, No. 3, 1994.

[23] Davenport, T. H., Prusak, L., *Working Knowledge: How Organiza-tions Manage What They Know*, Boston, MA: Harvard Business School Press, 2000.

[24] De Pablos, P. O., "Evidence of Intellectual Capital Measurement from Asia, Europe and the Middle East", *Journal of Intellectual Capital*, Vol. 3, No. 3, 2002.

[25] Deeds, D. L., "The Role of R&D Intensity, Technical Development

and Absorptive Capacity in Creating Entrepreneurial Wealth in High Technology Start – ups", *Journal of Engineering and Technology Management*, Vol. 18, No. 1, 2001.

[26] Deking, I. , *Knowledge Scorecards – Bringing Knowledge Strategy into the Balanced Scorecards*, Siemens, AG, 2001.

[27] Dixon, N. M. ; *Common Knowledge: How Companies Thrive by Sharing What They Know*, Boston: Havard Business School Press, 2000.

[28] Doz, Y. L. , "The Evolution of Cooperation in Strategic Alliances: Initial Conditions or Learning Processes?", *Strategic Management Journal*, Vol. 17, No. S1, 1996.

[29] Dzinkowski, R. , "The Measurement and Management of Intellectual Capital: An Introduction", *Financial Management*, Vol. 78, No. 2, 2000.

[30] Edvinsson, L. , Malone, M. S. , *Intellectual Capital: Realizing Your Company's True Value by Finding its Hidden Brainpower*, New York: Harper Business, 1997.

[31] Edvinsson, L. , P. Sullivan, "Developing a Model for Managing Intellectual Capital", *European Management Journal*, Vol. 14, No. 4, 1996.

[32] Fabrizio, K. R. , "Absorptive Capacity and the Search for Innovation", *Research Policy*, Vol. 38, No. 2, 2009.

[33] Firer, S. , Williams, S. M. , "Intellectual Capital and Traditional Measures of Corporate Performance", *Journal of Intellectual Capital*, Vol. 4, No. 3, 2003.

[34] Gee, S. , *Technology Transfer, Innovation and International Competitiveness*, New York, NY: Wiley & Sons, 1981.

[35] Grant, R. M. , "Toward a Knowledge – Based Theory of the Firm", *Strategic Management Journal*, Vol. 17, Winter Special Issue, 1996.

[36] Gupta, A. K. , V. Govindarajan, "Knowledge Flows within Multinational Corporations", *Strategic Management Journal*, Vol. 21, No. 4, 2000.

[37] Guthrie, J. , Petty, R. , "Intellectual Capital: Australian Annual Reporting Practices", *Journal of Intellectual Capital*, Vol. 1, No. 3, 2000.

[38] Hagemeister, M. , Rodríguez – Castellanos A. , "Organisational Capac-

ity to Absorb External R&D: Industrial Differences in Assessing Intellectual Capital Drivers", *Knowledge Management Research & Practice*, Vol. 8, No. 2, 2010.

[39] Hall, B. H., "R&D Tax Policy during the Eighties: Success or Failure?", *Tax Policy and the Economy*, Vol. 7, 1993.

[40] Hamel, G., "Competition for Competence and Interpartner Learning within International Strategic Alliances", *Strategic Management Journal*, Vol. 12, No. S1, 1991.

[41] Hansen, M. T., "The Search – Transfer Problem: The Role of Weak Ties in Sharing Knowledge across Organizational Subunits", *Administrative Science Quarterly*, Vol. 44, No. 1, 1999.

[42] Heng, M. S. H., "Mapping Intellectual Capital in a Small Manufacturing Enterprise", *Journal of Intellectual Capital*, Vol. 2, No. 1, 2001.

[43] Herremans, I. M., R. G. Isaac, "The Intellectual Capital Realization Process (ICRP): An Application of the Resource – based View of the Firm", *Journal of Managerial Issues*, Vol. 16, No. 2, 2004.

[44] Heskett, I. L. et al., "Putting the Service – Profit Chain to Work", *Harvard Business Review*, Vol. 72, No. 2, Mar/Apr. 1994.

[45] Hsu, L., Chao – Hung Wang, "Clarifying the Effect of Intellectual Capital on Performance: The Mediating Role of Dynamic Capability", *British Journal of Management*, Vol. 23, No. 2, 2012.

[46] Huber, G., "Organizational Learning: the Contributing Processes and the Literatures", *Organization Science*, Vol. 2, No. 1, 1991.

[47] Huselid, M. A., "The Impact of Human Resource Management Practices on Turnover, Productivity, and Corporate Financial Performance", *Academy of Management Journal*, Vol. 38, No. 3, 1995.

[48] Inkpen, A. C., A. Dinur, "Knowledge Management Processes and International Joint Ventures", *Organization Science*, Vol. 9, No. 4, 1998.

[49] Jain, R. K., Triandis, H. C., *Management of Research and Development Organizations: Managing the Unmanageable*, New York, NY: Wiley & Sons, 1996.

[50] Johnson, W. H. A., "An Integrative Taxonomy of Intellectual Capital:

Measuring the Stock and Flow of Intellectual Capital Components in the Firm", *International Journal of Technology Management*, Vol. 18, No. 5 – 8, 1999.

[51] Joia, L. A., "Measuring Intangible Corporate Assets: Linking Business Strategy with Intellectual Capital", *Journal of Intellectual Capital*, Vol. 1, No. 1, 2000.

[52] Juma, N., McGee, J., "The Relationship between Intellectual Capital and New Venture Performance: An Empirical Investigation of the Moderating Role of the Environment", *International Journal of Innovation and Technology Management*, Vol. 3, No. 4, 2006.

[53] Kamath, G. B., "Intellectual Capital and Corporate Performance in Indian Pharmaceutical Industry", *Journal of Intellectual Capital*, Vol. 9, No. 4, 2008.

[54] Kamukama, N. et al., "Competitive Advantage: Mediator of Intellectual Capital and Performance", *Journal of Intellectual Capital*, Vol. 12, No. 1, 2011.

[55] Kedia, B. L., Bhagat, R. S., "Cultural Constraints on Transfer of Technology across Nations: Implications for Research in International and Comparative Management", *The Academy of Management Review*, Vol. 13, No. 4, 1988.

[56] Khalique, M. et al., "Role of Intellectual Capital on the Organizational Performance of Electrical and Electronic SMEs in Pakistan", *International Journal of Business and Management*, Vol. 6, No. 9, 2011.

[57] Khani, A. H. A. et al., "The Impact of Intellectual Capital on Performance of Iranian Food Firms", *Interdisciplinary Journal of Contemporary Research in Business*, Vol. 2, No. 10, 2011.

[58] Kim, L., "Crisis Construction and Organizational Learning: Capability Building in Catching – up at Hyundai Motor", *Organization Science*, Vol. 9, No. 4, 1998.

[59] Knight, D. J., "Performance Measures for Increasing Intellectual Capital", *Strategy & Leadership*, Vol. 27, No. 2, 1999.

[60] Kodama, F., "Technological Diversification of Japanese Industry",

Science, Vol. 233, No. 4761, Jul. 1986.

[61] Kogut, B., U. Zander, "Knowledge of the Firm, Combinative Capabilities, and the Replication of Technology", *Organization Science*, Vol. 3, No. 3, 1992.

[62] Kuczmarski, T. D., "Fostering an Innovation Mindset", *Journal of Consumer Marketing*, Vol. 13, No. 6, 1996.

[63] Lambe, C. J., Spekman, R. E., "Alliances, External Technology Acquisition, and Discontinuous Technological Change", *Journal of Product Innovation Management*, Vol. 14, No. 2, 1997.

[64] Lane, P. J., J. E. Salk, and M. A. Lyles, "Absorptive Capacity, Learning, and Performance in International Joint Ventures", *Strategic Management Journal*, Vol. 22, No. 12, Dec. 2001.

[65] Lane, P. J., M. Lubatkin, "Relative Absorptive Capacity and Interorganizational Learning", *Strategic Management Journal*, Vol. 19, No. 5, May 1998.

[66] Lane, P. J., Koka, B. R., and Pathak, S., "The Reification of Absorptive Capacity: A Critical Review and Rejuvenation of the Construct", *The Academy of Management Review*, Vol. 31, No. 4, 2006.

[67] Lee H., B. Choi, "Knowledge Management Enablers, Processes, and Organizational Performance: An Integrative View and Empirical Examination", *Journal of Management Information Systems*, Vol. 20, No. 1, 2003.

[68] Lee, C., Lee, K., and Pennings, J. M., "Internal Capabilities, External Networks, and Performance: A Study on Technology – based Ventures", *Strategic Management Journal*, Vol. 22, No. 6 – 7, 2001.

[69] Leonard – Barton, D., *Wellsprings of Knowledge: Building and Sustaining the Source of Innovation*, Boston, MA: Harvard Business School Press, 1995.

[70] Lepak, D. P., Snell, S. A., "The Human Resource Architecture: Toward a Theory of Human Capital Allocation and Development", *Academy of Management Review*, Vol. 24, No. 1, 1999.

[71] Lynn, B. E., "Intellectual Capital", *CMA Magazine*, Vol. 72, No. 1,

1998.

[72] Maditinos, D. et al. , "The Impact of Intellectual Capital on Firms' Market Value and Financial Performance", *Journal of Intellectual Capital*, Vol. 12, No. 1, 2011.

[73] Major, E. , Cordey – Hayes, M. , "Knowledge Translation: A New Perspective on Knowledge Transfer and Foresight", *Foresight*, Vol. 2, No. 4, 2000.

[74] Marr, B. , *Perspectives on Intellectual Capital: Multidisciplinary Insights into Management, Measurement, and Reporting*, Amsterdam: Elsevier Butterworth Heinemann, 2005.

[75] Mavridis, D. G. , "The Intellectual Capital Performance of the Japanese Banking Sector", *Journal of Intellectual Capital*, Vol. 5, No. 1, 2004.

[76] Menor, L. J. et al. , "Examining the Influence of Operational Intellectual Capital on Capabilities and Performance", *Manufacturing & Service Operations Management*, Vol. 9, No. 4, 2007.

[77] Minbaeva D. , "MNC Knowledge Transfer, Subsidiary Absorptive Capacity, and HRM", *Journal of International Business Studies*, Vol. 34, No. 6, 2003.

[78] Mowery, D. C. , Oxley, J. E. , "Inward Technology Transfer and Competitiveness: the Role of National Innovation Systems", *Cambridge Journal of Economics*, Vol. 19, No. 1, 1995.

[79] Muhammad, N. M. N. , Ismail, M. K. A. , "Intellectual Capital Efficiency and Firm's Performance: Study on Malaysian Financial Sectors", *International Journal of Economics and Finance*, Vol. 1, No. 2, 2009.

[80] Ng, Y. M. , "An Empirical Study on the Relationship between Ownership and Performance in a Family – Based Corporate Environment", *Journal of Accounting, Auditing and Finance*, Vol. 20 , No. 2, 2005.

[81] Nonaka, I. , Takeuchi, H. , *The Knowledge – creating Company*, New York: Oxford University Press, 1995.

[82] Palacios – Marqués, D. , F. J. Garrigós – Simón, "Validating and Measuring IC in the Biotechnology and Telecommunication Industries", *Journal of Intellectual Capital*, Vol. 4, No. 3, 2003.

[83] Peña, I., "Intellectual Capital and Business Success", *Journal of Intellectual Capital*, Vol. 3, No. 2, 2002.

[84] Petty, R., and Guthrie, J., "Intellectual Capital Literature Review: Measurement, Reporting and Management", *Journal of Intellectual Capital*, Vol. 1, No. 2, 2000.

[85] Phan, P. H., Peridis, T., "Knowledge Creation in Strategic Alliances: Another Look at Organizational Learning", *Asia Pacific Journal of Management*, Vol. 17, No. 2, 2000.

[86] Pisano, G. P., "The R&D Boundaries of the Firm: An Empirical Analysis", *Administrative Science Quarterly*, Vol. 35, No. 1, 1990.

[87] Portes, A., Sensenbrenner, J., "Embeddedness and Immigration: Notes on the Social Determinates of Economic Action", *American Journal of Sociology*, Vol. 98, No. 6, May 1993.

[88] Pulic, A., "VAIC™ – An Accounting Tool for IC Management", *International Journal of Technology Management*, Vol. 20, No. 5 – 8, 2000.

[89] Quinn, J. B., *Intelligent Enterprise: A Knowledge and Service Based Paradigm for Industry*, New York: Free Press, 1992.

[90] Reed, K. K. et al., "Proposing and Testing an Intellectual Capital – Based View of the Firm", *Journal of Management Studies*, Vol. 43, No. 4, 2006.

[91] Reed, R., Defillippi, R. J., "Causal Ambiguity, Barriers to Imitation, and Sustainable Competitive Advantage", *Academy of Management Review*, Vol. 15, No. 1, Jan: 1990.

[92] Riahi – Belkaoui, A., "Intellectual Capital and Firm Performance of US Multinational Firms: A Study of the Resource – based and Stakeholder Views", *Journal of Intellectual Capital*, Vol. 4, No. 2, 2003.

[93] Richter, F. J., Vettel, K., "Successful Joint Ventures in Japan: Transferring Knowledge through Organizational Learning", *Long Range Planning*, Vol. 28, No. 3, 1995.

[94] Roos, J. et al., *Intellectual Capital: Navigating in the New Business Landscape*, New York: New York University Press, 1997.

[95] Rosenberg, M., *The Logic of Survey Analysis*, New York: Basic

Books, 1968.

[96] Rossi, F. , D. Celenza, "The Relationship between Intellectual Capital (IC) and Stock Market Performance: Empirical Evidence from Italy", *Journal of Modern Accounting and Auditing*, Vol. 8, No. 11, 2012.

[97] Saint – Onge, Hubert, "Tacit Knowledge: The Key to the Strategic Alignment of Intellectual Capital", *Strategy & Leadership*, Vol. 24, No. 2, 1996.

[98] Schumpeter, J. , "Entrepreneurship as Innovation", in R. Swedberg (ed.) *Entrepreneurship, The Social Science View*, Oxford: Oxford University Press, 2000.

[99] Senge, P. , "Communities of Leaders and Learners", *Harvard Business Review*, Vol. 75, No. 5, 1997.

[100] Smith, K. , "Interactions in Knowledge Systems, Foundations, Policy Implications and Empirical Methods", *STI Review*, Vol. 16, No. 1, 1995.

[101] Stewart, T. , *Intellectual Capital: The New Wealth of Organizations*, New York: Doubleday / Currency, 1997.

[102] Stiglitz, J. E. , "Credit Markets and the Control of Capital", *Journal of Money, Credit and Banking*, Vol. 17, No. 2, 1985.

[103] Subramaniam, M. , Venkatraman, N. , "Determinants of Transnational New Product Development and Development Capability: Testing the Influence of Transferring and Deploying Tacit Overseas Knowledge", *Strategic Management Journal*, Vol. 22, No. 4, Apr. 2001.

[104] Subramaniam, M. , Youndt, M. A. , "The Influence of Intellectual Capital on the Types of Innovative Capabilities", *Academy of Management Journal*, Vol. 48, No. 3, 2005.

[105] Sull, D. N. , "Why Good Companies Go Bad", *Harvard Business Review*, Vol. 77, No. 4, Jul. /Aug. 1999.

[106] Sveiby, K. E. , *The New Organization Wealth: Managing and Measuring Knowledge – based Assets*, San Francisco, CA: Barrett – Koehler Publisher, 1997.

[107] Szulansk, G. , "The Process of Knowledge Transfer: A Diachronic A-

nalysis of Stickiness", *Organizational Behavior and Human Decision*, Vol. 82, No. 1, 2000.

[108] Tan, H. P. et al., "Intellectual Capital and Financial Returns of Companies", *Journal of Intellectual Capital*, Vol. 8, No. 1, 2007.

[109] Tang, L., Interorganizational Knowledge Networks: The Case of the Biotechnology Industry, Ph. D. dissertation, University of Southern California, 2007.

[110] Teece, D. J., *Managing Intellectual Capital: Organizational, Strategic and Policy Dimensions*, Oxford: Oxford University Press, 2000.

[111] Todorova, G., Durisin B., "Absorptive Capacity: Valuing a Reconceptualization", *The Academy of Management*, Vol. 32, No. 3, 2007.

[112] Tovstiga, G., Tulugurova, E., "Intellectual Capital Practices: A Four - region Comparative Study", *Journal of Intellectual Capital*, Vol. 10, No. 1, 2009.

[113] Tsai, W., "Social Structure of 'Coopetition' within a Multiunit Organization: Coordination, Competition, and Intraorganizational Knowledge Sharing", *Organization Science*, Vol. 13, No. 2, 2002.

[114] Ulrich, D., Glinow, M. A., and T. Jick, "High - Impact Learning: Building and Diffusing Learning Capability", *Organizational Dynamics*, Vol. 22, No. 2, 1993.

[115] Ulrich, D., "Intellectual Capital = Competence × Commitment", *Sloan Management Review*, Vol. 39, No. 2, 1998.

[116] Van Buren, M. E., "A Yardstick for Knowledge Management", *Training and Development*, Vol. 53, No. 5, 1999.

[117] Wang, J. C., "Investigating Market Value and Intellectual Capital for S&P 500", *Journal of Intellectual Capital*, Vol. 9, No. 4, 2008.

[118] Wang, P., Tong, T. W., and Koh, C. P., "An Integrated Model of Knowledge Transfer from MNC Parent to China Subsidiary", *Journal of World Business*, Vol. 39, No. 2, 2004.

[119] Wang, W. Y., Chang, C. F., "Intellectual Capital and Performance in Causal Models: Evidence from the Information Technology Industry in Taiwan", *Journal of Intellectual Capital*, Vol. 6, No. 2, 2005.

[120] Yeung, A. K. et al. , *Organizational Learning Capability: Keys to Continuous Business Success in Today's Business Environment*, New York: Oxford University Press, 1999.

[121] Youndt, M. A. , Snell, S. A. , "Human Resource Configurations, Intellectual Capital, and Organizational Performance", *Journal of Managerial Issues*, Vol. 16, No. 3, 2004.

[122] Zahra, S. , G. George, "Absorptive Capacity: A Review, Reconceptualization, and Extension", *The Academy of Management Review*, Vol. 27, No. 2, 2002.

[123] Zander, U. , Kogut, B. , "Knowledge and the Speed of the Transfer and Imitation of Organizational Capabilities: An Empirical Test", *Organization Science*, Vol. 6, No. 1, 1995.

[124] Zéghal, D. , Maaloul, A. , "Analysing Value Added as An Indicator of Intellectual Capital and its Consequences on Company Performance", *Journal of Intellectual Capital*, Vol. 11, No. 1, 2010.

[125] Zerenler, 3 M. et al. , "Intellectual Capital and Innovation Performance: Empirical Evidence in the Turkish Automotive Supplier", *Journal of Technology Management & Innovation*, Vol. 3, No. 4, 2008.